“十二五”职业教育国家规划教材
经全国职业教育教材审定委员会审定
全国职业教育规划教材 · 物流系列

# 物流管理基础

## （第三版）

主　编　刘秋平　刘　敏　常　杰
副主编　刘　浩　付宏华　纪付荣
参　编　滕连爽　贾俊龙　田美丽
冯同海　李　娟　赵园园
肖长刚　王付来　丁爱美
何　伟

北京大学出版社
PEKING UNIVERSITY PRESS

## 内容简介

本书是物流管理专业的基础教材。作者秉承“宽口径、厚基础”的精神，从更高、更新的角度进行编写。全书内容丰富，涉及面广，实用性强，共分13章，包括物流管理概述、物流的基本职能与内容、物流技术装备与设施、物流基础设施、物流系统、企业物流、物流企业与第三方物流、绿色物流、国际物流管理、物流质量管理、物流标准化、物流服务管理、物联网与智能物流。

为了便于教学和读者使用，每章均有“本章小结”，附有案例赏析与复习思考题。本书可作为高等院校经济管理类专业教材，亦可供从事物流工作的营销人员和管理人员阅读参考。

**图书在版编目(CIP)数据**

物流管理基础/刘秋平，刘敏，常杰主编. —3版. —北京：北京大学出版社，2016.4
（全国职业教育规划教材·物流系列）
ISBN 978-7-301-26676-2

Ⅰ.①物… Ⅱ.①刘… ②刘… ③常… Ⅲ.①物流－物资管理－高等职业教育－教材 Ⅳ.①F252

中国版本图书馆CIP数据核字（2015）第304840号

书　　名　物流管理基础（第三版）
著作责任者　刘秋平　刘　敏　常　杰　主编
策划编辑　周　伟
责任编辑　周　伟
标准书号　ISBN 978-7-301-26676-2
出版发行　北京大学出版社
地　　址　北京市海淀区成府路205号　100871
网　　址　http://www.pup.cn　　新浪微博：@北京大学出版社
电子信箱　zyjy@pup.cn
电　　话　邮购部62752015　发行部62750672　编辑部62754934
印 刷 者　三河市博文印刷有限公司
经 销 者　新华书店
787毫米×1092毫米　16开本　17.25印张　398千字
2007年9月第1版　2011年8月第2版
2016年4月第3版　2019年5月第3次印刷
定　　价　34.00元

# 第三版前言

本书旨在满足高等职业院校物流管理专业和相关专业开设物流管理课程的需要，在内容上既能满足高职教育理论上的“必需”“够用”，又重点突出“实际操作与技能”；既能使学生学得懂、用得上，又能为其今后的潜能发展提供支持。在体例设计上，本书每一章后均附有本章小结、复习思考题，便于学生复习；同时选用了物流管理案例，供师生课堂讨论分析或学生课外阅读。

本书由山东英才学院刘秋平教授、山东商业职业技术学院刘敏教授和山东英才学院常杰副教授主编，国防信息学院刘浩、山东英才学院付宏华、山东交通职业学院纪付荣任副主编。各章编写分工为：第一章由山东商业职业技术学院刘敏编写，第二章由青岛港湾职业学院滕连爽、国防信息学院刘浩编写，第三章由山东英才学院何伟、常杰编写，第四章由青岛远洋船员学院贾俊龙编写，第五章由青岛远洋船员学院贾俊龙、山东交通职业学院田美丽编写，第六章由山东交通职业学院纪付荣编写，第七章由山东职业学院冯同海编写，第八章由济南职业学院李娟编写，第九章由山东英才学院付宏华编写，第十章由山东英才学院赵园园、肖长刚编写，第十一章由山东交通职业学院王付来、国防信息学院刘浩编写，第十二章由山东科技职业学院丁爱美编写，第十三章由国防信息学院刘浩、山东英才学院常杰编写，教学课件由山东英才学院常杰制作，最后由刘秋平教授进行统稿与总纂。

本书自 2007 年出版以来，经过众多院校多年来的教学实践，此次再版时作了较大修改，使本书更能符合当前实际的需要；同时，为了便于教学，我们还制作了与本书配套的全套教学课件。本书在编写过程中参阅了同行专家、学者的著作、教材、案例，并通过互联网查阅了大量资料、图片，在此一并表示谢意。

由于作者水平有限和诸多客观原因，书中不妥及谬误之处，敬请读者不吝指正。

编　者

2016 年 1 月

# 目　　录


第一章　物流管理概述 …………………………………………………………… (1)

1.1　物流的概念、分类、特征以及行业组成 ………………………………… (1)

1.2　物流的要素、功能、效用与价值 ………………………………………… (8)

1.3　物流管理的形成及其发展 ……………………………………………… (16)

1.4　物流管理组织 …………………………………………………………… (22)

第二章　物流的基本职能与内容 ……………………………………………… (28)

2.1　物流过程与物流的基本职能 …………………………………………… (28)

2.2　运输 ……………………………………………………………………… (30)

2.3　储存 ……………………………………………………………………… (36)

2.4　包装 ……………………………………………………………………… (41)

2.5　装卸搬运 ………………………………………………………………… (44)

2.6　配送 ……………………………………………………………………… (50)

2.7　流通加工 ………………………………………………………………… (57)

2.8　物流信息 ………………………………………………………………… (61)

第三章　物流技术装备与设施 ………………………………………………… (70)

3.1　集装箱 …………………………………………………………………… (70)

3.2　托盘 ……………………………………………………………………… (74)

3.3　物流技术设备设施 ……………………………………………………… (77)

第四章　物流基础设施 ………………………………………………………… (92)

4.1　物流节点 ………………………………………………………………… (92)

4.2　配送中心 ………………………………………………………………… (95)

4.3　物流中心 ………………………………………………………………… (99)

4.4　物流园区 ……………………………………………………………… (102)

第五章　物流系统 ……………………………………………………………… (110)

5.1　系统与物流系统 ……………………………………………………… (110)

5.2　企业物流系统的运行机制 …………………………………………… (115)

5.3　推进物流系统化的方法 ……………………………………………… (117)

第六章　企业物流 …………………………………………………… (122)
6.1　企业采购物流 ……………………………………………… (122)
6.2　企业生产物流 ……………………………………………… (130)
6.3　企业销售物流 ……………………………………………… (135)
6.4　企业回收物流 ……………………………………………… (140)
6.5　企业物流的战略管理 ……………………………………… (144)
第七章　物流企业与第三方物流 ………………………………… (155)
7.1　物流企业 …………………………………………………… (155)
7.2　第三方物流 ………………………………………………… (157)
7.3　第三方物流在物流一体化中的作用 ……………………… (160)
7.4　第三方物流企业的分类及作用 …………………………… (162)
7.5　第三方物流决策 …………………………………………… (165)
7.6　我国第三方物流的发展对策 ……………………………… (167)
第八章　绿色物流 …………………………………………………… (172)
8.1　绿色物流的概念和内涵 …………………………………… (172)
8.2　绿色物流产生的背景 ……………………………………… (173)
8.3　物流过程引发的环境问题与环境保护 …………………… (176)
第九章　国际物流管理 ……………………………………………… (182)
9.1　国际物流与国际贸易 ……………………………………… (182)
9.2　国际物流的业务流程 ……………………………………… (186)
9.3　保税仓库与保税区 ………………………………………… (189)
9.4　国际物流运输的基本方式 ………………………………… (196)
第十章　物流质量管理 ……………………………………………… (205)
10.1　物流质量管理的基本概念及主要指标 …………………… (205)
10.2　物流质量管理工作 ………………………………………… (211)
10.3　ISO9000 系列标准与物流质量管理 ……………………… (215)
10.4　物流质量管理的统计方法 ………………………………… (220)
第十一章　物流标准化 ……………………………………………… (226)
11.1　物流标准化概述 …………………………………………… (226)
11.2　物流标准化的内容 ………………………………………… (228)
11.3　物流标准化的方法 ………………………………………… (230)
11.4　我国物流标准化的发展现状及对策 ……………………… (231)
第十二章　物流服务管理 …………………………………………… (237)
12.1　物流服务概述 ……………………………………………… (237)
12.2　物流服务的内容 …………………………………………… (239)

12.3　物流服务战略的制定 …………………………………………………… (242)
12.4　物流服务管理 ……………………………………………………………… (246)
**第十三章　物联网与智能物流** ………………………………………………… (250)
13.1　物联网概述 ………………………………………………………………… (250)
13.2　智能物流概述 ……………………………………………………………… (251)
13.3　物流领域的物联网关键技术 ……………………………………………… (256)
13.4　智能物流建设存在的问题及解决措施 …………………………………… (260)
**参考文献** ……………………………………………………………………… (265)

# 第一章　物流管理概述

## 1.1　物流的概念、分类、特征以及行业组成

### 1.1.1　认识现代物流业

人类社会自开始生产与商品交换以来，就存在着与生产和流通相适应的物流活动。生产资料和生活资料的生产与耗用往往存在时间上和空间上的差异。在生产消费的同时，人们需要将物品运至特定地点存储起来以供再生产、交换和消费。原始物流由于生产力水平较低以及技术技能的局限性，导致物流活动处于分散无组织状态。在我国，虽然出现了像宏伟壮观的万里长城以及横跨欧亚大陆的丝绸之路，而且中华民族在创造人类文明的过程中也不断发展着物流活动，但是物流的概念仍然没有完全形成。

随着生产力水平的提高，工业文明的兴起，社会化生产的出现，以及生产与消费的分离趋势不断扩大，流通的地位初见端倪，物流活动的发展越来越壮大、活跃。轮船、火车、汽车、飞机等运输工具的产生，仓储库房的使用，基础设施的建设，使得物流活动的功能要素逐渐增多。由于政府与企业的重视，我国已形成大量条件良好的交通网络与交通枢纽，为物流业的发展提供了良好的物质基础。这些使人们逐渐认识到传统物流活动基本包括物品的运输、储存、搬运、分拣、包装、加工等过程。

现代物流作为一门新兴的综合性学科，源自于军事。第二次世界大战期间，美英等盟军为了保证作战的需要，围绕战争期间军需物资的供应建立了军事后勤部门，对军用物资的运输、补给、调配等进行全面管理，为战争的胜利提供了物资保障。第二次世界大战的胜利，不仅是盟军在军事上的胜利，也是其军用物资物流系统的巨大成功。

随着商品经济的快速发展，人们为了实现最大限度的经济利益，以及追求越来越高的生产效率，促进社会化生产精细分工以使专门化生产程度越来越高，军事管理中的“后勤管理”方法逐步被引入工业部门和商业部门，其范围涉及原材料的流通、分配、采购、运输、库存控制、储存、分销、顾客服务等方面。由于全球化竞争的加剧和信息技术的飞速发展，在西方掀起的放松管制和传统企业回归主业、集中力量于核心业务的呼声中，大量的专门从事第三方物流服务的企业产生并发展起来。20 世纪 90 年代兴起的电子商务，更为现代物流提供了新的挑战和巨大的发展空间。

物流企业是独立于生产领域之外，专门从事与商品流通有关的各种经济活动的企业。在市场经济条件下，物流企业的基本职能和任务是根据市场的供给和需求，以服务生产为目

的，通过有计划的采购、销售、仓储、运输等经济活动，完成商品在生产单位之间以及生产单位与消费者之间的价值和使用价值的实现，保证社会生产和再生产正常进行。具体来讲，物流企业是以物资流为主体功能，同时必须伴随着商流、资金流和信息流，这包括仓储业、运输业、批发业、通信业、连锁商业和外贸等行业。

世界上一些发达国家（如美国、日本等），其生产资料市场经过发展，现已形成了适合其本国国情的现代化物流体系。它们认为，"物流"是"除生产、销售外获得利润的源泉"，是"降低成本的最后处女地"，更有人认为"物流"是继劳动和自然资源之后推动国民经济增长的不可忽视的"第三利润源泉"。由于现代物流产业本身蕴藏着极大的发展潜力，因而今后国际上最有竞争优势的企业一定是物流上具有优势的企业。一个在物流上具有优势的企业一定是具备竞争优势的企业。

### 1.1.2 物流的概念

物流（Logistics）的英语字面意义从属于军事范畴，即所谓的"后勤"。物流管理在第二次世界大战后应用于企业管理，其初期的研究和传播附属于市场营销名下。"Physical Distribution"一词于 20 世纪 50 年代中期从美国传入日本后，被直译成"物的流通"。1979 年 6 月，我国物资工作者代表团赴日本参加第三届国际物流会议，在考察报告中首次正式引用"物流"这一术语。1989 年 4 月在北京召开的第八届国际物流会议结束后，"物流"一词在我国才日益推广开来，而对物流管理的概念及理论的研究始终不够深入、系统。

我国在 2001 年将"物流"定义为：物流是物品从供应地向接收地的实体流动过程。根据实际需要，将运输、储存、装卸、搬运、包装、流通加工、配送、信息处理等基本功能有机结合。

根据国家标准的物流定义，物流一方面具有自然属性，另一方面也具有社会属性。也就是说，物流具有价值和使用价值二重性。这里包括商流所有权转移和物流的实体转移。根据定义，物流是物品从供应地向接收地的实体流动，这表明物流是一种满足社会需求的活动，是一种经济活动。它同时也表明，不属于经济活动的物资实体流动，不属于物流范畴。物流包括空间、时间和形态性质三个方面的效用，而这些是通过物流的运输、储存、装卸、搬运、包装、流通加工、配送、信息处理等基本功能实现的。

### 1.1.3 物流的分类

1. 主要的物流分类方法

由于物流对象、物流目的、物流方向及物流范围的不同，人们可以从不同的角度、采用不同的标准对物流进行分类，目前有以下六种主要的物流分类方法。

(1) 宏观物流和微观物流。

宏观物流，是指从社会再生产总体角度认识和研究的物流活动。这种物流活动的参与者是构成社会总体的大生产、大集团，宏观物流也就是研究社会再生产总体物流，研究产业或集团的物流活动行为，即从宏观的角度，以长远性和战略性为观点，全面系统地研究物流、管理物流。微观物流，是指消费者、生产者所从事的实际的、具体的物流活动。在整个物流活动中的一个局部、一个环节的具体的物流活动，在一个小地域空间发生的具体的物流活动，针对某一种具体产品所进行的物流活动都是属于微观物流。在物流活动中，企业物流、生产物流、供应物流、销售物流、回收物流、废弃物流、生活物流等皆属于微观物流。微观物流研究的特点是具体性和局部性，微观物流的运行状况将直接影响企业的经济效益。

(2) 社会物流和企业物流。

社会物流，是指企业外部物流活动的总称，即国民经济部门与部门之间、地区与地区之间、企业与企业之间为了实现商品流动的各种经济活动，包括企业向社会的分销物流、购进物流、回收物流、废弃物流等。企业物流，是指企业内部各部门之间为了实现物质实体流动的各种活动，是以企业经营为核心的物流活动，是具体的、微观物流活动的典型领域。企业系统活动的基本结构是投入—转换—产出，对于生产类型的企业来讲，是原材料、燃料、人力、资本等的投入，经过制造或加工使之转换为产品或服务；对于服务型企业来讲，则是设备、人力、管理和运营，转换为对客户的服务。物流活动就是伴随着企业的投入—转换—产出而发生的，在企业经营活动中，物流是渗透到各项经营活动之中的活动。

(3) 国际物流和区域物流。

国际物流，是指不同的国家、不同地区之间的物流。它是国内物流的延伸和进一步发展，是跨国界的、流通范围扩大的物的流通。国际物流是伴随和支撑国际经济交往、贸易活动和其他国际交流所发生的物流活动。由于21世纪以来国际贸易的急剧扩大，国际分工日益深化以及区域一体化速度的加快，国际物流业已成为现代物流研究的热点问题。随着世界经济一体化的发展，“多国制造”的产品越来越多，在某些国家生产某些零部件、配件，再由另一些国家组装或装配整机，这种生产环节之间的衔接也需要依靠国际物流。区域物流，是指某一行政区域或经济区域的内部物流。由于区域物流都处于同一法律、规章和制度之下，都受相同文化及社会因素的影响，都处于基本相同的科技水平和装备水平之中，因而都有其独特的区域特点。研究区域物流应根据区域的特点，从本区域的利益出发组织好物流活动，既要考虑区域物流效率的提高，物流成本的降低，又要保障该区域的生产环境和生活环境，促进区域经济的发展。

(4) 一般物流和特殊物流。

一般物流，是指物流活动的共同点和一般性。物流活动的一个重要特点就是涉及全社会、各企业。因此，物流系统的建立，物流活动的开展必须具有普遍的适用性。一般物流研究的着眼点在于物流的一般规律，建立普遍适用的物流标准化系统，研究物流的共同功能要素，研究物流与其他系统的结合、衔接，研究物流信息系统及管理体制等。特殊物流，是指在专门范围、专门领域、特殊行业，在遵循一般物流规律的基础上，带有特殊制约因素、特殊应用领域、特殊管理方式、特殊劳动对象、特殊机械装备特点的物流。特殊物流活动的产生是社会分工深化、物流活动合理化和精细化的产物，在保持通用的、一般物流活动的前提下，能够有特点并能形成规模，能产生规模经济效益的物流便会形成本身独特的物流活动和物流方式。特殊物流的研究对推动现代化物流发展的作用是巨大的。特殊物流可以进一步细分如下：按劳动对象的特殊性，有水泥物流、石油及油品物流、煤炭物流、腐蚀化学物品物流、危险品物流；按数量及形体不同，有多品种、少批量、多批次产品物流，重大件物流等；按服务方式及服务水平不同，有“门到门”的一贯物流和配送等；按装备及技术不同，有集装箱物流、托盘物流等；对于特殊的领域，有军事物流、废弃物物流等；按组织方式，有加工物流、企业物流、专业物流等。

（5）第三方物流。

第三方物流（the Third Party Logistics，TPL）的定义为“物流渠道中的专业化物流中间人，以签订契约的方式，在一定时期内，为其他公司提供所有的或某些方面的物流业务服务。”物流经营方不参与商品的买卖，只是提供从生产到销售的整个流通过程中专门的物流服务，诸如商品运输、储存配送以及增值性物流服务。第三方物流服务分为三个层次：基本业务（运输、仓储、配送、装卸搬运）、附加值业务（订单处理、货物验收、仓库再包装、仓库再加工、代理货物保险、送货代收款、货物回收与替代）和高级物流服务（库存分析报告、库存控制、建立分销中心、设计供应链）。

（6）第四方物流。

第四方物流是一个供应链集成商，它的调集和管理组织可以通过整个供应链的资源、能力和技术，以提供一个综合的供应链解决方案。第四方物流不仅控制和管理特定的物流服务，而且对整个物流过程提出策划方案，并通过电子商务将这个过程集成起来。因此，第四方物流成功的关键在于为顾客提供最佳的增值服务，即迅速、高效、低成本和人性化服务等。发展第四方物流需要平衡第三方物流的能力、技术以及贸易畅通，为客户提供功能性一体化服务并扩大营运自主性。第四方物流的特点之一就是提供了一个综合性供应链解决方法，集中所有的资源为客户完美地解决问题，如供应链再造、功能转化、业务流程再造等；特点之二就是通过整个供应链来获得价值，即利润增长、营运成本降低、工作成本降低和提高资产利用率等。

2. 企业物流的分类

（1）企业供应物流。

企业供应物流，是指为生产企业、流通企业或消费者购入原材料、零部件或商品的过程，即商品生产者、持有者至使用者之间的物流。对于生产企业而言，供应物流需将原材料配送给工厂，其主要客户是工厂，其处理的对象主要是生产商品所需的原材料和零部件。由于原材料与零部件的数量之间有固定的比例关系，因此，供应物流的功能就是强调原材料的配套储存、分拣、及时配送、加工和预处理等。对于流通领域而言，供应物流是指为了商品配置而进行的交易活动中，从买方角度出发的交易行为中所发生的物流。由于供应物流占用大量的企业流动资金，因此，对其严格管理使其合理化对于企业的成本至关重要。

供应物流不仅要保证供应的目标，而且还要以最低成本和最少消耗来组织供应物流活动，满足限定的条件，因此，难度很大。现代物流学是基于非短缺商品市场这样一个宏观环境来研究物流活动的，在这种市场环境下，供应数量的保证是容易做到的，而企业竞争的关键则在于如何降低这一物流过程的成本。为此，企业供应物流就必须解决有效的供应网络、供应方式和零库存等问题。

供应物流的重心是采购。企业生产或经营活动所需的货物都通过采购获得，它是企业物流管理的起点。有效的货物或服务的采购中，“按需采购”既是前提又是原则，即尽量做到以最小的费用、最低的价格购进企业所需的最合适的各类货物。采购工作是组织商品生产和流通的主要保证，能及时反馈市场信息，是企业经济效益的关键。建立现代企业采购物流管理系统应该遵循“强化管理，理顺职能；明确职责，规范业务；杜绝腐败，降低成本；高效运作，增加收益”的原则，特别是注意采购管理系统的采购与预算关系，供应商开发与管理，采购物流管理，采购绩效评估，采购信息，采购制度（采购工作标准、运作程序、作业流程）以及采购战略规划等。

（2）企业生产物流。

企业生产物流，是指从工厂的原材料购进入库起，直到工厂产品库的产品发送为止的全过程。生产物流是制造产品的企业所特有的，它需要与生产流程同步。原材料以及半成品等按照工艺流程在各个加工点之间不停地移动、流转，形成了生产物流。因此，生产物流合理化对工厂的生产秩序和生产成本有很大的影响。目前，制造型企业的物流系统有两种：一种是为制造活动提供支持的物流，它的功能要求与供应物流相同；另一种则是为制造商的产品分销提供支持的物流。国内外的应用实例都表明，大制造商自己直接建立分销网络的情况越来越普遍，其市场覆盖面广、分销能力强，市场信息的收集与传递需要及时，因此，要求在区域市场上运输和配送商品的能力很强，需求预测及订单处理功能应完善。

过去人们注重的是生产加工过程，现在人们在研究生产加工过程的同时更加关注生产流程如何安排，从物流角度看如何做得更合理，生产活动环节如何有效衔接，如何缩短生产的物流时间，如何选配合适的机械装备等，特别是注意工厂布置、工艺流程、装卸搬运、生产物流的物流节点等。

（3）企业销售物流。

企业销售物流，是指企业为了保证自身的经营利益，伴随销售活动将产品所有权转给用户的物流活动。在现代社会中，市场环境是一个买方市场，因此，销售物流活动便带有极强的服务性，以满足买方的要求，最终实现销售。在这种市场前提下，销售往往以送达用户并经过售后服务才算终止。因此，销售物流的空间范围很大。企业销售物流的特点就是通过包装、送货和配送等一系列物流实现销售，这就需要研究送货方式、包装水平以及运输路线，并采用各种诸如少批量、多批次、定时以及定量配送等特殊的物流方式达到目的，因而其研究领域是很宽的。

（4）企业分销物流。

专业批发业务的物流作业具有大进大出和快进快出的特点，它强调的是批量采购、大量储存以及大量运输的能力，大型分销商需要大型的仓储和运输设施。另外，分销商属于中间商，需要与上游和下游进行频繁的信息交换，需要具有良好的信息接口和高效的信息网络。

（5）企业回收物流。

企业在生产、供应以及销售活动中总会产生各种边角余料和废料，这些东西的回收是需要伴随物流活动的。在一个企业中，若回收物品处理不当，会影响整个生产环境，甚至影响产品质量，同时还会占有很大的空间，从而造成浪费。

要提高对废旧物资的认识，如废旧物资残存着物资的使用价值，有些物资在某一应用方面的价值丧失后，其另一方面的使用价值仍然尚存；有些废旧物资经简单加工后可以恢复其全部或部分使用价值；有些废旧物资经深加工有可能发挥其他更有作用的使用价值。

（6）企业废弃物物流。

企业废弃物物流，是指对企业排放的无用物进行运输、装卸和处理的物流活动。

### 1.1.4 现代物流的主要特征

现代物流主要有以下十一种特征。

1. 科学系统化

现代物流的发展经历了从物资调运到物流再到第三方物流和第四方物流的历程，物流已经成为一门学科。物流的科学化表现为拥有专门的物流科学机构和从事物流科学的专业人员，并已经建立了完整的、系统的、全面的物流科学研究、教育、培训体系。

在物流科学的发展过程中，物流作为一门年轻的学科不断地从其他学科中汲取营养，不断地采用和应用其他学科的成果（如分销管理、运输管理、物资管理和其他技术学科），从而形成了一个相对独立的学科。与此同时，物流又与其他学科（如市场营销、运作管理、供应链管理、电子商务等）融会贯通，促进了整个管理科学的发展。

物流系统化是系统科学在物流管理中应用的结果。系统科学在物流管理领域中得到了广泛的应用，人们利用系统科学的思想和方法建立物流系统，包括社会物流系统和企业物流系统。

2. 自动智能化

现代物流的自动智能化，是指物流作业过程的设备和设施自动化，包括运输、装卸、包装、分拣、识别等作业过程如自动识别系统、自动检测系统、自动分拣系统、自动存取系统、自动跟踪系统等。物流自动化可以方便物流信息的实时采集与跟踪，提高整个物流系统的管理水平和监控水平等。物流自动化的设施包括条码自动识别系统、自动导向车系统（Automated Guided Vehicle System，AGVS）、货物自动跟踪系统（如 GPS 和“北斗”导航）等。

伴随着科学技术的发展和应用，物流管理从人工化的手工业，到半自动化、自动化，直至智能化，从某种意义上看，智能化是自动化的继续和提升。智能化中包含更多的电子化成分，如集成电路、计算机硬件和软件等，智能化在更大范围内和更高层次上实现物流管理的自动化，如库存管理系统、成本核算系统等。

3. 标准化

在物流管理的发展过程中，从企业物流管理到社会物流管理都在不断地制定和采用新的标准。从物流的社会角度看，物流标准可以分为企业标准和社会标准；从物流的技术角度看，物流标准可以分为产品、技术和管理等标准。

4. 精益化

精益生产方式是由日本企业创立的生产方式，精益生产涉及准时化生产、全面质量管理、并行工程、团队作业等工作方式，其特点就是多品种、小批量、低消耗和高质量。

精益的核心思想是用尽可能少的生产要素创造尽可能多地满足客户需求的价值。精益思想在物流管理的运用主要体现在降低成本、提高价值。

5. 网络化

现代电子技术在物流管理中的广泛应用使得现代物流具有自动化、智能化、实时化和可视化的特点，现代电子技术使现代物流管理从计算机静态管理到点对点信息交换的动态管理，从而形成网络信息交换。在讨论物流网络时，"网络"有两种含义或理解：一是指物理网络或实体网络；二是指信息网络，即利用电子网络技术进行物流信息交换，根据物理网络的发展需要，企业应用网络技术建立起来的信息网络。

为什么会形成物流网络呢？其主要原因是由于社会交通运输网络的建立使工商企业的公司网络和业务网络的形成成为可能，企业规模的扩大、客户增加、市场扩大、空间的扩展和占有率的提高，形成了企业的业务网络和公司网络，使得物流需求不断增加。随着各种限制和贸易壁垒的取消和解除，形成统一的区域市场、国内市场以及全球市场，使得区域性的、全国性的乃至全球性的分销和物流配送网络逐步形成。

6. 个性化

物流个性化，是指现代物流企业可以根据客户需求提供个性化的物流服务，根据客户要求提供物流产品，从而使其具有更大的市场竞争力。

7. 专业化

社会分工导致了专业化，导致了物流专业的形成。物流专业化主要包括两个方面：一是在企业中，物流管理作为企业的一个专业部门独立存在并承担专门的职能；二是在社会经济领域中，出现了专业化的物流企业，物流企业提供各种不同的物流服务，并进一步演变成为服务专业化的物流企业。

8. 协同化

在传统的供需关系中更多的是买卖关系，而在现代物流中，供需关系包括更多的协同因素，甚至成为战略合作关系。现在的企业竞争实质是企业供应链之间的竞争，物流的协同化是指供应链中的各个企业以及企业内部围绕着核心企业的物流协调同步运作，传统的合作和协作是不同的，合作是横向的，协作是纵向的，协同是协作各方利益均沾的共同目标。

9. 规范法制化

物流规范化，是指在全社会范围内建立了各种物流规范，包括非物流企业内部的各种物流规范、物流企业内部的各种规范、物流行业的企业行为规范以及物流从业人员的行为规范。在法律体系中，建立针对物流企业和物流产业的各种法律法规，以及在相关的法律中对物流做出相应的规定。

10. 社会化

社会化，是指社会中的任何组织机构对物流的需求不再单纯地由自己内部完成，而是由社会的其他专门的物流组织机构完成。物流从自给自足的生产方式转变为在一定社会分工条件下的专业化和社会化的生产方式。随着社会化的进一步发展和完善，不仅社会物流需求社会化，而且物流组织机构也需要实现现代化，从而实现真正广泛意义的物流社会化。

11. 国际全球化

自然资源的分布和国际分工导致了国际贸易、国际投资、国际经济技术合作，由此产生了货物和商品的转移，从而带动了国际运输和国际物流的产生和发展。物流的国际化一般表现在两个方面：一是其他领域的国际化产生了国际物流的需求，即国际化的物流；二是物流领域自身的国际化。

全球化是国际化的产物。全球化加快、加强了物流国际化，是国际化的更高层次。国际化主要是立足本国的国际物流，而全球化是跨国经营，包括与目的国企业的国际合作和国际投资，在目的国设立分支机构，开展物流业务。在国际化阶段，国际化物流业务是间接的或者说是通过与其他的企业合作完成的。由于物流跨国企业的出现，国际化物流业务是可以直接实现的，跨国物流企业可以利用企业的全球网络独立完成国内和国际物流业务，实现综合化物流业务。

## 1.2 物流的要素、功能、效用与价值

### 1.2.1 物流的要素

流体、载体、流向、流量、流程和流速等是构成物流的基本要素。

1. 流体

流通中的物质实体构成了物流的流体。流体具有自然属性和社会属性。自然性流体，是指其物理、化学、生物属性方面的运动，在物流过程中要根据物质实体的自然属性合理安排运输、保管、装卸等作业。社会性流体，是指流体所体现的价值属性，以及生产者、采购者、

销售者、客户之间的各种关系，有的流体还肩负着国家宏观调控的重要使命，表现出政策性。

2. 载体

物流中的载体，是指流体借以流动的设施和设备，分为两类：一是指基础设施，如公路、桥梁、水路、铁道、港口、机场、码头等；二是指载体设备，如车辆、船只、飞机、集装箱、托盘等。

3. 流向

流体从起点到终点的流动方向叫流向。一般来说，物流的流向有四种：一是自然流向，即根据产销关系所确定的商品的流向，也就是商品要从产地流向销地；二是计划流向，即根据流体经营者的商品经营计划而形成的流向，即商品从供应地流向需要地；三是市场流向，即根据市场供求规律由市场确定的流向；四是实际流向，即物流过程中实际发生的流向。

对于某些商品而言，可以同时存在以上四种流向。物流科学应通过流向研究，找出规律性，达到合理配置物流资源的目的。

4. 流量

通过载体的流体在一定流向上的数量表现称为流量。与流向对应，流量也分为自然流量、计划流量、市场流量和实际流量四种。从物流管理角度看，理想状况的物流应该是在所有流向上的流量都均匀分布，这样的物流效率最高，组织也最容易。

5. 流程

流程是通过载体的流体在一定流向上行驶路径的数量表现。理论流程往往是可行路径中的最短路径，路径越长，物流成本越高，故应设法缩短流程。实际流程可以按四种口径来统计，即按流体统计、载体统计、流向统计、发运人统计。

6. 流速

流速是通过载体的流体在一定流程上的速度表现，它是衡量物流效率和效益的重要指标。一般来说，流速越快、时间越短，成本就越低，物流创造的价值效用也就越大。

### 1.2.2 物流的功能

1. 物流的总体功能

物流的总体功能主要体现在以下两个方面。

(1) 组织“实物”进行物理性流动。

这个物理性流动的动力来自五个方面：① 生产活动和工作活动的要求；② 生活活动和消费活动的要求；③ 流通活动的要求；④ 军事活动的要求；⑤ 社会活动、公益活动的要求。

(2) 实现对用户的服务。

实现对用户的服务是物流的总体功能，某些物流领域可以有“利润中心”“成本中心”等作用，但是所有的物流活动无一例外地具有服务这个共同的功能特征。

2. 物流的具体功能

物流的具体功能主要有包装功能、搬运功能、装卸功能、运输功能、储存功能、保管功能、流通加工功能、配送功能、信息功能等。

在上述功能要素中，运输功能及保管功能分别解决了供给者及需求者之间场所和时间的分离，分别是物流创造“场所价值”及“时间价值”的主要功能要素，因而在物流系统中处于主要功能要素的地位。

信息功能支持物流运作，尤其支持大范围物流网络的运作，起到支撑平台的作用，是促进物流合理化和优化的功能要素。

在网络经济时代，特别看重配送功能，这是因为配送最体现物流系统的最终的总体服务功能，可以说是完善服务功能的要素。

流通加工功能是物流过程中形成物流增值效应的主要功能要素，包装、搬运、装卸、保管在物流过程中是增加成本的功能因素，这些功能的存在对于完善物流系统和完善物流活动是必不可少的，但是这些活动也必然会增加成本支出，是影响成本的功能要素。

### 1.2.3 物流的效用

物流过程中的物化劳动和活劳动投入增加了产品的效用，具体表现为增加了产品的空间效用、时间效用、品种效用、批量效用、信息效用和风险效用等六大效用。

1. 空间效用

空间效用表现在通过商品流通过程中的劳动克服商品生产和消费在地理空间上的分离。不同的地区具有不同的生产优势和生产结构，而产品的消费却可能遍布在另外的地区，甚至是全国、全世界。

2. 时间效用

时间效用表现为通过商品流通过程中的劳动克服了商品生产和消费时间上的不一致。这种不一致表现为多种情况，如农产品之类的商品只能间断性生产而不必连续消费；又如，一些时令性或集中性消费商品，其生产是长期连续的，更多的情况是虽然生产和消费都是连续的，但是商品从生产到消费有一定的时间差，这种时间差表现为商品生产与消费的时间矛盾。商品流通过程（如储存、保管等）投入的劳动恰好可以解决这种矛盾，表现为商品时间效用的增加。

3. 品种效用

品种效用表现为通过物流过程中的劳动克服商品生产和消费品种方面的不一致。因为无论是生产资料还是生活资料，消费者需要的是多种多样的商品，而专业化生产使某一生产厂家所提供的商品具有单一性，物流则可以集中多家生产商的产品提供给消费者，这方面的劳动投入表现为商品品种效用的增加。

4. 批量效用

批量效用表现为通过物流过程中的劳动克服生产和消费批量的不一致。社会化大生产的一种重要方式是生产的专业化和规模化，而很多时候消费的需求量都是很有限的。商品流通中所消耗劳动的一个重要用途就是将生产的大批量需求分割成最终的小批量需求，在此表现为由整到散的分流过程；反过来的情况也同样存在。即生产(尤其是工业化社会中无论是生产资料的生产还是生活资料的生产)都呈现出一种趋势，即小批量、多品种的生产，这种生产方式与大批量流水生产共同存在。所以，可能出现这种情况：虽然生产批量较小，而需求则是大量集中的。这时物流中的主要活动就是将货源加以集中，从而表现为从散到整的集流过程。所有这方面投入的劳动成果都表现为批量效用。

5. 信息效用

信息效用表现为物流企业要收集大量的信息，如买卖双方的信息、产品说明和使用情况、发展情况、用户的意见、供求信息、技术发展趋势等，并对这些信息进行过滤、筛选、整理、分析，总结规律，发现问题；同时指导自己的工作，也将这些信息传递给供求双方，形成一种知识学习的作用。

6. 风险效用

风险效用表现为商品流通过程中存在和隐藏着许多风险，如质量风险、信贷风险、政策风险、财务风险等，让商品流通双方谁来承担这些风险责任可能都会是一种讨价还价的“扯皮”过程，会极大地增加交易费用甚至阻碍商品流通的真正完成。由专业的物流企业来承担这些风险无疑会极大地提高供求双方的信心，同时加快流通和再生产的过程。

### 1.2.4 物流的价值

1. 物流的宏观价值

(1) 物流是国民经济的基础之一。

这是从物流对国民经济的动脉作用这一点而言的，物流通过不断输送各种物质产品，使生产者不断获得原材料、燃料以保证生产过程的正常，又不断将产品运送给不同的需求者，以使这些需求者的生产、生活得以正常进行，这些互相依赖的存在，是靠物流来维系的，国民经济因此才得以成为一个有内在联系的整体。经济体制的核心问题是资源配置，资源配置不仅要解决生产关系问题，而且必须解决资源的实际运达问题，物流正是保证资源配置最终实现的重要环节。物流还以其本身的宏观效益支持国民经济的运行，改善国民经济的运行方式和运行结构，促使其优化。

(2) 物流是企业生产的前提保证。

从企业这一微观角度来看，物流对企业具有以下三种作用。

① 物流为企业创造经营的外部环境。

一个企业的正常运转，必须有这样一个外部条件：一方面要保证按企业生产计划和生产节奏提供和运达原材料、燃料、零部件；另一方面，要将产品和制成品不断运离企业，这个最基本的外部环境正是要依靠物流及有关的其他活动创造和提供保证的。

② 物流是企业生产运行的保证。

企业生产过程的连续性和衔接性，要靠生产工艺中不断的物流活动，有时候生产过程本身便和物流活动结合在一起，物流的支持保证作用是不可或缺的。

③ 物流是发展企业的重要支撑力量。

企业的发展，靠质量、产品和效益，物流作为全面质量的一环，是接近用户阶段的质量保证方法，更重要的是根据“第三利润源泉”的理论，物流通过降低成本，间接增加企业的利润，通过改进物流直接取得效益，这些都会有效地促进企业的发展。

总之，物流不论是对国民经济的全体还是国民经济的基础——企业，都起着非常重要的作用。

（3）特定条件下，物流是国民经济的支柱。

在特定的国家或特定的产业结构条件下，物流在国民经济和地区经济中能够发挥带动和支持整个国民经济的作用，能够成为国家或地区财政收入的主要来源，是主要的就业领域，能成为科技进步的主要发源地和现代科技的应用领域。如荷兰、新加坡、中国香港、巴拿马等国家和地区，特别是日本以流通立国，物流的支柱作用显而易见。

（4）物流现代化可以改善国民经济运行的水平，实现质量的提升。

物流关系国民经济运行的质量，由于“粗放式”生产还很普遍，尤其作为支撑国民经济运行的“物流平台”问题更为突出，如各种物流方式分立、物流基础设施不足、物流技术落后等问题。如果能够得到全面、系统的改善，就可以使国民经济运行的水平得到很大的提高。

（5）一个新的物流产业可以有效地改善国民经济的产业结构。

物流产业是物流资源在各个领域重新整合后形成的一种复合型或聚合型产业。如运输资源的产业化就形成了物流运输业，仓储资源的产业化就形成了仓储业等。与此同时，这些物流资源也分散在多个领域，包括制造业、流通业等，把产业化的物流资源加以整合，就形成了新的物流服务业，它也是一种复合型产业。因此，物流产业可以有效地改善国民经济的产业结构。

2. 物流的微观价值

（1）物流的时间价值。

“物”从供给者到需求者之间本来就存在一段时间差，由于改变这一时间差创造的价值称作时间价值。时间价值通过物流获得的形式有以下三种。

① 缩短时间创造价值。

缩短物流时间，可以获得多方面的好处，如减少物流损失、降低物流消耗、增加物的周转、节约资金等。从全社会物流的总体来看，加快物流速度，缩短物流时间，是物流必须遵循的一条经济规律。

② 弥补时间差创造价值。

在经济社会中，需要和供给普遍存在时间差，如粮食的生产较集中，但消费是一年天天有所需求，因而供给和需求之间出现时间差。物流便是以科学的、系统的方法去弥补、改变这种时间差，以实现其“时间价值”。

③ 延长时间差创造价值。

加速物流速度，缩短物流时间，以尽量缩小时间间隔来创造价值，但是，在某些具体的物流中也存在人为地、能动地延长物流时间来创造价值。如秋季集中产出的粮食、棉花等农作物，通过物流的储存、储备活动，有意识地延长物流的时间，以均衡人们的需求；配合待机销售的囤积性营销活动的物流便是通过有意识地延长物流时间、有意识地增加时间差来创造价值的。

（2）物流的场所价值。

场所价值指的是“物”从供给者到需求者之间有一段空间差，供给者和需求者之间往往处于不同的场所，由于改变“物”的不同场所而创造的价值称作场所价值。

物流创造场所价值是由现代社会产业结构、社会分工所决定的，主要原因是供给和需求之间的空间差，商品在不同的地理位置有不同的价值，通过物流将商品由低价值区转到高价值区，便可获得价值差，即场所价值。以下是物流的场所价值的三种具体形式。

① 从集中生产场所流入分散需求场所创造价值。现代化大生产的特点之一，往往是通过集中的、大规模的生产以提高生产效率，降低成本。在一个小范围集中生产的产品可以覆盖大面积的需求地区，有时甚至可覆盖一个国家乃至若干个国家。通过物流将产品从集中生产的低价位区转移到分散于各处的高价位区有时可以获得很高的利益。物流的“场所价值”也依此决定。

② 从分散生产场所流入集中需求场所创造价值。和上面相反的情况在现代社会中也不少见，如粮食是在一亩地一亩地上分散生产出来的，而一个大城市的需求却相对大规模集中，一个大汽车厂的零配件生产也分布非常广，但却集中在一个大厂中装配，这也形成了分散生产和集中需求，物流便依此取得了场所价值。

③ 从低价值生产流入高价值需求创造场所价值。现代社会中供应与需求的空间差比比皆是，十分普遍，除大生产所决定外，有不少是自然地理和社会发展因素决定的，例如农村生产粮食、蔬菜而异地于城市消费，南方生产荔枝而异地于各地消费，北方生产高粱而异地于各地消费等。这么复杂交错的供给与需求的空间差都是靠物流来弥合的，物流亦从中取得了利益。

在经济全球化的浪潮中，国际分工和全球供应链的构筑使企业选择在成本最低的地区进行生产，通过有效的物流系统和全球供应链，在价值最高的地区销售。信息技术和现代物流技术为此提供了条件，使物流得以创造价值，得以增值。

（3）物流的加工价值。

在物品流通过程中，物流企业可以通过流通加工的特殊生产形式，使处于流通过程中的“物”通过特定方式的加工而增加附加值，这就是物流创造加工价值的活动。

物流创造加工价值是有局限性的，它不能取代正常的生产活动，而只能是生产过程在流通领域的一种完善和补充。但是，物流过程的增值功能往往通过流通加工得以体现。所以，根据物流对象的特性，按照用户的要求进行加工活动，可以对整个物流系统的完善起到重要作用。尤其在网络经济时代，物流作为基于用户的服务方式，依托信息传递的及时和准确，得以有效组织加工活动，因此它的增值作用也是不可忽视的。

(4) 物流的利润价值。

物流活动的合理化，可以通过降低生产企业的经营成本间接提高利润，但这只是物流利润价值的一个表现。对于专门从事物流经营活动的企业而言，通过有效的经营活动，可以为企业创造"第三个利润源泉"，也就是说，通过物流企业的有效服务，可以为生产企业创造利润。

许多物流企业，在为用户服务的同时，还可以成为自己的"利润中心"，可以成为企业和国民经济新的利润增长点。企业中的许多物流活动，如连锁配送、流通加工等，都可以直接成为企业利润的来源。

(5) 物流的服务价值。

物流可以为客户提供良好的服务，这种服务有利于物流企业参与市场竞争，有利于树立企业和品牌的形象，有利于和服务对象结成长期的、稳定的、战略性合作伙伴，这对企业长远的、战略性的发展具有非常重要的意义。物流的服务价值，实际上就是促进企业战略发展的价值。

3. 物流的价值发现

(1) 物流系统功能价值的发现。

在第二次世界大战期间，美军采用了托盘、叉车等后勤系统，这个系统贯穿了军事物资从单元组合(集装)的装卸活动开始，高效连贯地搬运、运输、储存、再运输、再搬运，直到按指定军事目标到达目的地为止的整个过程，有效地支撑了庞大的战争机器。这就促使人们认识到物流作为一种系统的活动能够实现以往由许多活动才能完成的各项功能，使人们认识到物流系统功能的价值。

(2) 物流经济活动价值的发现。

第二次世界大战以后，大量的军事技术和军事组织方式转移到了民间，物流系统的思想方法和相关技术、相关管理方式实现了"军转民"，取得了巨大成功。这就使人们认识到，"物流"不仅具有重要的军事价值，而且也具备重要的经济活动价值，可以在经济界广泛地采用，可以为企业增加新的管理思想和管理模式。第二次世界大战以后，像价值工程、物流等在战争期间形成的形态，都成功地实现了向经济领域的转移，从军事活动的价值转变为经济活动的价值。

(3) 物流利润价值的发现。

第二次世界大战以后，主要国家的经济发展面对的是一个"无限的市场"，只要能够快速地、顺利地实现产品向用户转移就能够获取利润。企业界采用物流技术和物流管理方式之后，能够有效地增强企业的活力，提高企业的效率和效益，从而增加企业的利润。在产业革命以后，经济领域对于人力、原材料这两个利润源泉的挖掘已经有了相当长的历史，虽然现代社会仍然可以用新的方式来开发这两个利润源泉，但是，寻找新的利润源泉却变得日益迫切。“物流”作为“第三个利润源泉”就是在这种情况下被发现的，是对物流效益价值的发现。

(4) 物流成本价值的发现。

20 世纪 70 年代初，世界爆发了第一次石油危机，实际上是以石油为首的能源、原料、材料、劳动力价格的各方面上涨。传统的第一、第二利润源泉已经变成了企业的成本负担，在这种情况下人们发现，物流领域有非常大的降低成本的空间。当企业和经济界有效地利用物流系统技术和现代物流管理方式之后，有效地减轻了原材料、能源、人力成本上扬的压力，从而使人们认识到“物流”还具备巨大的降低成本的价值。物流的这一价值发现，大大提高了物流在国际上的声誉。石油危机期间，许多经济学家预言全世界的长期经济衰退并没有出现，这和经济领域中成功地发掘物流的降低成本价值有相当的关系。

(5) 物流环境价值的发现。

物流系统的开发、物流合理化的广泛推行和系统物流管理的普遍实施，在有效地降低成本的同时，能够在合理的、更节约使用物流设备的情况下完成资源配置任务；物流系统化以后，物流装备可以得到全面的、系统的开发，装备的效率大大提高而同时装备的能耗大大降低。这些努力汇集起来之后，人们惊喜地发现“物流”对改善环境、降低污染、实施可持续发展具有重大作用，这就使许多受现代城市病困扰的工业化城市对用“物流”这种系统经济形态来改善分立的、混乱的交通，减少交通阻塞、运输损失，降低污染，改善企业外部供应环境格外重视和关心。

(6) 物流战略价值的发现。

20 世纪 80 年代后，企业普遍从过去那种狭窄的、短期的、微观的视野，从当前利益和当前成本的考虑转向了长期的、战略性的考虑。这个长期的、战略性的发展有两个非常重要的支持因素：一个是在现代信息技术支撑下建立的稳定的、高效的“供应链”，以增强企业的本体能力；另一个就是贴近用户的服务，而这个服务是远远超出所谓“售后服务”水平之上的全面贴近用户的服务。在物流领域出现了广泛配送方式、流通加工方式以及更进一步的“准时供应系统”“即时供应系统”“零库存系统”等，这些都成功地使企业获得了更长远的战略发展能力。

(7) 物流对国民经济价值的发现。

1997 年东南亚爆发了金融危机。危机过后，人们在分析和总结东南亚各国和各地区的情况时发现，以“物流”为重要支柱产业的新加坡、中国香港有较强的抗御经济危机的能力。物流作为一个产业，在国民经济中的地位也是十分重要的，它能够起到完善结构、提高国民经济总体质量和抗御危机的作用。

(8) 物流对新经济价值的发现。

网络经济在经过 20 世纪 90 年代初的探索和发展之后，人们逐渐认识到，网上的虚拟运作和实际的物流相结合，才能形成一个完整的新经济形态。这一点在电子商务中反映得更为明显。

### 1.2.5 物流经济活动的双重性

物流活动既是增值性经济活动，又是增加成本、增加环境负担的经济活动。对物流双重性的认识，应当是研究物流管理的一个基本点。物流企业应在尽量降低物流成本占用、减轻物流造成的环境负担的基础上，使物流活动能够增值。

1. 物流占用成本

无论是国民经济领域还是企业领域，物流都是构成成本的主要领域，即使是发达国家，其物流成本仍相当可观。

2. 物流增加环境负担

物流对环境有较大的负面影响，这个负面影响随着物流量的增大而增大，随着物流合理化而降低。物流管理的责任，就是要在保证物流满足国民经济和企业发展的前提下，尽量减轻环境负担。

## 1.3 物流管理的形成及其发展

### 1.3.1 物流管理的意义

物流是物料或商品在空间上与时间上的位移。社会物流即社会再生产各过程之间、国民经济各部门之间以及国与国之间的实物流通，直接影响国民经济的效益。现代物流管理，是指将信息、运输、库存、仓库、搬运以及包装等物流活动综合起来的一种新型的集成式管理，它的任务是以尽可能低的成本为顾客提供最好的服务。

物流管理不仅仅是对实物流通的管理，也包含了对服务这种重要的无形商品的管理。物流管理涉及所有类型的组织和机构，包括政府、工厂、医院、学校、金融机构、批发商、零售商等。物流管理的一大特点是强调对各项物流活动进行集成化的管理，贯穿产品价值和实现的全过程。

### 1.3.2 物流管理的重要性

物流管理的任务可以概括为“6 Rights”，即：以正确的成本（Right Cost），在正确的时间（Right Time）、正确的地点（Right Location）、正确的条件（Right Condition），将正确的商品（Right Goods）送到正确的顾客（Right Customer）手中。

物流管理的核心在于创造价值。良好的物流管理要求供应链上的每一项活动均能实现增值，在为顾客创造价值的同时，也为企业自身及其供应商创造价值。物流管理所创造的价值体现在商品的时间和地点效用上，以及保证顾客在需要的时候能方便地获取商品。

1. 物流在国民经济中的作用

物流在国民经济中的主要作用体现在以下两个方面。

(1) 物流活动的成本在GDP(Gross Domestic Product,国内生产总值)中占有相当的份额。据国际货币基金组织统计的一些国家和地区物流成本的估算,物流成本(包括运输、仓储、库存维持等费用)占GDP的10%以上,在各国经济中均占有显著的地位。如果某个国家能以较小比例的资源完成各项物流活动,则显示该国的物流效能较高。据中国商业联合会的资料显示,2005年以来中国物流总成本占当年GDP总量的比重一直保持在18%左右,居高不下,而西方发达国家同类指标是8%～10%,标准化、信息化水平差距明显。我国比发达国家的物流成本需多支出近一倍。我国大陆地区的物流总成本占全国GDP的18%左右,同全球的平均值12%相比,高4个百分点以上,约23 000亿元。显然,增加的这笔费用将转嫁为商品价格的提高、企业利润的降低以及国家税收的减少。有效的物流活动对人民生活水平、企业经济效益、国民收入起着不可忽视的作用。

(2) 物流支撑着经济生活中的大多数交易行为,是所有的商品交易得以实现的重要保障。正是有了物流活动的保障,交易行为才能在正确的时间和空间内最终得以实现。同时,物流创造了货物和服务的时间和地点的效用。

2. 物流在企业中的作用

顾客导向是企业参与市场竞争的指导思想,物流的本质在于创造价值,而物流系统的输出正是顾客服务。越来越多的企业将物流管理视为提高营利能力和竞争力的关键所在。以最低的物流成本提供最好的服务,为顾客创造最大的价值是企业赢得竞争的主要途径。

产品(Product)、价格(Price)、促销(Promotion)和地点(Place)是企业市场营销组合的四要素(4P)。成功的市场营销要求企业拥有良好的产品、合理的价格、有力的促销方式,以及保证产品顺利输送到正确的地点。物流活动直接服务于地点要素,保证顾客在需要时能方便地购买到产品。

企业物流受到了发达国家理论界和企业界的普遍认同和高度重视,被认为是“企业脚下的金矿”以及当前企业“最主要的竞争领域”。从中国仓储协会对中国家电、电子、日化、食品等行业具有代表性的450家大中型企业的调查可以看出,物流费用占产品销售费用的比例较高,比例在15%以上的占总数的48.5%。根据现代物流理论中的杠杆原理,物流费用每降低2个百分点,利润提高近一倍,因此能否降低企业的物流费用对企业经营业绩的影响较大。现在,越来越多的企业正逐渐认识到物流对企业发展的重要作用。根据调查的结果,仅9%的企业认为物流对企业的影响程度较低或很低,而42%的企业认为物流对企业发展的影响程度较高或很高,认为物流对企业发展影响一般的占总数的49%,由此说明物流在中国发展尚处于起步阶段,任重而道远,潜力巨大。

### 1.3.3　现代物流管理的发展进程

第二次世界大战以后,物流得到进一步的发展和提炼。由于物流方面的工作对盟军取得第二次世界大战的胜利做出了明确的贡献，类似地，在 1991 年的波斯湾战争中，具备有效率和有效地发送、储存供给品和人员的能力是美英联军成功的一个关键因素。随着企业对物流管理在降低成本、改善经营绩效和提升企业竞争能力等方面所起作用的认识的逐步提高，以及社会经济和技术的发展，企业中物流管理职能和职责都不断地发生着变化。以下将对物流管理在以美国为代表的西方发达国家中的演进阶段作一概述。现代物流管理在美欧发达国家中大体经历了以下三个发展阶段。

1. 职能管理阶段(1960—1980 年)

20 世纪 60 年代以后，绝大多数企业逐步认识到，物流管理并不仅仅是对运输、采购、仓储等活动的分割式的管理。在此阶段，物流活动被集成到两大物流管理职能当中，即物料管理和分销管理。物料管理是对与物料流入企业有关的所有活动进行计划、组织和控制，其具体管理范围包括采购、原材料、在制品库存控制、厂内运输、生产计划等。分销管理负责控制产成品从工厂到顾客的有效率的输送，管理范围包括运费控制、仓储、包装、顾客需求预测、成品库存控制、顾客服务等。

以集成式的物料管理和分销管理职能取代 20 世纪 60 年代以前对各项物流活动分割式的管理，无疑是一大进步。这种职能式的管理使物流成本在两大职能中变得清晰而易于独立核算，为企业有效控制物流成本奠定了基础。

(1) 本阶段企业管理中的相关变革。

① 计算机在企业管理中的广泛应用。

计算机管理系统为企业管理人员快速准确地处理在物料管理和分销管理中产生的复杂问题提供了强有力的支持。物料需求计划(Material Requirement Planning，MRP)是一个典型的例子。MRP 成功地解决了根据最终产品需求生成零部件需求计划的问题，将原材料和零部件物流与产成品物流联结起来，使人们的思路从追求实际意义并不很大的优化方法转到比较现实的轨道上来，利用计算机技术把生产库存管理得更好。同时，计算机系统帮助企业更加准确地识别和控制包括物流成本在内的各项成本，为物料管理和分销管理的集成提供了有力的支持。

② 顾客服务理念的流行。

企业降低运输和分销成本的努力往往会对顾客服务产生负面影响。企业通过减少仓储设施、压缩库存、减少分销系统中存货的铺设等措施来降低成本时，很可能也降低了顾客服务水平。分销成本占到了大多数消费品总成本 50%左右，然而如何正确地控制分销成本却是企业面临的一大难题。物流经理们同时也面临着越来越大的改善对顾客服务的压力。为了实现提高顾客服务水平并降低运作成本的目标，强化分销管理逐渐成为重要的企业战略。

由于很多企业对顾客服务的目标和标准缺乏正确的认识和实施的一贯性，导致库存、运输和仓储成本的上升。到 20 世纪 70 年代中期才逐步形成较为正确而全面的顾客服务理念与服务标准体系。企业开始关注顾客服务目标与分销成本之间的权衡关系，成本-效益权衡模型广泛用于确定合适的顾客服务水平，ABC 分析工具也广泛地应用于对顾客的分类管理，顾客服务的研究证明了集成式的分销管理确实能为企业带来更大的收益。

(2) 物料与分销经理的职能。

物流活动的集成使物流经理的管理权限放大，对物料经理和分销经理素质的要求也更高了。分割式的管理在组织内部形成了成本管理的组织障碍，物料和分销经理管理权限的扩展可以在一定程度上消除这种障碍。物料经理统管采购、生产控制、物料进厂运输、原材料和在制品仓储、库存计划与控制、废弃物料的处理等。分销经理统管送货、分销设施、库存计划与控制、销售订单服务等。其管理职能要求这些经理人员掌握财务、数据处理、计划编制等方面的知识和技能；针对物料经理和分销经理的在职培训也十分流行。由于分销管理在企业管理中的重要性充分显现出来，分销经理在企业组织结构中的地位变得尤为重要和突出，一些企业中直接由副总经理来主管分销。

(3) 演进的动因。

来自企业外部的压力导致分销经理的角色不断发生变化，两个明显的演进动因是分销管理中的高昂成本和政府对运输业管制的放松。

① 分销管理中的高昂成本。

20 世纪 70 年代，分销成本变得十分高昂。其原因包括史无前例的通货膨胀、两位数的高利率，以及 20 世纪 70 年代中期末发生的石油危机。这促使企业管理者集成物流管理，通过改善物流运作来降低成本。

② 政府对运输业管制的放松。

政府对运输业管制放松的结果是大量专业运输公司的出现，以及优秀运输公司经营规模和经营范围的扩展，企业与承运人之间的关系变得更加紧密，由松散的交易关系转向长期协作的合同关系。企业对运输服务的选择范围更大了，价格谈判更为灵活和复杂。到 20 世纪 70 年代末，越来越多的经理人员将物料管理与分销管理视为一个有机的整体，而物流的含义变得更加广泛了。

2. 内部一体化阶段(1980—1990 年)

20 世纪 80 年代初，分销管理与物料管理逐步集成起来，并产生了全过程物流管理的概念。这种涵盖从原材料采购与运输到产成品分销的所有物流活动及相关的信息与控制系统的物流管理模式称为集成式物流管理或一体化的物流管理。它不仅包含以往的物料和分销管理的全部内容，还涉足传统的市场营销和生产管理的一些职能(如生产计划、销售预测、原材料与在制品管理、顾客服务等)。这一阶段物流管理的集成仍限于企业内部，故称为内部一体化。

(1) 影响内部一体化物流管理的主要因素。

20 世纪 80 年代物流管理人员所面临的变革加速了。放松管制使企业在市场中可以获取的物流服务更加丰富；第三方物流企业成为各种物流服务的主要提供者；通信与信息处理能力大大增强，众多企业采用了 EDI（Electronic Data Interchange，电子数据交换）、条码和个人电脑；顾客服务变得更加重要，企业将物流视为赢得市场竞争的有效途径。

① 放松管制后物流服务的扩展。

货主将运输业务逐步集中到为数不多的几家运输公司，在加强协作的同时，既增强了货主讨价还价的能力，又提高了运输活动的质量。另外，运输公司为了争得足够的业务，努力改善其运营绩效，提供优良的顾客服务、增值服务、合理的运输费率。在传统企业逐步削减用于“非核心”能力投资的同时，一些专业运输公司扩展其运营范围，涉足各种运输方式、仓储、包装与流通加工等业务。这些能力使社会物流总成本大大降低。

② 第三方物流企业。

第三方物流企业在 20 世纪 80 年代迅速发展起来。传统企业将一些原本由企业自己来实施的物流活动交给外部的专业公司来承担，通过与第三方物流企业的合作，可以将有限的资源进一步集中到其核心业务与核心能力上，降低大量投资于物流设施与设备而带来的财务风险，同时也可以实现更高效率的物流运作。

③ 沟通与信息技术。

20 世纪 80 年代，企业非常热衷于提高快速沟通、货运跟踪与信息交换的能力。信息成为提供物流服务的关键要素，也是企业物流活动进一步集成的催化剂。快速的信息处理与信息交换使供应链实现“以信息换取库存”，几乎可以实时获取的库存和销售数据帮助生产商与零售商更加精确地预测未来的需求，从而降低为应付需求不确定性而设置的安全库存量。利用信息技术进一步集成物流管理职能，还可压缩物流活动的周期时间。

EDI 的广泛应用，为企业提供实施分销资源计划（Distribution Resource Plan，DRP）和准时化（Just In Time，JIT）生产与库存控制所需的重要信息。

④ 分销资源计划。

分销资源计划注重对产成品的分销进行管理，帮助管理人员对产成品在复杂的分销系统中的输送与调配做出正确的计划。配置 DRP 系统需要获取第一手的销售数据并输入到生产系统的主生产计划中去。将市场需求预测与生产计划集成起来，可以降低库存投入，减少运输成本，加速库存周转，并提高存货可供率。分销资源计划的实施对企业的物流管理职能具有深远的影响，它使销售预测和生产计划等职能进一步集成并融入分销管理当中。

⑤ 准时化生产。

企业管理活动的集成和信息技术的发展使 JIT 生产计划得到广泛应用。准时化生产作为一种企业哲学理念，强调追求卓越、不断降低库存并提高产品质量。准时化生产的采购管理要求供应商依据生产商的生产计划，在需要的时候提供符合质量和数量要求的产品。供求双方的 JIT 关系是一种长期密切合作的战略伙伴关系。准时化生产使物流活动的集成跨越了单个企业的界限，实现业务流程的改善和更高的效率。

⑥ 顾客服务。

顾客服务继续保持着在物流管理模式影响因素中的主导地位。对顾客服务的认识也演变为以最节省成本的方式使供应链实现增值，这种增值由包括顾客在内的所有供应链成员共同来分享。

(2) 物流经理的职能。

随着物流成为企业赢得市场竞争的重要武器，物流经理获得更多的升职机会，他们的管理权限跨越了物料管理或分销管理而涵盖了所有的物流活动。物流经理在企业中级别的提升对经理人员的素质和技能也提出了更高的要求。

物料管理、生产计划、分销管理集成到物流经理的管理权限之内。在20世纪80年代，美国就已经有56%的企业设置了副总经理级别的物流管理职位。这使得物流管理人员更好地参与企业战略决策的制定。物流经理需具备更为全面的物流管理知识和经验，以及在其他主要职能部门（如生产制造、市场营销、财务管理）的工作背景。

(3) 演进的动因。

① 企业重组。

为了增强竞争优势、避免恶意收购，许多企业进行了重组，剥离不良资产，剔除业绩不良的经营业务，精简组织机构。一些企业的物流部门在企业并购的过程中被并入其他企业的物流部门或者被废弃。

② 市场国际化。

美国企业在20世纪80年代加强了在国际市场上进行原材料和零部件的采购，以获得成本优势。在国内市场日趋成熟和饱和的情况下，国际市场为许多企业提供了新的发展机遇，美国企业的产品越来越多地打入欧洲和亚洲市场。这种国际化的市场对企业的物流部门实施更长距离和更大范围的物流活动提出了更高的成本控制要求。

③ 时间和质量。

企业获取竞争优势的努力从单纯追求成本最小化，逐步转向在最短时间内以最小成本提供最大的价值。通过缩短产品从生产线到达市场的时间，企业提高了生产率，降低了成本和风险，并扩大市场份额。在物流过程中引入质量概念，意味着企业不断改进顾客服务。顾客服务质量上的改进，如按时送货的改善、订单满足率的提高、准确的票据、订货提前期（又称订货周期）的缩短，以及整个物流系统生产率的提高等，是竞争对手难以模仿的。

上述因素促使企业决策者寻求更新的技术和途径以进一步提升物流绩效。然而，经营业务的全球化、新技术的高成本，以及稀缺的人力资源等因素使得单个企业的努力往往半途而废。许多企业将目光转向外部一体化。

3. 外部一体化阶段（1990年至今）

20世纪70年代和80年代企业内部物流管理功能的集成强调实现本企业运营绩效最优化。到了20世纪90年代，供应链管理将功能集成的概念从单个企业拓展到供应链上的所有企业。单个企业的活动只是价值创造过程的一个部分，通过降低成本和风险，将企业资源在供应链成员之间进行平衡和调配等方法，提升整个供应链的效率，从而增强供应链以及其成员企业的竞争力。许多企业认识到，市场竞争不仅仅是单个企业之间的竞争，同时也是供应链之间的竞争，只有使整个供应链在市场上具有竞争力，成员企业才有生存与发展的空间。

在20世纪90年代，企业经营业务全球化的趋势日益明显，发展中国家经济的强劲增长创造了巨大的市场需求和大量高素质的人力资源。跨国企业更加注重通过海外建厂和全球采购来降低制造成本，同时努力拓展海外市场。竞争的压力促使企业提高顾客服务质量和物流系统效率。国际贸易的增长导致企业的物流管理发生进一步的变化，许多企业扩展其物流部门，在物流部门中专门设置负责国际物流业务的分部，另一些企业则在海外设立一些相对独立的物流分部负责当地市场的物流运作，大量的跨国性或区域性的第三方物流企业是这种全球供应链的重要成员。这一时期信息和通信技术飞速发展，而信息技术的应用将单个企业的物流管理更深刻地融入供应链管理当中。

## 1.4 物流管理组织

### 1.4.1 物流管理组织的定义

物流管理组织是物流功能运作和管理的固定机构。在制造与销售企业中，物流管理组织是专营物流活动的内部机构，第三方物流企业则是整体的物流管理组织。

物流管理组织随着企业的物流活动不断变化，不断调整物流组织架构，以提高物流服务水平，降低物流成本。

### 1.4.2 物流管理组织演变

物流管理组织的发展演变经历了以下三个阶段。

1. 第一阶段——功能集合型物流管理组织

功能集合型物流管理组织是在原有组织架构的基础上，将各个专业部门的物流功能合并，使物流作业在本部门内进行计划、控制和协调。如在一个企业的车间内部将采购、库存、物料管理和物品装卸搬运活动归并到一个机构，以便统一管理。

功能集合型物流管理组织结构的优点是不增加管理幅度，只是在原职能部门内将物流运作重新划分，以适应经营的需要。该种组织结构适合于外部环境较为稳定、采用常规技术、重视内部营运效率、操作人员素质比较好的中型规模企业。目前，在制造加工业企业中普遍采用这种组织形式。

这种组织结构不适于大型企业或者外部环境复杂、内部技术层次高的技术创新型企业。功能集合型组织的功能整合没有改变物流过程的分散性，容易形成本企业内部物流业务分割状态，影响整体的物流合理化和效益。如图 1-1 所示为适用中型企业的功能集合型组织结构。

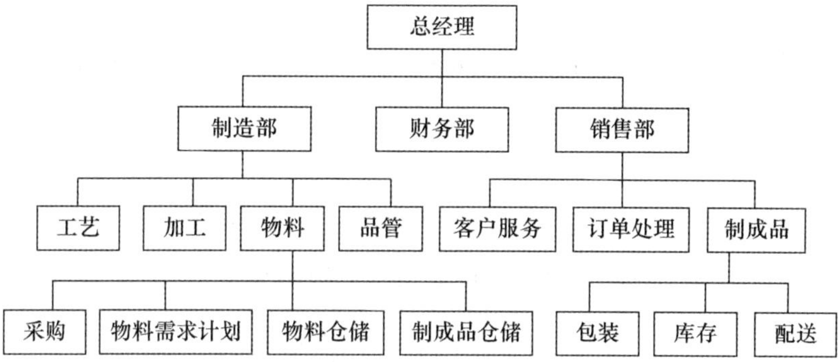


**图 1-1 适用中型企业的功能集合型组织结构**

2. 第二阶段——功能独立型物流管理组织

功能独立型物流管理组织是从物流效率方面考虑企业整体经营，建立一个专门的物流部门，将企业的主要物料管理和物品配送管理功能独立出来，形成与市场销售、财务和制造相平等的专业部门。这种组织架构的优点是使物流的职能更明确，能够扩大企业物流经营的比重，增加企业的物流活动，保证整体生产和营销的协调。

功能独立型物流管理组织没有改变传统的功能组织设计方法，功能管理和物流现场作业不能完全统一，功能管理与功能执行有时会脱节，不适应巨量化物流和迅速交易。功能独立型组织的缺陷是功能管理与功能操作分离，造成组织职能与物流运作之间的不协调。

功能独立型物流管理组织的表现是企业专设一名高级主管，专门负责管理相关物流活动，直接协调各项物流运作。功能独立型物流管理组织是一个过渡，它随企业物流活动的扩大和细化，上升到一体化组织结构。如图 1-2 所示为功能独立型组织结构。

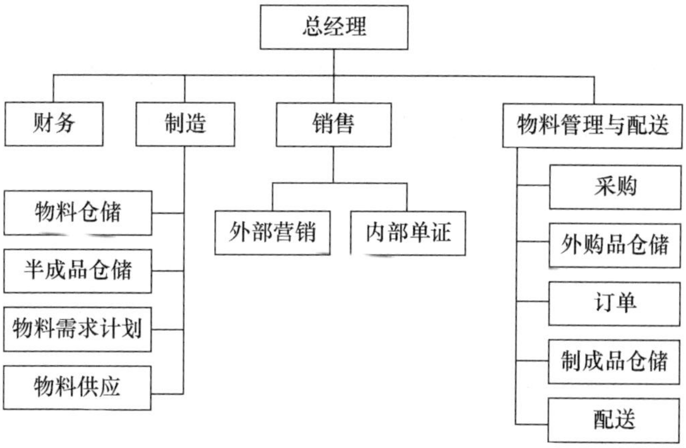


**图 1-2 功能独立型组织结构**

3. 第三阶段——一体化物流管理组织

一体化物流管理组织的目的是统一企业所有的物流功能和运作，企业将可操作的物流计划和功能运作归于一个专设的物流经理之下，对所有的原材料与制成品存储和运输实行战略管理，指导从原料采购到客户配送中的人力、物力、财力等资源运用的一体化。一体化物流管理组织在实践中的表现是大型企业的物流子公司。如图 1-3 所示为一体化组织结构。一体化物流管理组织结构的特点是：

（1）物流的每一个业务领域组合构成一个独立的直线运作单元；

（2）制造支持被定位于运作服务，可以在包装、装卸、搬运、物品配送，甚至在采购方面直接支持制造领域的内外作业；

（3）物流信息和监控设在物流一体化组织最高层，以增加物流经理对组织的运营能力。

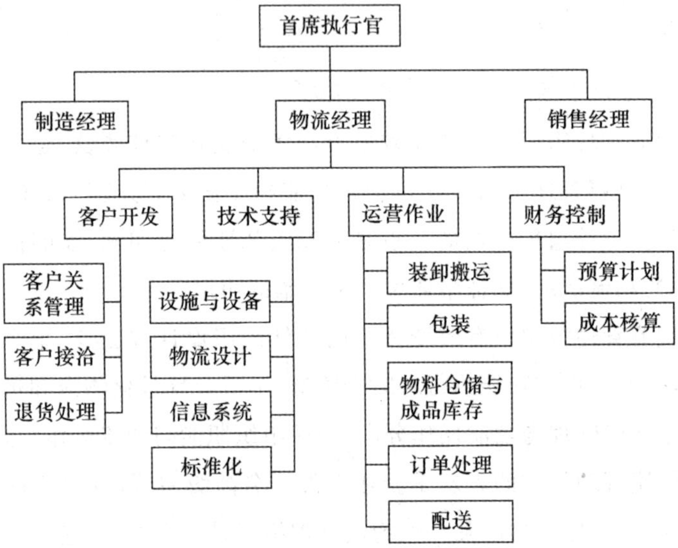


**图 1-3　一体化组织结构**

一体化物流管理组织适合运用在特大型制造业企业与大型流通企业（如外贸集团公司），并且必须以高度的信息化方式进行物流流程的准确和及时控制。

### 1.4.3　第三方物流企业组织

第三方物流企业的组织结构由其资源状况决定，通常有以下三种组织形式。

1. 独立资源型

在物流服务中，以自有设施承担第三方物流服务的企业组织结构如图 1-4 所示。其中，功能包括仓储、包装、运输与配送、流通加工等。

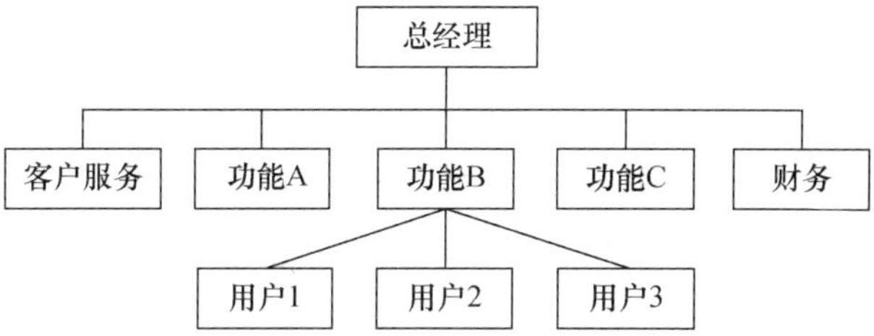


**图 1-4 独立资源型组织结构**

2. 外包资源型

将全部第三方物流业务外包的第三方物流企业等同于货物代理公司，它们一方面代表物流服务供应商，为货主安排物流服务；另一方面，它们代表货主向物流服务供应商提供物流客户资源。

3. 综合资源型

自身拥有独立的物流硬件和软件服务资源，可以向市场提供第三方物流服务，同时又将一部分客户资源外包出去的是综合资源型第三方物流企业，其组织结构如图 1-5 所示。

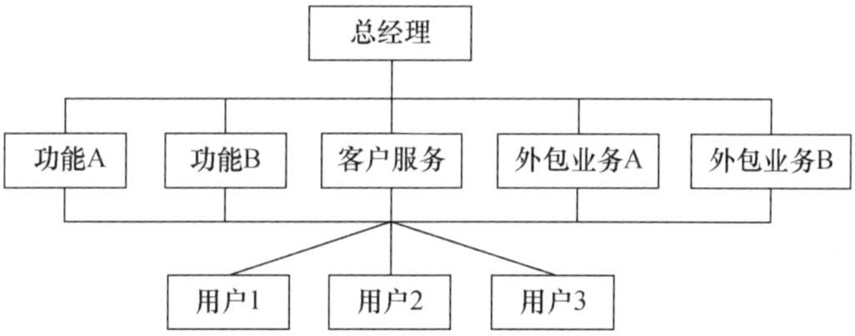


**图 1-5 综合资源型组织结构**

## 本章小结

现代物流是随着商品经济的快速发展，人们为了实现最大限度的经济利益，为了追求越来越高的生产效率，促进社会化生产精细分工，使专门化生产程度越来越高的一门新兴的综合性学科。

由于物流对象不同、物流目的不同、物流方向不同以及物流范围不同，人们可以从不同的角度、采用不同的标准对物流进行分类。现代物流的主要特征是科学系统化、自动智能化、标准化、精益化、网络化、个性化、专业化、协同化、规范法制化、社会化、国际全球化。物流管理组织随着企业的物流活动不断变化，不断调整物流组织架构，以提高物流服务水平，降低物流成本。

## 案例赏析

### 海尔物流的"一流三网"和三个JIT[①]

从管理的角度来讲,海尔创造了很多奇迹,涉及新产品开发,顾客服务,企业文化,企业的技术创新、市场创新、管理创新、体制创新等许多方面。它在制造业物流以及物流管理上也有许多值得称赞的方面。

海尔是第一个被美国评为五星级服务的中国内地企业,其物流是市场链概念中延伸出来的一个比较典型的模式和管理方法,提出了"一流三网"。

"一流"就是订单信息流。没有订单不生产,要生产订单,不要生产库存,这是订单信息流。

"三网"则包括以下内容。

(1) 计算机信息网。物流操作基本上在计算机信息网络平台上运作,这就为物流效率的提高提供了很好的基础。

(2) 全球供应资源网。海尔的供应是全球化的。海尔已经不仅是企业的国际化,而且是国际性的企业了。它在国外有很多工厂,那些工厂使用当地的资源、当地的人力、当地的资金,在当地市场进行销售。其供应资源网络符合经济全球化趋势,资源得到了更合理的配置。

(3) 全球配送资源网。企业管理的精髓在于怎样有效地整合或者是充分利用有限的资源,这是企业管理的出发点。既然供应是全球化的网络,它的配送也要全球配送,要形成全球配送资源网络。

海尔的三个JIT包括以下三个内容。

(1) JIT采购。何时需要就何时采购,采购的是订单,不是库存,是需求拉动采购。这就对采购提出较高的要求,要求原有的供应网络要比较完善,可以保证随时需要随时能采购得到。那么,海尔是怎么做JIT采购的呢?

① 全球统一采购。海尔产品所需的材料有1.5万个品种,这1.5万个品种的原材料基本上要进行统一采购,而且是全球范围的采购,这样做不仅能达到规模经济,而且可以寻找全球范围的最低价格。所以,海尔的JIT采购是在全球范围内以最低价格进行统一采购,采购价格的降低对物流成本的降低有非常直接的影响。

② 招标竞价。海尔每年的采购金额差不多有100多亿元人民币,它通过竞标、竞价,要把采购价格下降5%。每年下降100亿元的5%,就可以直接提高利润,或者说其价格在市场上就更有竞争力。

③ 网络优化供应商。网络优化供应商就是通过网络,通过IT平台在全球选择和评估

---

① http://www.ichina.net.cn/Html/2012/Case/19956.html,有改动。

供应商。网络优化供应商比单纯压价要重要得多，因为它的选择余地很大，真正国际化的企业在国际大背景下运作，就可以有很多的资源供自己来选择。

海尔的JIT采购实现了网络化、全球化和规模化，采取统一采购，而且是用招标、竞标的方式来不断地寻求物流采购成本的降低。

（2）JIT生产。JIT生产也是生产订单，不生产库存。顾客下了订单以后开始生产。答应五天或者六天交货，在这个期限内可以安排生产计划。完成生产计划需要怎样的原料供应，只要原料供应的进度能够保证，生产计划才会如期完成。海尔是怎么做JIT生产的呢？

海尔的操作平台采用ERP模块，它由市场需求来拉动生产计划，由生产计划来拉动原料采购，再要求供应商直送工位，一环紧扣一环。其基础是ERP的操作平台，有IT技术作为舞台，在这个舞台上演JIT生产这台戏。其前提就决定了生产速度会快，成本会低，效率会高，相反，如果靠传统模式去实现JIT生产难度就会很大。海尔完全是物流的一体化，包括采购、生产、销售、配送等的一体化，物流部门的组织结构已经调整过来，由物流部门来控制整个集团下面的物流。

（3）JIT配送。目前，海尔物流部门在中国内地有四个配送中心，在欧洲的德国有配送中心，在美国也有配送中心，通过这些配送中心来控制生产。不做JIT采购就做不了JIT生产，而要做JIT生产和JIT采购，还必须有JIT配送。是JIT配送而不是JIT运输，因为运输是长距离的，配送是短距离的，是当地的。怎样做到按照生产的需要在当地做配送，随时需要随时送到，而且数量、规格要符合需要，这就对物流提出了比较高的要求。

货物配送时间要扣得准，JIT生产、JIT采购、JIT配送就是要达到零库存。零库存不是库存等于零，而是在于库存的周转速度，周转速度越快，相对来说库存量就越少。所以，JIT配送是这一切的基础，采购、生产与配送必须同时具备JIT的条件，因此叫同步流程。流程再造的时候就要考虑这三个方面。

**案例思考题**

1. 你怎样看待海尔的“一流三网”？
2. 你怎样理解海尔的三个“JIT”？

## 复习思考题

1. 现代物流的主要特征有哪些？
2. 试述物流的分类。
3. 试述物流的要素、功能与效用。
4. 什么是物流的价值？
5. 现代物流管理经历了哪些发展过程？

# 第二章　物流的基本职能与内容

21世纪，物流产业已经成为我国国民经济增长的基础推动力，并对全球经济体系产生了革命性的深远影响。特别是近年来，中国巨大的经济总量已经产生了巨大的货物流量，同时也带来了一个巨大的潜在的物流市场。因此，学习、研究、丰富和不断地发展物流理论，是摆在我们面前的一个崭新的课题。本章从物流的基本职能和内容着手来探讨物流功能及其实现。

## 2.1　物流过程与物流的基本职能

物流的基本职能，是指物流活动应该具有的基本能力，以及通过对物流活动最佳的有效组合，形成物流的总体功能，以达到物流的最终经济目的。一般认为，物流过程应该由采购、生产、包装、运输、储存保管、装卸搬运、流通加工、配送、废旧物的回收与处理，以及与上述职能相关的情报信息等所构成的。

物流的基本职能主要表现在以下七个方面。

1. 包装

包装具有保护物品、便利储存运输、促进销售等基本功能。包装存在于物流过程各环节，包括：产品的出厂包装；生产过程中在制品、半成品的换装；物流过程中的包装、分装、再包装等。一般来说，按照在流通中的作用不同，包装可以分为工业包装和商业包装。工业包装既是生产的终点，又是企业外部物流的始点，它的作用在于按单元包装，便利运输和保护物品；商业包装的目的在于刺激和指导消费，便于消费者购买等。同时，为了实现工业包装和商业包装的目的，包装的研究还包括包装形式和包装方法的选择，包装单元的确定，包装形态、大小、材料、重量和包装标记、储运标志的设计等。

2. 装卸搬运

装卸搬运，是指在一定的区城内，以改变物品存放状态和位置为主要内容的活动。它是伴随输送和保管而产生的物流活动，是对运输、保管、包装、流通加工、配送等物流活动进行衔接的中间环节。在物流活动中，装卸搬运作业的频率比较高，也是导致物品损坏的重要原因之一。对于装卸搬运的研究，主要是对装卸搬运方式的选择、装卸搬运机械的选择，以及通过对装卸搬运物品灵活性和可运性的研究来提高装卸搬运效率。

3. 运输

运输职能主要是实现物质资料的空间移动。生产社会化和专业化程度的提高，使得生产与消费发生在同一地点几乎不可能。运输功能本身就是为了解决物质资料在生产地点和需要地点之间的空间差异的，进而创造物品的空间效用，实现物质资料的使用价值。运输包括企业内部的运输以及城市之间、农村与城市之间、国与国之间的运输等，所以，实现物质资料的空间位移，运输是一个极为重要的环节，在物流活动中处于中心地位，是物流的一个支柱。运输的内容主要侧重在运输方式及其运输工具的选择，运输线路的确定，以及为了实现运输安全、迅速、准时、价廉的目的所施行的各种技术措施和运输合理化等方面。

4. 储存保管

储存保管是物流系统中的另一个极为重要的职能。一般来说，它是通过仓库的功能来实现的。由于生产与消费的各自规律性，使生产与消费在同一时间内完成也是很不现实的。在生产过程中，没有一定数量的原材料、半成品的储存，生产的连续性就可能受到破坏；或者由于经济运输的需要，或者为了预防突然事件的发生等，都需要有一定数量的储备。所以，物质资料的储存，是社会再生产过程中客观存在的现象，也是保证社会再生产连续不断进行的基本条件之一。有物质资料的储存，就必然产生如何保持储存物质资料的使用价值和价值不至于发生损害的问题，为此就需要对储存物品进行保养、维护，并以此为目的开展一系列的技术活动和保管作业活动，需要对保管设施的配置、构造、用途及合理使用、保管方法和保养技术的选择等做适当处理。由此可见，储存保管是物流的重要职能，它与运输构成了物流的两大支柱，在物流活动中也是处于中心地位，其他的物流活动都是围绕着储存保管与运输进行的。

5. 流通加工

在流通过程或生产过程中，为了向用户提供更有效的商品，或者为了弥补加工不足，或者为了合理利用资源从而更有效地衔接产需矛盾，往往需要在物流过程中进行一些辅助性的生产加工活动，这些加工活动通常被称为流通加工。对流通加工的研究，涉及的方面非常广泛，如：流通过程中的装袋、单元小包装、配货、挑选、混装等；生产外延流通加工中的剪断、打孔、组装、改装、配套等；以及因经济管理的需要所进行的规模、品种、方式的选择和提高加工效率的研究等。

6. 配送

配送是物流的一种特殊的、综合的活动形式，它几乎包括了物流的所有职能，是物流的一个缩影或在某一范围内物流全部活动的体现。一般来说，配送是集包装、装卸搬运、保管、运输于一体，并通过这些活动完成将物品送达的目的。配送问题的研究范围一般包括：配送方式的合理选择；不同物品配送模式的研究；以及围绕配送中心建设相关的配送中心地址的确定、设施的构造、内部布置和配送作业及管理等问题。

7. 物流信息

物流整体职能的发挥，是通过物流各种职能之间的相互联系、相互依赖和相互作用来实现的。也就是说，各种职能的作用事实上并不是孤立存在的，这就需要及时地交换情报信息。情报信息的基本职能在于如何对情报信息进行收集、加工、传递、存储、检索、使用（包括其方式的研究），以及管理信息系统的开发与应用研究等，目的在于保证情报信息的可靠性和及时性，以达到促进物流整体功能的发挥。

## 2.2 运输

### 2.2.1 运输的概念以及在物流中的作用

1. 运输的概念

运输，是指劳动者通过使用运输工具和运输设备，实现人与货物在空间、场所等有目的的位移。它是在不同的地域范围间，以改变“物”的空间位置为目的的活动，也即对“物”进行空间位移。运输和搬运的区别在于，运输是较大范围的活动，而搬运是在同一地域之内的活动。

物流过程是由采购、生产、包装、运输、储存保管、装卸搬运、流通加工等过程共同组成的。没有了运输，也就没有商品的流通过程，商品的价值和使用价值就无法实现，社会再生产也不可能正常进行。

2. 运输在物流中的作用

（1）运输是物流的主要功能要素之一。

根据物流的概念，物流是“物”的物理性运动，这种运动既改变了物的时间状态，又改变了物的空间状态。运输是改变空间状态的主要方式，承担了改变空间状态的主要任务，运输再结合搬运、配送、储存等活动，就能圆满完成改变空间状态的全部任务。在现代物流观念未诞生之前，甚至就在今天，仍有不少人将运输等同于物流，其原因就在于运输是物流中的主要责任担负者。

（2）运输是社会物质生产的必要条件之一。

马克思在《资本论》中将运输称为“第四个物质生产部门”，将运输看作是生产过程的继续，这个“继续”虽然是以生产过程为前提的，但如果没有了运输，生产过程则不能最终完成。所以，虽然运输不创造新的物质产品，不增加社会产品数量，不赋予产品以新的使用价值，虽然只变动其所在的空间位置，但这一变动却使生产能继续下去，使社会再生产不断推进，所以可将其看成一种物质生产部门。因此，可以认为，运输是连接生产和消费的纽带，是社会再生产的必备环节。

（3）运输可以创造场所效用。

场所效用，是指同种“物”由于空间场所不同，其使用价值的实现程度也有所不同，其效益的实现也不尽相同。由于改变场所而最大限度发挥了使用价值，最大限度提高了产出投入比，这就称之为场所效用。通过运输，将“物”运到场所效用最高的地方，就能发挥“物”的潜力，实现资源的优化配置。从这个意义来讲，也相当于通过运输提高了物的使用价值。

(4) 运输是"第三利润源泉"的主要源泉。

物流被认为是企业的"第三利润源泉",作为物流的主体和重要的组成部分,运输也便理所当然地成为企业的"第三利润源泉"。

① 运输是运动中的活动。它和静止的保管不同,要靠大量的动力消耗才能实现这一活动,而运输又承担大跨度空间转移的任务,所以活动的时间长、距离长、消耗也大。消耗的绝对数量越大,其节约的潜力也就越大。

② 从运费的构成来看,运费在全部物流费中占最大的比例,一般综合分析计算社会物流费用,运输费在其中占接近50%的比例,有些产品的运费甚至高于产品的生产费。所以,节约的潜力是巨大的。

③ 由于运输总里程大,运输总量巨大,通过体制改革和运输合理化可以大大缩短运输距离,从而获得比较大的节约。

### 2.2.2　各种常见的运输方式及其特点

目前,常见的运输方式一般有五种,分别是铁路运输、公路运输、水路运输、航空运输和管道运输。五种运输方式采用不同的运输工具,具有不同的运输效能和使用范围,而且在五种基本运输方式的基础上又派生出多式联运、集装箱运输等综合运输方式。因此,对不同的运输方式的特点和优势进行对比,合理选择和使用各种运输方式和运输工具,对确保商品运输的及时性和经济性具有十分重要的意义。

1. 铁路运输

铁路运输又称火车运输,是现代主要的运输方式之一。《2013—2017年中国铁路运输行业市场前瞻与领先企业经营分析报告》显示,2009年开始,我国铁路建设进入大规模发展阶段,2010年,中国交通基建投资约为2万亿元,其中铁路投资额约为7000亿元,占全行业的35%。2010年年底,全国铁路营业里程9.1万公里,居世界第二位;其中高铁运营里程达到8358公里,在建里程1.7万公里,居世界第一;复线率和电气化率分别提高到41%和46%。依据规划,"十二五"期间新建高铁将占新建路线里程的50%;到2015年,高速铁路达1.6万公里以上,铁路的投资将维持在3.5万亿元左右。到2015年,全国铁路旅客发送量或将完成30亿人左右;到2020年,铁路客运量或达50亿人。即"十二五"期间铁路客运量的年均增速为12.35%,明显高于"九五"和"十五"期间2.58%和7.75%的年复合增长,铁路客运增速将达到一个相对的顶峰。铁路运输在国民经济中起着大动脉的作用。

(1) 铁路运输的优点在于:承运能力大,适合大批量低值商品的长距离运输;受气候和自然条件限制较小,在运输的准时性方面占有优势;可以方便地实现直达运输、集装箱运输及多式联运;对于运费负担能力小、批量大、运输距离长的货物运输来说,运费比较便宜;安全系数大。

(2) 铁路运输的缺点在于:铁路建设项目投资较大,建设周期长;运输时间较长;铁路运输中的货损率比较高；不能实现最终的“门到门”运输。

(3) 铁路运输的适用范围：大宗低值货物的中长距离运输；散装货物（如煤炭、矿石）、罐装货物（如石油化工产品）运输；大量货物一次高效率运输。

2. 公路运输

公路运输主要是指使用汽车或其他车辆，在公路上运送客货的一种运输方式。它主要承担近距离、小批量的货运，水路运输、铁路运输难以到达地区的长途、大批量货运，以及铁路、水运优势难以发挥的短途运输。由于公路运输具有很强的灵活性，近年来，在有铁路、水运的地区，较长途的大批量运输也开始使用公路运输。

(1) 公路运输的优点。

① 速度快。一般在中短途运输中，汽车运输的运送速度平均比铁路运输要快 4～6 倍，比水路运输快 10 倍。

② 灵活、方便。汽车除可以沿公路网运行外，还可以深入工厂、矿山、车站、码头、农村、山区、城镇街道及居民区，空间领域大，这一特点是其他任何运输工具所不具备的。

③ 项目投资小，经济效益高。一般公路运输的投资每年可以周转 1～2 次，而铁路运输 3～4 年才周转一次。

④ 操作人员容易培训。

⑤ 可以提供“门到门”的直达运输服务。

⑥ 对于近距离中小量的货物运输而言，运费比较便宜。

⑦ 能灵活制定运营时间表，运输中的伸缩性极大。

⑧ 运输途中货物的撞击少，几乎没有中转装卸作业，因而货物包装比较简单，可以节省成本。

(2) 公路运输的缺点在于：装载量小，运输成本高；燃料消耗大，环境污染比其他的运输方式要严重得多。

(3) 公路运输的适用范围：近距离的独立运输作业，主要为中短途运输（25 千米内为短途运输，200 千米内为中途运输）；补充和衔接其他的运输方式，实现最终的“门到门”运输。

3. 水路运输

水路运输，是指利用船舶在江、河、湖泊、人工水道以及海洋运送旅客和货物的一种运输方式。在现代运输方式中，水路运输是一种最古老、最经济的运输方式。水路运输生产过程相当复杂，具有点多、线长、面广、分散流动、波动大等特点。

(1) 水路运输的优点在于：利用天然水道，进行大吨位、长距离的运输；运量大、成本低；与其他的运输方式相比，其对货物的载运和装卸要求不高，因而占地较少；对于海上运输而言，它的通航能力几乎不受限制。

(2) 水路运输的缺点在于：船舶平均航速较低，影响了货物运输的时效性；水路运输生产过程受自然条件的影响较大，特别是受气候条件的影响较大，因而呈现较大的波动性及不平衡性，不能适应需求变化大、时效性强的商品运输。

(3) 水路运输的适用范围：承担大批量货物；承担原料、半成品等散货的运输；适合远距离、大运量的外贸货物运输。

4. 航空运输

航空运输简称空运，是指利用飞机或其他飞行器载运客货的一种现代化运输方式。

(1) 航空运输的优点在于：高速直达性；较高的安全性；经济特性良好；包装要求低。

(2) 航空运输的缺点在于：易受气候条件等的限制；可达性差，通常情况下，航空运输难以实现客货的"门到门"运输，必须借助其他运输工具转运；运载量小，一般运输机的运载量低于50吨。

(3) 航空运输的适用范围：国际的客货运输；高附加值、重量轻和小体积的物品运输；时效性强、需求紧急的货物运输。

5. 管道运输

管道运输主要是指利用管道，通过一定的压力差而完成商品(多为液、气体货物)运输的一种现代运输方式。它是由埋设在地下的管线和地面上加温、加压等配套设备所组成。管道运输一般指输送气体和液体货物的大型管道，如天然气管道、石油管道等。

(1) 管道运输的优点在于：运量大；占地少，运输管道埋于地下的部分占管道总长度的95%以上，因而对于土地的永久性占用很少，分别仅为公路的3%、铁路的10%左右，对于节约土地资源意义重大；管道运输建设周期短、费用低，运营费用也低；管道运输安全可靠、连续性强；管道运输耗能少，成本低，效益好。

(2) 管道运输的缺点在于：灵活性差；此外，当运输量明显不足时，运输成本会显著增大。

(3) 管道运输的适用范围：管道运输主要担负单向、定点、量大的流体状货物(如石油、天然气、煤浆、某些化学制品原料等)的运输。

### 2.2.3 合理运输与运输合理化的途径

1. 合理运输的概念与意义

合理运输，是指从物流系统的总体目标出发，运用系统理论和系统工程的原理和方法，充分利用各种运输方式，选择合理的运输路线和运输工具，以最短的路径、最少的环节、最快的速度和最少的劳动消耗，组织好物质产品的运输活动。

货物在发运地与目的地之间，往往有多条运输路线和多种运输方式可供选择；一个区域的货物运输更存在着各种各样的货物、纵横交错的运输线路、千家万户的运输单位和多种多样的运输方式。组织合理运输就是在保证货物合适社会需要的条件下，根据各种运输工具的特点和能力，结合货源的分布、货流的规律和货物的特性，做到经最少的环节、用最少的时间、走最短的路程、花最低的费用、以最高的效率，及时、准确、安全、经济地把货物从发运地送到目的地。

(1) 运输合理化的意义。

① 合理组织货物的运输，有利于加速社会再生产的进程，促进国民经济持续、稳定、协调地发展。按照社会主义市场经济的基本要求，组织物质产品的合理运输，可以使物质产品迅速地从生产所在地向消费所在地转移，加速资金的周转，促进社会再生产过程的顺利进行，保持国民经济稳定、健康地向前发展。

② 合理运输，能节约运输费用，降低物流成本。运输费用是构成物流费用（成本）的主要组成部分。在物流过程中，运输作业所消耗的活劳动和物化劳动占的比例最大。据统计，物流成本中运输费用的支出约占50%左右，如果把运输过程中的装卸搬运费加上，其比例将会更大。因此，降低运输费用是提高物流系统效益、实现物流系统目标的主要途径之一。物流过程的合理运输，就是通过运输方式、运输工具和运输路线的选择，进行运输方案的优化，实现物品运输的合理化。物品运输合理化必然会缩短运输里程、提高运输工具的运用效率，从而达到节约运输费用、降低物流成本的目的。

③ 合理运输，可以缩短运输时间，加快物流速度，提高物流效率。运输时间的长短决定物流速度的快慢。所以，物品运输时间是决定物流速度的重要因素。合理组织物品的运输，可以使被运输物品的在途时间大大地缩短，因而可以降低库存物品的数量，实现加快物流速度的目标。因此，从宏观的角度讲，物流速度的加快，减少了物品的库存量，节约了资金的占用，相应地提高了社会物质产品的使用效率，同时也利于促进社会再生产过程的顺利进行。

④ 运输合理化，可以节约运力，缓解运力紧张的状况，还能节约能源。运输合理化克服了许多不合理的运输现象，从而节约了运力，提高了货物的通过能力，起到合理利用运输能力的作用。同时，由于物品运输的合理性，降低了运输部门的能源消耗，提高了能源利用率。这些对于缓解我国目前交通运输和能源紧张的现状具有重大的现实意义。

(2) 影响运输合理化的因素。

影响运输合理化的因素有很多，起决定作用的有以下五个方面。

① 运输距离：在运输时，运输时间、货损、运费率、车辆或船舶周转等运输的若干技术经济指标，都与运输距离有一定的比例关系，运输距离的长短是运输是否合理的一个最基本的因素。

② 运输环节：每增加一次运输，不但会增加起运的运费和总运费，而且必须要增加运输的附属活动，如装卸搬运、包装等，各项技术经济指标也会因此下降。

③ 运输工具：各种运输工具都有其使用的优势领域，对运输工具进行优化选择，按运输工具的特点进行装卸运输作业，最大限度地发挥所用运输工具的作用，是运输合理化的重要一环。

④ 运输时间：运输是物流过程中需要花费较多时间的环节，尤其是远程运输，在全部物流时间中，运输时间占绝大部分，所以，运输时间的缩短对整个流通时间的缩短具有决定性

作用。

⑤ 运输费用：运费高低在很大程度上决定整个物流系统的竞争能力。实际上，运输费用的降低，无论是对企业来讲还是对运输公司来讲，都是运输合理化的一个重要目标。

2. 运输合理化的途径

(1) 充分利用运输能力。

充分利用运输能力就是在不增加运力的条件下，提高运输的效率，这可以通过合理装载、合理配载、合理包装等来实现。

(2) 发展社会化的运输体系。

运输社会化的含义是发展运输的大生产优势，实现专业分工，打破企业自行运输体系的状况。

(3) 铁路、公路合理分流。

这一措施的重点是在公路运输经济里程范围内，尽量利用公路。这种运输合理化的表现形式主要有两个方面：一是对于比较紧张的铁路运输，用公路分流后，可以得到一定程度的缓解，从而加大这一区段的运输通过能力；二是充分利用公路速度快且灵活机动的优势，实现铁路运输服务难以达到的水平。

(4) 尽量发展直达运输。

直达运输是追求运输合理化的重要形式，其对合理化的追求要点是通过减少中转、过载、换载，从而提高运输速度，省却装卸费用，降低中转货损。

直达运输也称作直线直达运输，是指在商品运输过程中通过精简中转环节，越过非必要的批发仓库，把商品从产地或供应单位直接运达消费地区、销售单位或主要用户的一种作业措施。直线运输，是指在选择运输路线时，按照商品的合理流向，采取最短的里程，消除迂回、对流等不合理运输方式，使商品运输实现直线化。在实际运输过程中，直达运输和直线运输往往是结合在一起进行的，从而减少了不必要的中间环节，缩短了运输里程。

(5) 合理配载。

合理配载，是指充分利用运输工具的载重量和容积，合理安排装载的物资及载运方法以求得合理化的一种运输方式。配载运输也是提高运输工具实载率的一种有效形式。

不合理配载一般表现为：车辆容积和载重吨位不能充分利用；不可混装的货物进行了混装；易对货物造成机械损伤的配装，如将重的货物压在了轻的货物上，将具有棱角的或其他突出物的商品与其他一般商品配装，造成商品运输过程中的损伤等。

(6) "四就直拨"运输。

"四就直拨"是商品运输中所采取的就工厂直拨、就车站(码头)直拨、就仓库直拨、就车船直拨等作业措施的简称，目的是减少中转运输环节，力求以最少的中转次数完成运输任务的一种形式。如就工厂直拨，是指商业物资批发部门从工厂收购产品，经在厂验收后，不经过中间仓库和不必要的转运环节，直接调拨给要货单位或直接送到车站、码头，运往目的地。

(7) 发展运输技术设备，提高运输信息化。

依靠科技进步是运输合理化的重要途径。如条码技术、射频识别技术（Radio Frequency Identification，RFID）、全球定位系统（Global Position System，GPS）、地理信息系统（Geographic Information System，GIS）等电子化技术的应用会大大提高运输效率和保证运输的准确率。

(8) 通过流通加工，使运输更趋合理化。

有些产品由于本身的特性问题，很难实现运输的合理化，但如果进行适当加工，就能够有效地解决运输合理化的问题。如将造纸材料在产地预先加工成干纸浆，然后压缩体积运输，就能解决造纸材料运输不满载的问题。

## 2.3 储存

### 2.3.1 储存的概念、意义与作用

1. 储存的概念

储存，是指商品离开生产领域后，在进入消费领域之前，处于流通领域时所形成的临时性的“停滞”。

2. 储存的意义和功能

仓库和堆场是用于储存、保管货物的场所，它伴随着剩余产品的产生而产生。

仓库在物流体系中是唯一的静态环节，也有人称之为“时速为零的运输”。随着经济的发展，需求方式出现了个性化、多样化的改变，生产方式也变为多品种、小批量的柔性生产方式。物流的特征由少品种、大批量变为多品种、少批量或多批次、小批量，仓库的功能也从重视保管效率逐渐变为重视流通功能的实现。因此，现阶段的仓库已不仅是传统意义上的“蓄水池”，已由过去的静态管理逐步向动态管理转变。储存相当于物流体系的一个节点。在这里，物质实体在化解其供求间时间矛盾的同时，也创造了新的时间上的效益（如时令上的差值等）。因此，储存是物流中的重要环节，储存功能相对于物流体系来说，既有缓冲调节的作用，又有增值与增效的功能。

储存在现代物流中的作用主要表现在以下五个方面。

(1) 储存是物流系统中不可缺少的重要环节。

从供应链的角度看，物流过程由一系列的“供给”和“需求”组成，在供需之间既存在物的“流动”，又存在物的“静止”，这种静止是为了更好地使前后两个流动过程相衔接。缺少必要的静止会影响物的有效流动。储存环节正是起到了有效“静止”的作用。

(2) 储存能保证货物进入下一环节前的质量。

在物流过程中，通过储存环节，对进入下一环节前的货物进行检验，可以防止伪劣货物混入市场。因此，为了保证货物的质量，把好仓储管理这一关，以保证货物的质量和数

量是非常重要的。仓储管理的任务就是要最大限度地保证货物的使用价值。通过储存来保证货物质量的关键环节，一是货物入库时的质量检验，二是货物储存期间的保养维护。因此，在储存过程中，仓库管理者应严把入库质量关，严禁不合格货物或不适合储存的货物进入仓库；对已入库货物要严格保养维护，以确保储存环节货物质量的完好和数量的完整。

(3) 储存是保证社会再生产顺利进行的必要条件。

货物的储存不仅是商品流通的必要保证，而且还是社会再生产顺利进行的必要条件。没有了储存，流通过程便会终止，再生产过程也将因此而停止。因此，储存发挥的是“蓄水池”的功效。

(4) 储存是加快商品流通、节约流通费用的重要方法。

货物在仓库内的滞留，表面上是流通的停止，而实际上恰恰是保证了商品的流通。仓储的发展，在减少生产部门和销售部门的库存积压、调剂余缺等方面都起到了非常积极的作用。加快仓储环节的收发效率，将直接影响货物流通的时间。在国外发达的国家，把物流领域的成本降低看作是企业的“第三利润源泉”，即强调把好商品成本的最后一关。因此，作为物流的一个重要环节，储存费用的降低是节约整个流通费用的重要方法。

(5) 储存为货物进入市场做好准备。

储存可以使货物在进入市场前完成整理、包装、质检、分拣、加标签等加工，以便缩短后续环节的作业时间，加快货物的流通。

### 2.3.2　仓库分类

仓库是保管、储存物品的建筑物和场所的总称。仓库的概念可以理解为是用来存放货物(包括商品、生产资料、工具或其他财产)及对其数量和价值进行保管的场所或建筑物等设施，此外还包括用于防止减少或损伤货物而使用的土地或水面。从社会经济活动看，无论是生产领域，还是流通领域，都离不开仓库。

从不同的侧面考察仓库时，可以得出仓库的不同分类方法，如可以从仓库的用途、货物的特征、库场结构、建筑材料、位置以及管理体制等方面对仓库进行分类。

1. 按用途分类

按在商品流通过程中所起的作用，仓库可以分为以下七种类型。

(1) 采购供应仓库。

这种仓库主要用于集中储存从生产部门收购的和供国际进出口的商品。这类仓库一般设在商品生产比较集中的大中城市或商品运输枢纽的所在地。

(2) 批发仓库。

这种仓库主要用于收储从采购供应仓库调进或在当地收购的商品。这类仓库贴近商品销售市场，是销地的批发性仓库，它既从事批发供货，又从事拆零供货业务。

(3) 零售仓库。

这种仓库主要用于为商业零售业做短期储货,以供商店销售。在零售仓库中存储的商品周转速度较快,而库场的规模较小,一般附属于零售企业。

(4) 储备仓库。

这种仓库一般由国家设置,以保管国家应急的储备物资和战略物资。货物在这类仓库中储存的时间往往较长,并且为了保证储存物资的质量需定期更新储存的物资。

(5) 中转仓库。

这种仓库处于货物运输系统的中间环节地,存放那些待转运的货物。这种仓库一般设在铁路、公路的场站和水路运输的港口码头附近。

(6) 加工仓库。

在这种仓库内,除商品储存外,还兼营某些商品的挑选、整理、分级、包装等简单的加工业务,以便于商品适应消费市场的需要。

(7) 保税仓库。

为了国际贸易的需要,这种仓库设置在一国国土之上,但在海关关境以外。外国货物可以免税进出这些仓库而无须办理海关申报手续,并且,经批准后,可以在保税仓库内对货物进行加工、储存、包装和整理等业务。

以上各类仓库中,采购供应仓库、批发仓库以及零售仓库在物流供应链中形成了前后衔接的关系。

2. 按保管货物的特征分类

(1) 原料仓库。

原料仓库,是指保管生产中使用的原材料的仓库。

(2) 产品仓库。

产品仓库,是用来保管完成生产但尚未进入流通的产品的仓库。

(3) 冷藏仓库。

冷藏仓库,是指保管需要冷藏储存的货物的仓库,一般多为有特殊要求的农副产品、药品等。

(4) 恒温仓库。

恒温仓库,是指为了保持货物的存储质量将库内温度控制在某一范围的仓库。

(5) 危险品仓库。

危险品仓库,是指专门用于保管易燃、易爆和有毒等危险品的仓库。

(6) 水面仓库。

水面仓库,是指利用货物的特征以及宽阔的水面来保存货物的仓库。

3. 按仓库的构造分类

(1) 单层仓库。

这是最常见的且使用很广泛的一种仓库建筑类型。这种仓库没有上层,不设楼梯。

（2）多层仓库。

多层仓库一般建在人口较稠密的、土地使用价格较高的市区，它采用垂直输送设备（如电梯或倾斜皮带输送机等）实现货物上楼作业。

（3）立体仓库。

立体仓库又称高架仓库，实质上是一种特殊的单层仓库，它利用高层货梁堆放货物。一般与之配套的是在库内采用自动化的搬运设备，形成自动化立体仓库。当采用自动化的堆存和搬运设备时，便成为自动化立体仓库。

（4）筒仓。

筒仓，是指用于堆放散装或袋装小颗粒或粉状货物的封闭式仓库，一般置于高架之上，如粮食、水泥和化肥等。

（5）露天堆场。

露天堆场是用于货物露天堆放的场所，其一般堆放大批量原材料或不怕受潮的货物。

### 2.3.3 库存商品的质量管理

1. 货物的入库

货物的入库环节最重要的任务是做好验收、入库交接及货物在库内的堆码工作。

（1）验收。

验收，是指仓库在物品正式入库前，按照一定的程序和手续，对到库物品进行数量和外观质量的检查，以验证是否符合订货合同规定的一项工作。由于到货的来源复杂、渠道繁多、产地和厂家不同，又都经过不同的运输方式和运输环节的装卸搬运等原因，有可能使货物在数量上、质量上发生变化，这就决定了对到货进行验收的必要性。

验收的主要任务是查明到货的数量和质量状态，防止仓库和货主遭受不必要的经济损失，同时对供货单位的产品质量和承运部门的服务质量进行监督。

验收过程中发现的数量问题和质量问题可能发生在各个流通环节，按照有关规章制度对问题进行处理，有利于分清各方的责任，并促使有关责任部门吸取教训，改进今后的工作。

（2）入库交接。

① 入库交接必须在入库物品经过点数、查验之后，方可安排装卸货、入库堆码、办理交接手续。办理完交接手续，意味着划清运输部门、送货部门和仓库的责任。

② 编制货物储存计划。货物储存计划是通过合理规划库区，对库存进行分类保管，建立保管秩序对货物进行定置管理，实现“物得其所、库尽其用”的储存管理目标。简而言之，货物储存要依据的就是“分类分区、定位管理”原则。即存放在同一货区的物品必须在性质上不抵触，保管条件不同的不应混存，消防措施不同的不能混存。

（3）货物的堆码。

堆码，是指根据物品的包装、外形、性质、特点、重量和数量，结合季节和气候情况，以及储存时间的长短,将物品按一定的规律码成各种形状的货垛。堆码的主要目的是便于对物品进行保养维护和提高仓库利用率。

堆码的基本要求有“合理、牢固、定量、整齐、节约、方便”等。具体来说,就是:货垛间距符合作业要求以及防火安全要求;大不压小,重不压轻,缓不压急,确保“先进先出”;货垛堆放整齐,垛形、垛高、垛距标准化和统一化,货垛上的每件物品都摆放整齐、垛边横竖成列,物品外包装的标记和标志一律朝垛外,以节约仓容,提高仓库利用率;妥善组织安排,做到一次作业到位,避免重复搬运,节约劳动消耗;合理使用苫垫材料,避免浪费;选用的垛形、尺度、堆垛方法应方便堆垛、搬运装卸作业,提高作业效率;垛形要方便点数、分票、查验物品,方便通风、苫盖等保管作业等。

常见的堆码方法有散堆法、重叠法、纵横交错法、压缝法等。

2. 货物的在库管理

对库存商品的养护要坚持“以防为主、防治结合”,这是保管保养的核心。管理人员要特别重视物品损害的预防,及时发现和消除事故隐患,防止损害事故的发生。特别要预防发生爆炸、火灾、水浸、污染等恶性事故和造成大规模损害事故。在发现、发生损害现象时能及时采取有效措施,以防止损害扩大,从而减少损失。

(1) 控制好仓库的温度和湿度。

管理人员应根据库存物品的保管、保养要求,适时采取密封、通风、吸潮和其他控制与调节温度和湿度的办法,力求把仓库的温度和湿度保持在适应物品储存的范围内。

(2) 定期进行物品的在库检查。

由于仓库中保管的物品性质各异、品种繁多、规格型号复杂,进出库业务活动每天都在进行,而每一次物品进出库业务都要检查验收计量或清点件数,加之物品受周围环境因素的影响,使物品可能发生数量上或质量上的损失,因此对库存物品和仓储工作进行定期或不定期的盘点和检查是非常必要的。

(3) 搞好仓库的清洁卫生。

储存环境不清洁,易引起微生物、虫类等繁殖,最终危害物品。因此,对仓库内外环境应经常清扫,彻底铲除仓库周围的杂草、垃圾等杂物,必要时还要使用药剂杀灭微生物和潜伏的害虫。对容易遭受虫蛀、鼠咬的物品,要根据物品性能和虫、鼠等的生活习性及危害途径,及时采取有效的防治措施。

3. 货物的出库

仓库必须建立严格的商品出库和发运程序,在仔细核对出库单证的同时,要严格遵循“三先出”(即先进先出、近期先出、易变先出)原则,尽量使出库工作一次完成,防止差错事故。同时,需托运物品的包装还要符合运输部门对于包装的要求。

## 2.4 包装

### 2.4.1 包装的概念与作用

包装，是指在物流过程中，为了保护产品、方便储运、促进销售，按一定技术方法所采用的容器、材料及辅助物等的总称。简而言之，包装是包装物及包装操作的总称，是生产物流的终点，也是社会物流的起点。

商品包装具有从属性和商品性两种属性。包装是其内装物的附属品，包装所选用的容器、材料、包装技法都从属于内装货物的需要。商品包装是附属于内装货物的特殊商品，本身具有价值和使用价值两种属性。其价值包含在具体商品的价值中，随着商品的销售而实现，而且优良的包装，不仅能保护货物，还能提高商品的艺术性和精美度，影响人们对商品的评价，从而提升商品的价值。

商品包装的作用主要有保护功能、方便功能、容纳功能和促销功能等。

1. 保护功能

保护功能，是指包装具有保护货物，防止出现运输过程中的残损的功能。商品在运输、储存和销售的过程中，会受到各种内外因素的影响，从而产生物理、机械、化学、电化学、生物学等质量变化，使已经形成的商品的使用价值降低甚至丧失。我国每年在这方面的损失有近百亿元。所以，生产企业必须对商品进行科学的防护包装，以增加商品抵抗各种外界不利因素的影响，从而保证和提高商品的质量。为了实现商品包装的这一功能，必须从加强商品包装材料、包装技法和对包装容器的合理选择等方面进行研究。

2. 方便功能

方便功能，是指包装具有方便运输、方便装卸、方便使用、方便销售等功能。商品包装是商品流通的工具之一。商品从出厂后要经过分配调拨、运输装卸、开箱验收、储存保管、展示销售等一系列流通环节，才能最终到达消费者手中，这无不对运输的便利性提出了较高的要求。合理的包装、合理而固定的重量与尺码，可以提高机械化的水平；包装外的各种标志（如运输标志、包装储运指示标志、危险货物标志等），能起到正确的警示和指导作用，便于提高运输、装卸的安全性。为了提高商品包装的这一功能，必须加强对运输包装、集合包装、包装尺码系列标准、包装标志内容与要求等方面的研究。

3. 容纳功能

容纳内装物是包装的重要功能。只有容纳功能才能使货物具备一定的形态。容纳功能使得散装货物变成件装货物，以利于货物运输、保管、装卸时的理货与交接，便于运输和保管。容纳功能亦使得货物的成组装成为可能。成组装就是把许多相同或不同的货物个体或一些包装物组合在一起，作为一整个运输单元的形式。这种成组化形式可以化零为整、化分散为集中,能大大提高运输、装卸和销售的效率。容纳功能还能节省储运空间:容纳不仅可以充分利用包装容积,还能方便装卸,提高运输效率和库房利用率,从而节省包装、储运费用。

4. 促销功能

商品的价格围绕商品价值波动,商品价值由商品社会必要劳动所决定,这是政治经济学的基本原理。消费者承认的价格必须与商品质量相符合,并受同类商品市场竞争机制和供求关系的影响。商品包装是商品的外衣,在市场竞争中往往可以起到"掩蔽"或"放大"内在商品价值的作用。销售包装具有"沉默的推销员"的功效。许多出口商品由大包装改为小包装后可以换回更多的外汇,这种种现象都说明改进商品包装可以增加商品价值,这并不违反商品价值规律,只是通过商品包装使其原有价值被人们重新认识。商品包装的这方面功能随着我国对外开放的不断发展,已逐渐被重视。尤其是在出口商品包装上,面临激烈的国际贸易竞争,这方面大有发展的余地。

### 2.4.2 包装的分类

包装的分类就是把包装作为一定范围的集合总体,按一定的分类标准或者特征,将其划分为不同的类别。

1. 按包装在物流中发挥的不同作用划分

(1) 商业包装。

商业包装或称销售包装、消费者包装或内包装、小包装,其主要目的就是为了吸引消费者、促进销售。一般来说,在物流过程中,商品越接近顾客,越要求包装起到促进销售的效果。因此,这种包装的特点是造型美观大方,拥有必要的修饰,包装上有对于商品的详细说明,包装的单位适合于顾客的购买以及商家柜台摆设的要求。

(2) 物流包装。

物流包装又称工业包装或运输包装、外包装、大包装,是指为了在商品的运输、储存和装卸的过程中保护商品所进行的包装,其主要作用是保护商品和防止出现货损货差。由于国际贸易中的运输条件较为复杂,为了保证货物安全到达,货物的运输包装必须科学合理,并符合下列条件。

① 要适应商品的特性,防止货物破损、变质、污染等损失发生。

② 要适应各种不同运输方式的要求。如海运包装要求牢固、防挤压、防碰撞,铁路运输要求包装防震,而航空运输要求包装轻便等。

③ 必须符合有关国家法律法规的规定和客户的要求。如美国政府规定,凡未经过处理的中国木制包装,一律不准入境。此外,如果客户对包装提出某些特定要求,也要根据需要和可能予以满足。

④ 要便于各环节有关人员进行操作。这就要求包装设计合理,包装规格、重量、体积适

当，包装方法科学，包装标示清楚，以适应运输包装标准化的要求。

⑤ 要适度包装，在保证包装牢固的前提下节省包装费用。运输成本的高低往往与运输包装的重量、体积有着直接的关系。包装费用直接影响企业的经济效益，因此，选用的包装材料要轻便、结实、适度。

2. 按包装材料的不同划分

按包装材料的不同，包装可以分为纸制品包装、塑料制品包装、木制容器包装、金属容器包装、玻璃陶瓷容器包装、纤维容器包装、复合材料包装和其他材料包装。

3. 按包装保护技术的不同划分

按商品包装保护技术的不同，包装可以分为防潮包装、防锈包装、防虫包装、防腐包装、防震包装以及危险品包装等。

### 2.4.3 包装合理化

包装与物流各环节都有密切的联系，因此，包装必须合理化。关于包装的合理化，国内外开展了广泛的研究，如美国提出了“包装五步研制方法”：(1) 确定环境；(2) 确定产品的易损性；(3) 选用适当的缓冲垫；(4) 设计及创造原型包装；(5) 试验原型包装。一般认为，包装合理化的要点包括以下六项。

1. 从物流总体角度出发，用科学方法确定最优包装

产品从生产到最终消费使用，要经历漫长的流通过程，在此过程中还要经过搬运装卸、堆存、运输等若干环节，这就对包装提出了要求。从现代物流的观点看，包装合理化不仅是包装本身合理与否的问题，而且是整个物流合理化前提下的包装合理化。

2. 防止包装过弱或包装过剩

由于包装强度过弱、包装材料不足等原因，易导致货物在流通过程中发生的残损；但如果包装物强度过高，保护材料选择不当而造成包装过剩，也会造成较大的浪费。

3. 不断改进包装，实现物流包装标准化

物流标准，是指为了实现标准化，提高物流效率，将物流系统各要素的基准尺寸体系化。物流标准的基础就是单元货载尺寸。单元货载尺寸是运输车辆、仓库、集装箱等能够有效利用的尺寸。采用这种运输包装系列尺寸，可以使货物恰好不多不少地码放在托盘上，既不致溢出，又不留有空隙。卡车的车厢规格，也最好按单元货载尺寸的要求制造，使装载货物时既不超出又不余空。

4. 包装大型化

随着交易单位的大型化和物流过程中搬运的机械化，单个包装亦趋大型化。如作为工业原料的粉粒状货物，就使用以吨为单位的柔性容器进行包装。包装单位大型化可以节省劳力，降低包装成本。

5. 包装机械化

包装机械化从逐个包装机械化开始，直到装箱、封口、捆扎等外包装作业完成。此外，还有使用托盘堆码机进行的自动单元化包装，以及用塑料薄膜加固托盘的包装等。包装机械化对于节省劳力、货物单元化、提高销售效率等方面都是不可缺少的。

6. 绿色包装

包装的寿命很短，多数到达目的地后便废弃了，但随着物流量的增大，垃圾公害问题提上议事日程。随着对“资源有限”认识的加深，包装材料的回收利用和再生利用受到了重视。今后应尽可能地积极采用绿色材料做包装，推行包装容器的循环使用，并尽可能地回收废弃的包装容器予以再生利用。

## 2.5 装卸搬运

### 2.5.1 装卸搬运的概念与意义

在同一地域范围内(如车站范围、工厂范围、仓库内部等)以改变“物”的存放状态的活动称为装卸，以改变“物”的空间位置的活动称为搬运，两者全称即装卸搬运。有时候或在特定场合，单称“装卸”或单称“搬运”也包含了“装卸搬运”的完整含义。

在习惯使用中，物流领域(如铁路运输)常将装卸搬运这一整体活动称作“货物装卸”；在生产领域中常将这一整体活动称作“物料搬运”。实际上，活动内容都是一样的，只是领域不同而已。

在实际操作中，装卸与搬运是密不可分的，两者是伴随在一起发生的。因此，在物流科学中并不过分强调两者的差别，而是将之作为一种活动来对待。

搬运的“运”与运输的“运”有所不同，两者的区别之处在于：搬运是在同一地域的小范围内发生的，而运输则是在较大范围内发生的，两者是量变到质变的关系，中间并无一个绝对的界限。

装卸搬运的意义表现在以下三个方面。

1. 装卸搬运在物流活动转换中起承上启下的联结作用

装卸搬运功能包括对输送、保管、包装、流通加工等物流活动所进行的衔接活动，以及在保管等活动中为进行检验、维护、保养所进行的装卸活动。装卸搬运是物流过程中的“节”，它是对运输、储存、配送、包装、流通加工等活动进行联结的中间环节。若没有装卸搬运，物流过程就会中断，无论是宏观物流还是微观物流都将不复存在。装卸搬运在物流过程中频频发生，占有相当大的比重，而且确是一项十分艰苦而又繁重的工作。为了提高装卸作业效率，降低劳动强度，发展装卸搬运机械化、自动化、连续化势在必行。

2. 装卸搬运在物流成本中占有重要地位

装卸活动的基本动作包括装车(船)、卸车(船)、堆垛、入库、出库以及联结上述各项动作的短程输送，是随运输和保管等活动而产生的必要活动。

在物流过程中，装卸活动是不断出现和反复进行的，它出现的频率高于其他各项物流活动，每次装卸活动都要花费很长时间，所以往往成为决定物流速度的关键。如美国与日本之间的远洋船运，一个往返需25天，其中运输时间13天，装卸时间12天。装卸活动所消耗的人力也很多，所以装卸费用在物流成本中所占的比重也较高。以我国为例，铁路运输的始发和到达的装卸作业费大致占运费的20%左右，船运占40%左右。因此，为了降低物流费用，装卸是个重要环节。

3. 装卸搬运是提高物流系统效率的关键

装卸搬运在整个宏观物流中虽然只是“节”，然而从局部、微观的角度来研究它时，它本身却又是一个令人不可忽视的系统。科学、合理地组织装卸搬运系统，可以减少作业环节与装机容量，优化工艺线路，以达到与先进的技术装备配套。通过装卸搬运机械化的实施，既可以降低装卸搬运成本、节约费用，又可以降低工人作业强度，保证装卸搬运质量。

此外，进行装卸操作时往往需要接触货物，因此，这是在物流过程中造成货物破损、散失、损耗、混合等损失的主要环节。如袋装水泥纸袋破损和水泥散失主要发生在装卸过程中，玻璃、机械、器皿、煤炭等产品在装卸时最容易造成损失。由此可见，装卸活动是影响物流效率、决定物流技术经济效果的重要环节。

### 2.5.2 装卸搬运的特点

1. 装卸搬运是附属性、伴生性的活动

装卸搬运是物流每一项活动开始及结束时必然发生的活动，因而有时常被人忽视，有时被看作其他操作时不可缺少的组成部分。如一般而言的“汽车运输”，实际就包含了相随的装卸搬运，仓库中泛指的保管活动也含有装卸搬运活动。

2. 装卸搬运是支持、保障性活动

装卸搬运的附属性不能理解成被动的，实际上，装卸搬运对其他物流活动有一定的决定性。装卸搬运会影响其他物流活动的质量和速度，如装车不当会引起运输过程中的损失，卸放不当会引起货物转换成下一步运动的困难。许多物流活动在有效的装卸搬运支持下才能实现高水平。

3. 装卸搬运是衔接性的活动

在任何其他物流活动互相过渡时，都是以装卸搬运来衔接，因此，装卸搬运往往成为整个物流的“瓶颈”，是物流各功能之间能否形成有机联系和紧密衔接的关键，而这又是一个系统的关键。建立一个有效的物流系统，关键看这一衔接是否有效。比较先进的系统物流方式——联合运输方式就是着力解决这种衔接而实现的。

### 2.5.3 装卸搬运的分类

（1）按装卸搬运施行的物流设施、设备对象的不同，装卸搬运可以分为仓库装卸、铁路装卸、港口装卸、汽车装卸等。

仓库装卸配合出库、入库、维护保养等活动进行，并且以堆垛、上架、取货等操作为主。铁路装卸是对火车车皮的装进及卸出，特点是一次作业就实现一车皮的装进或卸出，很少有仓库装卸时出现整装零卸或零装整卸的情况。港口装卸既包括码头前沿的装船，又包括后方的支持性装卸搬运，有的港口装卸还采用小船在码头与大船之间“过驳”的办法，因而其装卸的流程较为复杂，往往经过几次的装卸及搬运作业才能最后实现船与陆地之间货物过渡的目的。汽车装卸一般一次装卸批量不大，由于汽车的灵活性，可以减少或根本减去搬运活动，而直接、单纯利用装卸作业达到车与物流设施之间货物过渡的目的。

（2）按装卸搬运的机械及机械作业方式的不同，装卸搬运可以分为吊车的“吊上吊下”方式、使用叉车的“叉上叉下”方式，使用半挂车或叉车的“滚上滚下”方式、“移上移下”方式及“散装散卸”方式等。

①“吊上吊下”方式。

即采用各种起重机械从货物上部起吊，依靠起吊装置的垂直移动实现装卸，并在吊车运行的范围内或回转的范围内实现搬运或依靠搬运车辆实现小搬运。由于吊起及放下属于垂直运动，因此这种装卸方式属垂直装卸。

②“叉上叉下”方式。

即采用叉车从货物底部托起货物，并依靠叉车的运动进行货物位移，搬运完全靠叉车本身，货物可以不经中途落地直接放置到目的处。这种方式垂直运动不大而主要是水平运动，属水平装卸方式。

③“滚上滚下”方式。

这主要指港口装卸的一种水平装卸方式。利用叉车或半挂车、汽车承载货物，连同车辆一起开上船，到达目的地后再从船上开下，因此称“滚上滚下”方式。利用叉车的“滚上滚下”方式，在船上卸货后，叉车必须离船；利用半挂车、平车或汽车，则拖车将半挂车、平车拖拉至船上后，拖车开下离船而载货车辆连同货物一起运到目的地，再原车开下或拖车上船拖拉半挂车、平车开下。

“滚上滚下”方式需要有专门的船舶，对码头也有不同的要求，这种专门的船舶称滚装船。

④“移上移下”方式。

这是在两车之间（如火车及汽车）进行靠接，然后利用各种方式，不使货物垂直运动，而靠水平移动从一个车辆上推移到另一个车辆上，因此称“移上移下”方式。“移上移下”方式需要使两种车辆水平靠接，因此，对站台或车辆货台需进行改变，并配合移动工具实现这种装卸。

⑤“散装散卸”方式。

这是对散装物进行装卸的一种方式。一般从装点直到卸点，中间不再落地，这是集装卸与搬运于一体的装卸方式。

(3) 按被装物的主要运动形式,装卸搬运可以分为垂直装卸和水平装卸两种形式。

垂直装卸主要是使用各种起重机械,以改变货物的垂直方向的位置为主要特征的方法,这种方法的应用面最大。

水平装卸是以改变货物水平方向的位置为主要特征的方法。

(4) 按装卸搬运对象的不同,装卸搬运可以分为散装货物装卸、单件货物装卸、集装货物装卸等。

散装货物装卸,是指针对不加包装,基本上以其自然形态装上车、船、飞机等运输工具运送的进出境货物的装卸。这类货物主要为粮食、矿石、水泥、原油、废钢铁等块状、粒状、粉状以及液态的大宗货物。

单件货物装卸,是指单件、逐件装卸搬运的方法,这是以人力作业为主的作业方法。

集装货物装卸,是指对集装集运的货物进行装卸搬运的方法。该种方法主要集中在集装箱运输。

(5) 按装卸搬运的作业特点,装卸搬运可以分为连续装卸与间歇装卸两类。

连续装卸主要是同种大批量散装或小件杂货通过连续输送机械,连续不断地进行作业,中间无停顿,货间无间隔。在装卸量较大、装卸对象固定、货物对象不易形成大包装的情况下适用采取这一方式。

间歇装卸具有较强的机动性,装卸地点可以在较大范围内变动,主要适用于货流不固定的各种货物,尤其适于包装货物、大件货物,散粒货物也可以采取此种方式。

### 2.5.4 装卸搬运合理化

装卸搬运合理化,首先必须坚持装卸搬运的基本原则,其次是按照装卸搬运合理化的要求进行装卸搬运作业。

1. 提高货物装卸搬运的灵活性与可运性

提高货物装卸搬运的灵活性与可运性是装卸搬运合理化的一项重要内容。装卸搬运的灵活性问题,要求装卸搬运作业必须为下一环节的物流活动提供方便,即所谓的"活化"。因此,不断提高活化的程度是装卸搬运灵活性的重要标志。

装卸搬运的可运性,是指装卸搬运的难易程度。影响装卸搬运难易程度的因素主要包括物品的外形尺寸,物品的密度或笨重程度,物品的形状,损伤物品、设备或人员的可能性,物品所处的状态,物品的价值和使用价值等。

2. 装卸搬动合理化的措施

(1) 利用重力作用,减少能量消耗。

这也就是所谓的省力化原则:能往下则不往上;能直行则不拐弯;能用机械则不用人力;能水平则不要上坡;能连续则不间断;能集装则不分散。

在装卸时考虑重力因素，可以利用货物本身的重量，进行有一定落差的装卸，以减少或根本不消耗装卸的动力，这是合理化装卸的重要方式。如从卡车、铁路货车卸物时，利用卡车与地面或小搬运车之间的高度差，使用溜槽、溜板之类的简单工具，可以依靠货物本身的重量，从高处自动滑到低处，这就无须消耗动力。如果采用吊车、叉车将货物从高处卸到低处，其动力消耗虽然比从低处装到高处小，但是仍需消耗动力，两者比较，利用重力进行无动力消耗的装卸显然是合理的。

在装卸时尽量消除或削弱重力的影响，也会求得减轻体力劳动及其他劳动消耗的合理性。如在进行两种运输工具的换装时，可以采取落地装卸方式，即将货物从甲工具卸下并放到地上一定时间之后，或搬运一定距离之后再从地上装到乙工具之上，这样起码在“装”时，要将货物举高，这就必须消耗改变位能的动力。如果进行适当安排，将甲、乙两工具进行靠接，从而使货物平移，从甲工具转移到乙工具上，这就能有效消除重力影响，实现合理化。

在人力装卸时，一装一卸是爆发力，而搬运一段距离，这种负重行走要持续抵抗重力的影响，同时还要行进，因而体力消耗很大，是出现疲劳的环节。所以，人力装卸时如果能配合简单机具，做到“持物不步行”，则可以大大减轻劳动量，做到合理化。

(2) 合理选择装卸搬运机械，充分利用机械，实现规模装卸。

装卸搬运机械化是提高装卸效率的重要环节。装卸机械化程度一般分为三个级别：第一级是用简单的装卸器具；第二级是使用专用的高效率机具；第三级是依靠电脑控制实行自动化、无人化操作。以哪一个级别为目标实现装卸机械化，不仅要从是否经济合理来考虑，而且还要从加快物流速度、减轻劳动强度和保证人与物的安全等方面来考虑。

另外，装卸搬运机械的选择必须根据装卸搬运的物品的性质来决定。对以箱、袋或集合包装的物品可以采用叉车、吊车、货车装卸，散装粉粒体物品可以使用传送带装卸，散装液体物可以直接向装运设备或储存设备装取。

规模效益早已是大家所接受的，在装卸时也存在规模效益问题，主要表现在一次装卸量或连续装卸量要达到充分发挥机械最优效率的水准。为了更多降低单位装卸工作量的成本，对装卸机械来讲也有规模问题，装卸机械的能力达到一定规模才会有最优效果。追求规模效益的方法，主要是通过各种集装实现间断装卸时一次操作的最合理装卸量，从而使单位装卸成本降低，也通过散装实现连续装卸的规模效益。

(3) 合理选择装卸搬运方式。

在装卸搬运过程中，必须根据货物的种类、性质、形状、重量来确定装卸搬运方式。在装卸时对货物的处理大体有三种方式：第一是分块处理，即按普通包装对货物逐个进行装卸；第二是散装处理，即对粉粒状货物不加小包装而进行的原样装卸；第三是单元组合处理，即货物以托盘、集装箱为单位进行组合后的装卸。实现单元组合，可以充分利用机械进行操作，其优点是：操作单位大，作业效率高；能提高物流“活性”；操作单位大小一致，易于实现标准化；装卸不触及货物，对物品有保护作用。但这种装卸搬运方式并不是对所有的货物都适用的。

(4) 改进装卸搬运作业方法。

装卸搬运是物流过程中重要的一环。合理分解装卸搬运活动，对于改进装卸搬运各项作业、提高装卸搬运效率有着重要的意义。如采用直线搬运，减少货物搬运次数，使货物的搬运距离最短；避免装卸搬运流程的"对流、迂回"现象；防止人力和装卸搬运设备的停滞现象，合理选用装卸机具、设备等。在改进作业方法上，应尽量采用现代化管理方法和方式，如排队论的应用、网络技术的应用、人机系统等，实现装卸搬运的连贯、顺畅、均衡。

(5) 创建"复合终端"。

近年来，工业发达国家为了对运输线路的终端进行装卸搬运合理化的改造，创建了所谓的"复合终端"，即对不同运输方式的终端装卸场所，集中建设不同的装卸设施。

如在复合终端内集中设置水运港、铁路站场、汽车站场等，这样就可以合理配置装卸搬运机械，使各种运输方式有机地连接起来。"复合终端"的优点在于：第一，取消了各种运输工具之间的中转搬运，因而有利于物流速度的加快，减少装卸搬运活动所造成的货物损失；第二，由于各种装卸场所集中到复合终端，这样就可以共同利用各种装卸搬运设备，提高设备的利用率；第三，在复合终端内，可以利用大生产的优势进行技术改造，大大提高转运效率；第四，减少了装卸搬运的次数，有利于物流系统功能的提高。

装卸搬运在某种意义上是运输、保管活动的辅助活动。因此，物流管理者特别要重视从物流全过程来考虑装卸搬运的最优效果。如果单独从装卸搬运角度考虑问题，不但限制了装卸搬运活动的改善，而且还容易与其他的物流环节发生矛盾，从而影响物流系统功能的提高。

(6) 防止无效装卸。

无效装卸的含义是消耗于有用货物必要装卸劳动之外的多余劳动。一般装卸操作中，无效装卸具体反映在以下三个方面。

① 过多的装卸次数。

在物流过程中，货损发生的主要环节是装卸环节；而在整个物流过程中，装卸作业又是反复进行的。从发生的频数讲，装卸作业超过任何其他活动，所以过多的装卸次数必然导致损失的增加；从发生的费用看，一次装卸的费用相当于几十千米的运输费用，因此，每增加一次装卸，费用就会有较大比例的增加。此外，装卸又会大大阻碍整个物流的速度，装卸又是降低物流速度的重要因素。

② 过大的包装装卸。

包装过大、过重，在装卸时实际上反复在包装上消耗较大的劳动，这一消耗不是必需的，因而形成无效劳动。

③ 无效物质的装卸。

进入物流过程的货物，有时混杂着没有使用价值或对用户来讲使用价值不符的各种掺杂物，如煤炭中的矸石、矿石中的表面水分、石灰中的未烧熟石灰及过烧石灰等。在反复装卸时，实际对这些无效物质反复消耗劳动，因而形成无效装卸。

由此可见，装卸搬运若能防止上述无效装卸，则可以大大节约装卸劳动，使装卸合理化。

## 2.6 配送

### 2.6.1 配送与配送中心

1. 配送的含义

配送，是指将从供应者手中接受的多品种、大批量货物，进行必要的储存保管，并按用户的订货要求进行分货、配货后，将配好的货物在规定的时间内，安全、准确地送交需求用户的一项物流活动。

配送活动一般具有以下特点：(1) 配送是从物流据点至需求用户的一种特殊送货形式；(2) 配送是“配”和“送”的有机结合形式；(3) 配送是一种“门到门”的服务方式。

2. 配送中心的含义

配送中心，是指从事对特定用户送货业务的集货、加工、分货、拣选、配选和组织，以高水平实现销售或供应的现代流通服务场所和组织。配送中心的主要工作是进行货物配备、供应或销售。它以现代装配和工艺为基础，对庞大的商品种类实行严格的管理，为了保证供应，避免脱销或缺货，它利用销售出库管理系统和采购入库管理系统不间断地进行订货、进货、配送作业。

配送中心是联结生产与消费的流通节点，是产生时间和空间效用的物流设施，在流通中发挥着调整生产和消费之间的时间差异、场所差异的作用，并有利于提高库存集约化及作业管理效率化，提高对顾客服务水平，保证满足顾客需求的安全库存，降低运输成本，实现多样化的流通加工中心的整体功能。

配送中心的功能一般包括采购功能、储存功能、配组功能、分拣功能、分装功能、集散功能、加工功能等。

### 2.6.2 配送的作用与分类

1. 配送的作用

(1) 配送是实现流通社会化的重要方法。

随着社会化大生产的发展，必然要求与之相适应的流通社会化。配送是促使流通格局和流通形式的改变，使原来小生产方式的流通向社会化流通发展的重要方法，对实现流通社会化具有重要的意义。配送向各方用户所提供的送货上门的社会性服务取代了一家一户的“取货制”，取代了层层设库、户户储运的分散、多元化的物流格局，使原来条块分割、部门分割的流通体制向社会化大流通转变。配送所实行的集中社会库存、集中配送等社会化流通形式，可以从根本上改变小生产式的流通方式，转变其分散的、低效率的运行状态，从而实现与社会化大生产相适应的社会化的商品流通。

(2) 配送通过集中库存使企业实现低库存或“零库存”，提高保证供应程度。

长期以来，层层设库、行行设库，库存结构分散，库存总量偏高的现实，使库存问题成为经济领域中一个沉重的包袱，是流通社会化难以逾越的一大障碍。而配送为从根本上解决库存问题找到了一条出路。配送使库存从小生产形态转变为社会化大生产形态，从分散的供应库存形态转变为集中的流通库存形态。依靠配送企业提供的准时配送，用户企业就不需要保持自己的库存或者只需要保持少量的保险储备，从而实现企业多年追求的“零库存”或低库存，解放出大量的储备资金，改善企业的财务状态，提高企业的经济效益。同时，集中库存能形成比单个企业保险库存大得多的保险库存，为各个层级提供的安全系数也大得多，因而提高了保证供应程度。配送不但能通过其强有力的方式保证供应，还能使用户企业避免出现呆滞和超储备库存。此外，配送企业通过其有效的服务，采取准时配送、即时配送等多种服务形式，保证用户临时性、偶然性和季节性的需求，使用户摆脱库存压力，减少储存量。配送在解决库存问题的同时，也实现了社会资源的合理流动与配置。

(3) 配送有利于实现运输的合理化。

商品生产与消费在空间上的分离决定了商品生产出来之后只有通过运输才能进入消费领域，到达消费者手中。最终消费所具有的消费者分散，消费品种多样化、数量少的特点造成了商品运输批次多、批量小、送货地点分散的状况。如果为用户送货是有一件送一件，需要一点就送一点，势必会产生大量的重复、对流等不合理运输，造成运力的浪费。配送通过将多个用户的小批量商品集中起来发货的方式，在货源上集零为整，扩大了运输批量，提高了车辆的载重率和利用率，使运输能以最经济的方式组织和进行。

(4) 配送是为消费者提供方便、优质服务的重要方式。

社会生产和经济的发展，人民生活水平的提高，使消费者对商品及与之相应的服务提出了越来越高的要求。消费者不仅要求商品品种全、质量好，而且要求服务方便、周到。在现代化大生产条件下，专业化生产程度越高，企业生产的产品品种越少；生产规模越大，生产出来的产品数量越多。而各个分散的消费者日常消费需要的却是广泛的商品品种和较小的数量。通过流通过程中的配送各环节，就可以在商品种类上加以结合，变单一为多样；在数量上加以分散，化大为小，化整为零，满足消费者的需要，调节商品生产与消费在方式上的差别。在配送过程中辅以必要的流通加工，并将配好的商品送到消费者手中，从而为消费者提供方便、完善、优质的服务。

2. 配送的分类

(1) 按实施配送组织者的不同，配送可以分为配送中心配送、仓库配送、商店配送、生产企业配送。

(2) 按配送商品的种类和数量不同，配送可以分为单(少)品种、大批量配送，多品种，小批量配送，成套配套配送。

(3) 按配送的时间和数量，配送可以分为定时配送，定量配送，定时定量配送，定时、定路线配送，即时配送。

(4) 按配送组织形式的不同，配送可以分为共同配送、集团配送、独立配送。

### 2.6.3 配送的一般流程及要素

1. 备货

备货是配送的准备工作，备货工作包括筹集货源、订货或购货、集货进货及有关的质量检查、结算、交接等。

2. 储存

配送中的储存有储备及暂存两种形态。

配送储备是按一定时期的配送经营要求形成的对配送的资源保证。这种类型的储备数量较大，储备结构也较完善，物流管理者根据货源及到货情况，可以有计划地确定周转储备及保险储备结构和数量。配送的储备保证有时在配送中心附近单独设库解决。

配送暂存是在具体执行日配送时，按分拣、配货要求，在理货场地所做得少量储备准备。由于总体储存效益取决于储存总量，所以，这部分暂存数量只会对工作方便与否造成影响，而不会影响储存的总效益，因而在数量上控制并不严格。

还有另一种形式的暂存，即是分拣、配货之后形成的发送货载的暂存，这个暂存主要是调节配货与送货的节奏，暂存时间不长。

3. 分拣及配货

分拣及配货是完善送货、支持送货的准备性工作，是不同配送企业在送货时进行竞争和提高自身经济效益的必然延伸。所以，也可以说分拣及配货是送货向高级形式发展的必然要求。

4. 配装

在单个用户配送数量不能达到车辆的有效载运负荷时，就存在如何集中不同用户的配送货物，进行搭配装载以充分利用运能、运力的问题，这就需要配装。和一般的送货的不同之处在于，通过配装送货可以大大提高送货水平及降低送货成本。所以，配装既是配送系统中有现代特点的功能要素，又是现代配送不同于以往送货的重要区别之处。

5. 配送运输

配送运输属于运输中的末端运输、支线运输，其和一般运输形态的主要区别在于：配送运输是较短距离、较小规模、频度较高的运输形式，一般使用汽车做运输工具。与干线运输的另一个区别是，配送运输的路线选择问题是一般干线运输所没有的，干线运输的干线是唯一的运输线，而配送运输由于配送用户多，一般城市交通路线又较复杂，如何组合成最佳路线，如何使配装路线有效搭配等，是配送运输的特点，也是难度较大的工作。

6. 送达服务

配好的货运输到用户还不算配送工作的完结，这是因为送达货和用户接货往往还会出现不协调，可能会使配送前功尽弃。

7. 配送加工

配送加工是流通加工的一种，但配送加工有其不同于一般流通加工的特点，即配送加工一般只取决于用户要求，且加工的目的较为单一。

配送的一般流程比较规范，但并不是所有的配送都按上述流程进行。不同产品的配送可能有其独特之处，如燃料油配送就不存在配货、分放、配装工序，水泥及木材配送又多出了一些流通加工的过程，而流通加工又可能在不同环节出现。

### 2.6.4 配送合理化

1. 配送合理化的标志

对于配送合理化与否的判断，是配送决策系统的重要内容，我们可以用以下指标进行考核。

(1) 库存标志。

库存标志的具体指标有库存总量和库存周转两个方面。

① 库存总量。

库存总量，是指在一个配送系统中，库存从各个分散用户转移到配送中心，配送中心库存数量加上各个用户在实行配送后库存量之和应低于实行配送前各个用户库存量之和。此外，从各个用户的角度判断，各个用户在实行配送前后的库存量比较也是判断合理与否的标准，某个用户库存量上升而总量下降也属于一种不合理。库存总量是一个动态的量，上述比较应当是在一定的经营量的前提下。在用户生产有发展之后，库存总量的上升则反映了经营的发展，必须扣除这一因素，才能对总量是否下降做出正确的判断。

② 库存周转。

由于配送企业的调剂作用，以低库存保持高供应能力，库存周转总是快于原来各企业库存周转。此外，从各个用户的角度进行判断，各个用户在实行配送前后的库存周转比较也是判断合理与否的标志。

(2) 资金标志。

总的来讲，实行配送应有利于资金占用降低及资金运用的科学化，具体判断标志如下。

① 资金总量。

用于资源筹措所占用的流动资金总量，随储备总量的下降及供应方式的改变必然有一个较大的降低。

② 资金周转。

从资金运用来讲，由于整个节奏加快，资金充分发挥作用，同样数量的资金，过去需要较长时期才能满足一定的供应要求，配送之后，在较短时期内就能达到此目的。所以，资金周转是否加快是衡量配送合理与否的标志。

③ 资金投向的改变。

资金是分散投入还是集中投入，是资金调控能力的重要反映。实行配送后，资金必然应当从分散投入改为集中投入，以便增加调控作用。

(3) 成本和效益。

总效益、宏观效益、微观效益、资源筹措成本都是判断配送合理化的重要标志。对于不同的配送方式，可以有不同的判断侧重点。如配送企业、用户都是各自独立的以利润为中心的企业，则不但要看配送的总效益，而且还要看对社会的宏观效益及两个企业的微观效益，不顾及任何一方都必然出现不合理。又如，如果配送是由用户集团自己组织的，配送主要强调保证能力和服务性，那么，效益主要从总效益、宏观效益和用户集团企业的微观效益来判断，不必过多顾及配送企业的微观效益。由于总效益及宏观效益难以计算，在实际判断时，常以按国家政策进行经营、完成国家税收及配送企业及用户的微观效益来判断；对于配送企业而言（投入确定的情况下），则以企业利润反映配送合理化程度；对于用户企业而言，在保证供应水平或提高供应水平（产出一定）的前提下，供应成本的降低反映了配送的合理化程度。成本及效益对合理化的衡量还可以具体到储存、运输等配送环节，使判断更为精细。

(4) 供应保证标志。

实行配送的重要一点是必须提高而不是降低对用户的供应保证能力，这样才算实现了合理。供应保证能力可以从以下三个方面来判断。

① 缺货的次数。实行配送后，对于各个用户来讲，该到货而未到货以致影响用户生产及经营的次数必须下降才算合理。

② 配送企业集中库存量。对于每一个用户来讲，其所形成的保证供应能力高于配送前单个企业的保证程度，从供应保证来看才算合理。

③ 即时配送的能力及速度是用户出现特殊情况的特殊供应保障方式，这一能力必须高于未实行配送前用户紧急进货能力及速度才算合理。

特别需要强调一点，配送企业的供应保障能力是一个科学的、合理的概念，而不是无限的概念。具体来讲，如果供应保障能力过高，超过了实际的需要，则属于不合理。所以，追求供应保障能力的合理化也是有限度的。

(5) 社会运力节约标志。

末端运输是目前运能、运力使用不合理、浪费较大的领域，因而人们寄希望于配送来解决这个问题，这也成了配送合理化的重要标志。运力使用的合理化是依靠送货运力的规划和整个配送系统的合理流程及与社会运输系统合理衔接来实现的。送货运力的规划是任何配送中心都需要花力气解决的问题，而其他问题则有赖于配送及物流系统的合理化，判断起来比较复杂，可以简化如下：

① 社会车辆总数减少，而承运量增加为合理；

② 社会车辆空驶减少为合理;

③ 一家一户自提自运减少,社会化运输增加为合理。

(6) 用户企业仓库、供应、进货人力物力节约标志。

配送的重要观念是以配送代劳用户。因此,在实行配送后,各个用户库存量、仓库面积、仓库管理人员减少为合理;用于订货、接货、供应的人应减少才为合理。真正解除了用户的后顾之忧,配送的合理化程度才可以说是达到了一个高水平。

(7) 物流合理化标志。

配送必须有利于物流合理,这可以从以下七个方面来判断。

① 是否降低了物流费用?

② 是否减少了物流损失?

③ 是否加快了物流速度?

④ 是否发挥了各种物流方式的最优效果?

⑤ 是否有效衔接了干线运输和末端运输?

⑥ 是否不增加实际的物流中转次数?

⑦ 是否采用了先进的技术方法?

物流合理化的问题是配送要解决的大问题,也是衡量配送本身的重要标志。

2. 不合理配送的表现形式

对于配送的决策优劣,很难有一个绝对的标准。如企业效益是配送的重要衡量标志,但是物流管理者在决策时常常考虑各个因素。所以,配送的决策是全面、综合决策。物流管理者在决策时要避免由于不合理配送出现所造成的损失,但有时某些不合理现象是伴生的,要追求大的合理就可能派生小的不合理,所以,这里只单独论述不合理配送的表现形式,但要防止绝对化。

(1) 资源筹措的不合理。

配送是利用较大批量来筹措资源。通过筹措资源的规模效益来降低资源筹措成本,使配送资源筹措成本低于用户自己筹措资源成本,从而取得优势。如果不是集中多个用户需要进行批量筹措资源,而仅仅是为某一两户代购代筹,对于用户来讲,就不仅不能降低资源筹措费,相反却要多支付一笔配送企业的代筹代办费,因而是不合理的。资源筹措不合理还有其他的表现形式,如配送量计划不准、资源筹措过多或过少、在资源筹措时不考虑建立与资源供应者之间长期稳定的供需关系等。

(2) 库存决策不合理。

配送应使集中库存总量低于各个用户分散库存总量,从而大大节约社会财富,同时降低用户实际平均分摊库存负担。因此,配送企业应依靠科学管理来实现一个总量低的库存,否则就会出现只有库存转移而未解决库存降低的不合理。此外,配送企业库存决策不合理还表现在储存量不足,不能保证随机需求,失去了应有的市场等方面。

（3）价格不合理。

总的来讲，实行配送的价格应低于不实行配送的价格，即用户自己进货时产品购买价格加上自己提货、运输、进货的成本总和，这样才会使用户有利可图。有时候，由于配送可以有较高的服务水平，价格稍高，用户也是可以接受的，但这只能是在个别的情况下，如果配送价格普遍高于用户自己的进货价格，损害了用户利益，就是一种不合理表现。同时，价格制定过低，使配送企业在无利或亏损状态下进行，也是不合理的。

（4）配送与直达的决策不合理。

一般的配送总是增加了环节，但是这个环节的增加可以降低用户平均库存水平，因此不但抵消了增加环节的支出，而且还能取得剩余效益。但是，如果用户使用批量大，可以直接通过社会物流系统均衡批量进货，较之通过配送中转送货则可能更节约费用，所以，在这种情况下，不直接进货而通过配送就属于不合理范畴。

（5）送货中不合理运输。

配送与用户自提相比，尤其对于多个小用户来讲，可以集中配装一车送几家，这比一家一户自提大大节省了运力和运费。如果不利用这一优势，仍然是一户一送，而车辆达不到满载（即时配送过多过频时会出现这种情况），则属于不正常。

（6）经营观念的不合理。

在配送实施中，有许多时候经营观念不合理使配送优势无从发挥，相反却损坏了配送企业的形象。这是在开展配送业务时尤其需要注意克服的不合理现象。如配送企业利用给送方法，向用户转嫁资金和库存困难，在库存过大时强迫用户接货，以缓解自己的库存压力；在资金紧张时，长期占用用户资金；在资源紧张时，将用户委托资源挪作他用获利等。

3. 配送合理化的措施

国内外推行配送合理化有一些可供借鉴的方法，简单介绍如下。

（1）推行一定综合程度的专业化配送。

通过采用专业设备、设施及操作程序，取得了较好的配送效果，并降低综合化配送的复杂程度及难度，从而追求配送合理化。

（2）推行加工配送。

通过加工和配送结合，充分利用本来应有的中转，而不增加新的中转求得配送合理化。同时，加工借助于配送，目的更明确，而且和用户的联系更紧密，更避免了盲目性。这两者有机结合，投入增加不太多却可以追求两个优势、两个效益，是配送合理化的重要经验。

（3）推行共同配送。

通过共同配送，配送企业可以以最近的路程、最低的配送成本完成配送，从而追求合理化。

（4）实行送取结合。

配送企业与用户建立稳定、密切的协作关系，配送企业不仅成为用户的供应代理人，而且成为用户的储存据点，甚至成为产品代销人。在配送时，将用户所需的物资运到，再将该用户生产的产品用同一车运回，这种产品也成了配送中心的配送产品之一，或者可以开展代存代储，免去了生产企业的库存包袱。这种送取结合使运力充分被利用，也使配送企业的功能有更大的发挥，从而追求合理化。

（5）推行准时配送系统。

准时配送是配送合理化的重要内容，配送做到了准时，用户才有掌控资源的把握，可以放心地实施低库存甚至“零库存”，可以有效地节约人力、物力，以追求最高效率的工作。另外，保证供应能力，也取决于准时供应。从国外的经验看，准时供应配送系统是现在许多的配送企业追求配送合理化的重要方法。

（6）推行即时配送。

即时配送是最终解决用户企业担心供应不足的忧虑、大幅度提高供应保证能力的重要方法。即时配送是配送企业快速反应能力的具体化，是配送企业能力的体现。即时配送的成本较高，但它是整个配送合理化的重要保证方法。此外，用户实行“零库存”，即时配送也是重要保证方法。

## 2.7　流通加工

### 2.7.1　流通加工的概念

流通加工是流通中的一种特殊形式，是指物品在从生产地到使用地的过程中，根据需要施加包装、分割、计量、分拣、刷标志、贴标签、组装等简单作业的总称。

商品流通是以货币为媒介的商品交换，它的重要职能是将生产及消费（或再生产）联系起来，起到“桥梁和纽带”作用，完成商品所有权实物形态的转移。因此，流通与流通对象的关系，一般不是改变其形态而创造价值，而是保持流通对象的已有形态，完成空间的位移，实现其“时间效用”及“场所效用”。

流通加工则与商品流通有较大的区别，总的来讲，流通加工在流通中，仍然和流通总体一样起“桥梁和纽带”作用。但是，它却不是通过“保护”流通对象的原有形态而实现这一作用的，它是和生产一样，通过改变或完善流通加工的概念对象的原有形态来实现“桥梁和纽带”作用的。

流通加工是在物品从生产领域向消费领域流动的过程中，为了促进销售、维护产品质量和提高物流效率，对物品进行加工，使物品发生物理、化学或形状的变化。流通加工的内容包括装袋、定量化小包装、拴牌、贴标签、配货、挑选、混装、剪断、打孔、折弯、拉拔、挑扣、组装、配套以及混凝土搅拌等。如常见的食品的流通加工有鱼、肉、禽类的冷冻，生奶酪的冷藏，鲜牛奶的灭菌和摇匀，生鲜食品及蔬菜的速冻包装、真空包装等。

流通加工和一般的生产型加工在加工方法、加工组织、生产管理方面并无显著区别，但在加工对象、加工程度方面的差别较大，其差别的主要方面如下。

（1）流通加工的对象是进入流通过程的商品，具有商品的属性，以此来区别多环节生产加工中的一环。流通加工的对象是商品，而生产加工的对象不是最终产品，而是原材料、零配件、半成品。

(2) 流通加工程度大多是简单加工，而不是复杂加工。一般来说，如果必须进行复杂加工才能形成人们所需的商品，那么，这种复杂加工应专设生产加工过程，生产过程理应完成大部分加工活动，流通加工对生产加工则是一种辅助及补充。特别需要指出的是，流通加工绝不是对生产加工的取消或代替。

(3) 从价值观点来看，生产加工的目的在于创造价值及使用价值，而流通加工则在于完善其使用价值，并在不做大改变的情况下提高其价值。

(4) 流通加工的组织者是从事流通工作的人，能密切结合流通的需要进行这种加工活动，从加工单位来看，流通加工由商业或物资流通企业完成，而生产加工则由生产企业完成。

(5) 商品生产是为交换为消费而生产的，流通加工的一个重要目的是为了消费(或再生产)所进行的加工，这一点与商品生产有共同之处。但是，流通加工也有时候是以自身流通为目的，纯粹是为流通创造条件，这种为流通所进行的加工与直接为消费进行的加工从目的来讲是有区别的，这又是流通加工不同于一般生产的特殊之处。

### 2.7.2 流通加工的地位及作用

1. 流通加工在物流中的地位

(1) 流通加工有效地完善了流通。

流通加工在实现时间、场所两个重要效用方面，确实不能与运输、储存相比，因而，不能认为流通加工是物流的主要功能要素。流通加工的普遍性也不能与运输、储存相比，流通加工不是所有物流中必然出现的。但这绝不是说流通加工不甚重要，实际上它也是不可轻视的，起着补充、完善、提高、增强作用的功能要素，并能起到运输、储存等其他功能要素无法起到的作用。所以，流通加工的地位可以描述为是提高物流水平，促进流通向现代化发展的不可少的形态。

(2) 流通加工是物流中的重要利润源。

流通加工是一种低投入高产出的加工方式，往往以简单加工解决大问题。实践证明，有的流通加工通过改变装潢使商品档次跃升而充分实现其价值，有的流通加工将产品利用率一下子提高 20%～50%，这是采取一般方法提高生产率所难以企及的。根据我国近些年的实践，流通加工单仅就向流通企业提供利润一点，其成效并不亚于从运输和储存中挖掘的利润，是物流中的重要利润源泉。

(3) 流通加工在国民经济中也是重要的加工形式。

在整个国民经济的组织和运行方面，流通加工是其中一种重要的加工形态，对推动国民经济的发展和完善国民经济的产业结构和生产分工有一定的意义。

2. 流通加工的作用

(1) 提高原材料利用率。

利用流通加工环节进行集中下料是将生产厂商直接运来的简单规格产品，按使用部门的要求进行下料。如将钢板进行剪板、切裁，钢筋或圆钢裁制成毛坯，木材加工成各种长度及大小的板、方等。集中下料可以优材优用、小材大用、合理套裁，有很好的技术经济效果。如北京、济南、丹东等城市对平板玻璃进行流通加工（集中裁制、开片供应），玻璃利用率从60%左右提高到85%～95%。

（2）进行初级加工，方便用户。

用量小或临时需要的使用单位，缺乏进行高效率初级加工的能力，依靠流通加工可以使使用单位省去进行初级加工的投资、设备及人力，从而搞活供应，方便了用户。

目前发展较快的初级加工有：将水泥加工成生混凝土；将原木或板方材加工成门窗；冷拉钢筋及冲制异形零件；钢板预处理、整形、打孔等加工。

（3）提高加工效率及设备利用率。

由于建立集中加工点，可以采用效率高、技术先进、加工量大的专门机具和设备。

3．流通加工合理化

（1）流通加工合理化的概念。

流通加工合理化，是指实现流通加工的最优配置，不仅做到避免各种不合理，使流通加工有存在的价值，而且做到最优的选择。

为了避免各种不合理现象，物流管理者对是否设置流通加工环节，在什么地点设置，选择什么类型的加工，采用什么样的技术装备等，需要做出正确抉择。目前，国内在进行这方面合理化的考虑中已积累了一些经验，取得了一定成果。实现流通加工合理化主要考虑以下五个方面。

① 加工和配送结合。

这是将流通加工设置在配送点中，一方面按配送的需要进行加工，另一方面加工又是配送业务流程中分货、拣货、配货的一环，加工后的产品直接投入配货作业，这就无须单独设置一个加工的中间环节，使流通加工有别于独立的生产，而使流通加工与中转流通巧妙地结合在一起。同时，由于配送之前有加工，可以使配送服务水平大大提高。这是当前对流通加工做合理选择的重要形式，在煤炭、水泥等产品的流通中已表现出较大的优势。

② 加工和配套结合。

在对配套要求较高的流通中，配套的主体来自各个生产单位，但是，完全配套有时无法全部依靠现有的生产单位，进行适当的流通加工可以有效地促成配套，大大提高流通的桥梁与纽带的能力。

③ 加工和合理运输结合。

流通加工能有效衔接干线运输与支线运输，促进两种运输形式的合理化。利用流通加工，在支线运输转干线运输或干线运输转支线运输这本来就必须停顿的环节，不进行一般的支转干或干转支，而是按干线运输或支线运输合理的要求进行适当加工，从而大大提高运输及运输转载水平。

④ 加工和合理商流相结合。

通过加工有效地促进销售，使商流合理化，也是流通加工合理化的考虑方向之一。加工和配送的结合，通过加工，提高了配送水平，强化了销售，是加工和合理商流相结合的一个成功的例证。此外，通过简单地改变包装加工，形成方便的购买量，通过组装加工解除用户使用前进行组装、调试的难处，都是有效促进商流的例子。

⑤ 加工和节约相结合。

节约能源、节约设备、节约人力、节约耗费是流通加工合理化重要的考虑因素，也是目前我国设置流通加工，考虑其合理化的较普遍形式。

对于流通加工合理化的最终判断，是看其是否能实现社会的和企业本身的两个效益，而且是否取得了最优效益。对于流通加工企业而言，与一般生产企业一个重要不同之处是：流通加工企业更应树立社会效益第一的观念，只有在把完善流通环节为己任的前提下才有生存的价值。如果只是追求企业的微观效益，不适当地进行加工，甚至与生产企业争利，这就有违于流通加工的初衷，或者其本身已不属于流通加工的范畴。

（2）不合理流通加工的形式。

流通加工是在流通领域中对生产的辅助性加工，从某种意义来讲它不仅是生产过程的延续，实际还是生产本身或生产工艺在流通领域的延续。这个延续可能有正、反两个方面的作用，即一方面可能有效地起到补充完善的作用，但是也必须估计到另一个可能性，即对整个过程的负效应。各种不合理的流通加工都会产生抵消效益的负效应。

四种不合理流通加工形式如下。

① 流通加工地点设置的不合理。

流通加工地点设置即布局状况是使整个流通加工是否能有效的重要因素。一般来说，如果是为了衔接单品种大批量生产与多样化需求的流通加工，加工地设置在需求地区，才能实现大批量的干线运输与多品种末端配送的物流优势。

影响流通加工地点不合理的因素还有很多，如流通加工与生产企业或用户之间的距离较远、流通加工点的投资过高、加工点周围的社会环境条件不良等。

② 流通加工方式选择不当。

流通加工方式包括流通加工对象、流通加工工艺、流通加工技术、流通加工程度等。流通加工方式的确定实际上是与生产加工的合理分工。分工不合理，本来应由生产加工完成的，却错误地由流通加工完成；本来应由流通加工完成的，却错误地由生产过程去完成，都会造成不合理。

流通加工不是对生产加工的代替，而是一种补充和完善。所以，一般来说，如果工艺复杂，技术装备要求较高，或加工可以由生产过程延续或轻易解决的都不宜再设置流通加工，尤其不宜与生产过程争夺技术要求较高、效益较高的最终生产环节，更不宜利用一个时期市场的压迫力使生产者变成初级加工者，而流通企业完成装配或最终形成产品的加工。如果流通加工方式选择不当，就会出现与生产夺利的恶果。

③ 流通加工作用不大，形成多余环节。

有的流通加工过于简单或对生产及消费者的作用都不大，甚至有时流通加工的盲目性不但不能解决品种、规格、质量、包装等问题，却增加了环节，这也是流通加工不合理的表现形式。

④ 流通加工成本过高，效益不好。

流通加工之所以能够有生命力，重要优势之一是有较大的产出投入比，因而有效起着补充完善的作用。如果流通加工成本过高则不能实现以较低投入实现更高使用价值的目的。除了一些必需的、从政策要求即使亏损也应进行的加工外，都应看成是不合理的。

## 2.8 物流信息

### 2.8.1 物流信息的概念

物流信息，是指在物流活动进行中产生及使用的必要信息，它是物流活动内容、形式、过程以及发展变化的反应。在物流活动中，物流信息流动于各个环节之间，对物流信息的有效管理是实现物流现代化管理的基础和依据。

随着互联网时代的到来，信息的传播、交流和使用发生了巨大的变化。信息成为现代物流的灵魂，互联网技术所推动的信息革命使得物流现代化的发展产生了巨大的飞跃，物流信息化也受到了前所未有的重视。物流信息化的形式具体表现为物流信息的商品化、物流信息收集的数据库化、物流信息处理的电子化和计算机化、物流信息传递的标准化和实时化、物流信息存储的数字化等。没有物流的信息化，关于物流现代化的任何设想都不可能实现，信息技术及计算机技术在物流中的应用将会彻底改变物流的面貌。

在高新技术不断应用的今天，物流与商流相辅相成，与信息流共同服务于生产、分配和消费等各领域，在当今，物流已成为道路运输技术含量高、附加值高、市场潜力大的社会再生产过程中不可缺少的重要产业部门。因此，物流系统化、物流信息化、网络化和电子商务环境下的物流将成为现代物流的发展方向和趋势。

从广义范围来看，物流信息不仅指与物流活动有关的信息，而且包含与其他流通活动有关的信息，如商品交易信息和市场信息等。商品交易信息，是指与买卖双方的交易过程有关的信息，如销售和购买信息、订货和接受订货信息、发出货款和收到货款等信息。市场信息，是指与市场活动有关的信息，如消费者的需求信息、竞争者或竞争性商品的信息、销售促进活动信息、交通通信等基础设施信息等。在现代经营管理活动中，物流信息与商品交易信息、市场信息相互交叉、融合，有着密切的关系。例如，零售上根据对消费者需求的预测以及库存状况制订了订货计划，向批发商或直接向生产企业发出订货信息；批发商接到零售商的订货信息后，在确认现有库存水平能满足订单要求的基础上，向物流部门发出发货配送信息；如果发现现有的库存水平不能满足订单的要求则马上向生产企业发出订单；生产企业在接到订单之后，如果发现现有库存不能满足订单要求，则马上组织生产，再按订单上的数量和时间要求向物流部门发出发货配送信息。由于物流信息与商品交易信息和市场信息相互交融、密切联系，所以广义的物流信息还包括与其他流通活动有关的信息。广义的物流信息不仅能起到连接整合从生产企业、经过批发商和零售商最后到消费者的整个供应链的作用，而且在应用现代信息技术（如电子数据交换、互联网、电子商务等）的基础上能实现整个供应链活动的效率化，具体来说就是利用物流信息对供应链各个企业的计划、协调、组织和控制活动进行更有效的信息处理。总之，物流信息不仅对物流活动具有支持保证的功能，而且具有连接整合整个供应链和使整个供应链活动效率化提高的功能。

正是由于物流信息具有这些功能，使得物流信息化在现代企业经营战略中占有越来越重要的地位。建立物流信息系统，提供迅速、准确、及时、全面的物流信息是现代企业获得竞争优势的必要条件。

我国有远见的物流企业都在积极关注物流信息化技术的发展，积极开发或引进基于互联网的物流信息平台，以求把本企业的业务活动提高到新的水平并且尽快地融入一体化的全球物流网络。

从狭义范围来看，物流信息是指与物流活动（如供应、生产、运输、保管、包装、装卸、流通加工等）有关的信息。在物流活动的处理与决策中，如运输工具的选择、运输路线的确定、每次运输批量的确定、在途货物的追踪、仓库的有效利用、最佳运输路线的确定、库存时间的确定、订单管理、如何提高顾客服务水平等，都需要详细和准确的物流信息，因为物流信息对运输管理、库存管理、订单管理、仓库作业管理等物流活动具有支持保证的功能。

### 2.8.2 物流信息编码技术

在物流运作过程中，特别是在配送中心内部，物流编码是非常重要的，如储位编码和货品编码就是非常典型的物流编码。当一个配送中心规划好各储区储位后，为了方便记忆与记录，规范储位编号、品名、序号、标签记号等信息，在确保信息采集预处理方面尤为重要。物流管理者必须通过将上述信息符号化，才能简化信息采集系统，否则物流信息系统将无法工作。

1. 条码技术

条码技术是在计算机的应用实践中产生和发展起来的一种自动识别技术。它是为了实现对信息的自动扫描而设计的，是实现快速、准确而可靠地采集数据的有效方法。条码技术的应用解决了数据录入和数据采集的“瓶颈”问题，为物流管理提供了有利的技术方法。条码技术为我们提供了一种对物流中的物品进行标识和描述的方法，借助自动识别技术、POS系统、EDI等现代技术方法，企业可以随时了解有关产品在供应链上的位置，并及时做出反应。当今在欧美等发达国家兴起的ECR（Efficient Consumer Response，有效客户反应）、QR（Quick Response，快速反应）、自动连续补货等供应链管理策略，都离不开条码技术的应用。条码是实现POS系统、EDI、电子商务、供应链管理的技术基础，是物流管理现代化、提高企业管理水平和竞争能力的重要技术方法。

简而言之，条码技术是在计算机应用和实践中产生并发展起来的一种广泛应用于商业、邮政、图书管理、仓储、工业生产过程控制、交通等领域的自动识别技术，具有输入速度快、准确度高、成本低、可靠性强等优点，在当今的自动识别技术中占有重要的地位。

(1) 条码的类型。

条码是由一组规则排列的条、空及对应的字符组成的标记，用以表达一定的信息。“条”指对光线反射率比较低的部分，“空”指对光线反射率较高的部分，能够用特定的设备识读，转换成计算机处理信息。通常对于每一种物品，它的编码是唯一的，对于普通的一维条码来说，还要通过数据库建立条码与商品信息的对应关系，当条码的数据传到计算机上时，由计算机上的应用程序对数据进行操作和处理。因此，普通的一维条码在使用过程中仅作为识别信息，它的意义通过在计算机系统的数据库中提取相应的信息而实现。

条码的码制，是指条码条和孔的排列规则，常用的一维码的码制包括 EAN 码、39 码、交叉 25 码、UPC 码、128 码、93 码及库德巴码(Codabar)等。

不同的码制有各自相应的应用领域，例如：EAN 码是国际通用的符号体系，是一种长度固定的条码，所表达的信息全部为数字，主要应用于商品标识；39 码和 128 码为目前国内企业内部的自定义码制，可以根据需要确定条码的长度和信息，其编码的信息可以是数字，也可以包含字母，主要应用于工业生产领域、图书管理等，如表示产品序列号、图书编号等；交叉 25 码主要应用于包装、运输以及国际航空系统的机票顺序编号等。

(2) 条码的组成。

一个完整的一维条码由左侧空白区、起始符、左侧数据符、中间分隔符、右侧数据符、校验符、终止符、右侧空白区及供人识别字符组成(如图 2-1 所示)。

**图 2-1　条码的结构**

① 左侧空白区。

左侧空白区位于条码符号最左侧的与空的反射率相同的区域。

② 起始符。

起始符位于条码符号左侧空白区的右侧，表示信息开始的特殊符号。

③ 左侧数据符。

左侧数据符位于起始符号右侧，中间分隔符左侧的一组条码字符，表示 6 位数字信息。

④ 中间分隔符。

中间分隔符位于左侧数据符的右侧，是平分条码字符的特殊符号。

⑤ 右侧数据符。

右侧数据符位于中间分隔符右侧，校验符左侧的一组条码字符，是表示 5 位数字信息的一组条码字符。

⑥ 校验符。

校验符位于右侧数据符的右侧，表示校验码的条码字符。

⑦ 终止符。

终止符位于条码符号校验符的右侧，表示信息结束的特殊符号。

⑧ 右侧空白区。

右侧空白区位于条码符号最右侧的与空的反射率相同的区域。

⑨ 供人识别字符。

供人识别字符位于条码符号的下方，是与条码相对应的 13 位数字。

保护框，是指条码左右两端外侧与空的反射率相同的限定区域，它使阅读器进入准备阅读的状态，当两个条码的距离较近时，有助于对它们加以区分。保护框的宽度通常应不小于 6 毫米(或 10 倍模块宽度)。

空白区，是指位于条码开始和结束的若干条与空，标志条码的开始和结束，同时提供码制识别信息和阅读方向的信息。

数据符，是指位于条码中间的条、空结构，它包含条码所表达的特定信息。

构成条码的基本单位是模块，模块是指条码中最窄的条或空，模块的宽度通常以“mm”(毫米)或“mil”(密耳，代表千分之一英寸)为单位。构成条码的一个条或空成为一个单元，一个单元包含的模块数是由编码方式决定的。在有些码制中，如 EAN 码，所有的单元由一个或多个模块组成；而在另一些码制，如 39 条码中，所有的单元只有两种宽度，即宽单元和窄单元，其中的窄单元即为一个模块。

(3) 常用的条码体系。

常见的条码有两种体系：第一种是国际通用的 EAN 商品条码体系，适合制造商、供应商和零售商共同使用，包括商品条码(EAN-13 码与 EAN-8 码)、储运条码(DUN-14 码与 DUN-16 码)、EAN-128 码；第二种是企业内部管理使用的条码，包括 ITF 交叉 25 码、Code39 码、Codabar 码、Codel128 码。

(4) 条码的意义。

条码技术对物流现代化、自动化、信息化都产生了巨大的影响。

条码是一种简易自动识别的符号，可以利用相关自动化设备自动阅读，从而简化跟踪、监管、录入作业。因此，条码识别技术是目前最普及的识别方法，无论是制造业、商业或服务业，在商品制造、销售与运输过程中均能见到条码识别系统的应用。在自动化的物流系统中，条码识别技术更可以辅助物品装卸、分类、拣货、库存，使作业程序简单而且准确(如图 2-2 所示)。

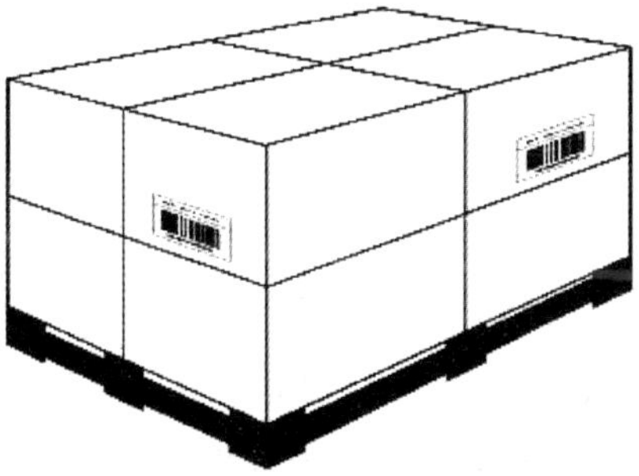


**图 2-2　条码符号位置应用示例**

具体来说，条码具有以下五种特殊优点。

① 高速自动输入数据。以键盘方式输入 13 个数字，约需要 6 秒。而接触式扫描器扫描条码只需要 1～2 秒；若用固定式扫描器，“瞬间”即可完成读取。

② 高读取率。读取率，是指对条码扫描的总次数中能够有效识读的百分比，这取决于包装纸、纸箱、标签纸的印刷精度及条码扫描器的光学分辨力。

③ 低出错率。利用校验码可以使出错率控制在几十万分之一内。

④ 操作简便。任何种类的条码扫描器都很容易操作。

⑤ 设备投资低。条码扫描器可以用 7 年以上及每年 1～2 次的保养费也很低；而印制条码标签的费用也很低，若在包装上直接印制条码，几乎不增加任何费用。

扫描条码可以自动、迅速、正确地收集数据，目前在商品流通、储存、销售的很多领域都得到广泛应用。

物流是各种经济活动中必需的职能。由于消费者需求日趋多样化，使商品的生命周期不断缩短，这就使得订货频率增加。订货者与接单者之间必须建立物流信息系统，以实现物流职能的省力化、合理化、自动化与效率化。

2. 储位编码

储位编码就是根据一定的规律，对所有的储位进行编码，根据编码来识别不同的货位。在物流运作管理中，储位编码具有以下若干功能：

(1) 确定储位信息的正确性；

(2) 为物流信息系统提供储位相对记录位置，以供识别；

(3) 提供进出货、拣货、补货等人员存取货品位置依据，以方便货品进出、上架及查询，节省重复寻找货品的时间，以提高工作效率；

(4) 提高调仓、移仓工作效率；

(5) 可以利用计算机系统处理、分析储位；

(6) 可以迅速依序储存或者拣货，达到内部作业的最优化；

(7) 方便盘点作业；

(8) 便于仓储及采购管理人员及时掌握储存空间利用情况，以控制货品等存量；

(9) 可以避免货品乱放堆置而导致的过期报废。

一般储位编码的编制方法有下列四种。

(1) 区段式。

即把保管区域分割几个区段，再对每个区段编码。此种编码方式是以区段为单位，每个号码所标注代表的储位区域将会很大，因此适用于容易单位化的货品，以及量大或保管周期短的货品。货品以物流量大小来决定其所占的区段大小，以进出货频率次数来决定其倒置顺序。

(2) 品项群别式。

即把一些相关性货品经过集合以后，区分成好几个品项群，再对每个品项群进行编码。此种编码方式适用于比较容易区分商品类别及品牌差距大的货品，如服饰、五金方面的货品。

(3) 地址式。

即利用保管区域中的现成参考单位，如建筑物第几栋、区段、排、行、层、格等，依照其相关顺序来进行编码，就像地址的几段、几巷、几弄、几号一样。这种编码方式由于其所标注代表的区域通常以一个储位为限，且其有相对顺序性可依循，使用起来容易明了又方便，所以是目前物流中心使用最多的编码方式。

(4) 坐标式。

即利用空间概念来编排储位方式，此种编排方式由于其对每个储位定位切割细小，在管理上比较复杂，对于流通率小、需要长时间存放的货品（也就是一些生命周期较长的货品）比较适用。

一般而言，由于储存货品的特性不同，其所适合采用的储位编码方式也不同，而如何选择编码方式就得根据保管货品的储存量、流动率、保管空间布置所使用的保管设备等做选择。不同的编码方法，对于管理的容易与否也有影响，必须先行考虑以上因素及信息管理设备，才能适宜地选用。

3. 货品编码

所谓货品编码，就是将货品按其分类内容，按一定的排列规律和方法，用简明的文字、符号或数字，以表达货品的有关信息的一种方式。在进货后，商品本身大部分都有商品号码及条码，但有时为了物流管理及存货管理，物流中心会根据自己的物流作业管理信息系统的需要，将商品代号与其物流条码统一起来，以方便储位管理系统运作，并能更好地掌握货品的动向与对货品实施管理。

货品编码的意义主要表现在：能提高货品活动的工作效率；可以利用计算机信息管理系统来整理分析货品信息，提高工作效率；可以节省人力、减少开支、降低成本；便于拣货、送货、储存或拣取货品时的核对与识别；利于降低库存量，可以防止重复订购相同的货品；可以考虑选择作业的优先性，并最终达到货品“先进先出”的目的。

(1) 货品编码的方法。

① 顺序编码法。

此方法由1开始一直往下编，常用于账号或发票编号，属于延展式的方法。采用此方法时必须有编码索引，否则无法直接了解编码意义。

② 层次数字编码法。

此方法是按货品在分类体系中的层级顺序，依次赋予对应的数字代码，各个层次之间是包含关系。层次数字编码法的优点是：编码简单，逻辑性强，信息量大，能明确地反映出分类编码对象的属性或特征及其相互之间的关系，便于计算机汇总数据；但同时弹性较差，需要预先留出相当数量的备用号，留待补充新的商品，从而出现号码的冗余。所以，这种编码方法最适用于编码对象变化不大的情况。

③ 平行数字编码法。

此方法是每一个分类面确定一定数量的码位，代码各组数列之间是并列平行关系。平行数字编码法的优点是编码结构有较好的弹性，可以简单地增加分类面的数目，必要时还可以更换个别的分类面，可以全部用代码，也可以部分用代码。这种编码可以适用于多种查找任务，也便于计算机处理。但是，平行数字编码法同时也有代码过长的缺点，有的编码没有现实意义，不便于手工处理信息。

④ 混合编号法。

此方法是联合使用英文字母与阿拉伯数字来构造货品编码，而多以英文字母代表货品类别和名称，其后再用十进位或其他方式编数字号码。

(2) 货品编码的形式。

① 延展式。

即对货品分级的级数不加限制，视实际需要而任意延长；但排列上难求整洁，这是美中不足的地方。

② 非延展式。

即货品分类级别数及所用数字均有一定的限制，不能任意伸展；虽能维持整洁划一形式，但缺乏弹性，难以适应实际增减需要。

## 本章小结

在当前的市场经济条件下，物流已经成为企业日益重要的“第三利润源泉”，企业用于物流的费用支出已越来越大，越来越成为决定企业生产成本高低的主要因素，被有些企业视为“降低成本的最后边界”。因此，如何从物流系统中“节能降耗”，也成为众多企业和学者探讨的重要课题。本章试图从物流过程的基本功能出发，探讨运输、储存、装卸搬运、流通加工等物流基本职能过程的实现及合理化的途径，为企业降低物流成本、合理组织物流过程、更好地实现物流功能提供可供参考的依据。

## 案例赏析

### 华润物流[1]

物流业被称成为21世纪的黄金产业，是国民经济发展的支柱，从国务院到各地市政府高度重视物流业的发展，制定了相关的物流发展政策和措施以保证物流业的健康发展，全国上下掀起了一股“物流热”。随着买方市场和竞争格局的形成，企业对物流作为“第三利润源泉”有了比较深刻的认识，优化企业内部物流管理，降低物流成本成为目前多数国内企业最为强烈的愿望和要求。与此同时，专业化的物流服务需求已经出现且发展势头极为迅速。在物流企业不断涌现并快速发展的同时，多样化的物流服务形式也有了一定程度的发展。围绕货运代理、商业配送、多式联运、社会化储运服务、流通加工等物流职能和环节的专业化物流服务发展比较迅速。

华润（集团）有限公司（以下简称华润）作为国务院国有资产监督管理委员会管理的国有重点骨干企业，目前已拥有5家上市公司、14家一级利润中心，产业涉及零售、电力、地产、食品、医药、化工等多个领域。应母公司的业务重组及发展需要，2001年1月，华润物流有限公司（以下简称华润物流）由华夏企业（集团）有限公司更名成立。

华润物流坚持以仓储加配送业务为主的发展方向，凭借丰富的管理经验和先进的信息管理系统，为客户提供专业化一站式物流服务。华润物流的服务网络遍及香港地区和内地，拥有多家具备国际货运一级代理资格和无船承运人资格的全资子公司。在香港地区，华润物流管理4座纯干货仓库、2座冷冻仓库、1个多用途码头，以及货柜拖车队和配送车队，提供仓储配送中心管理、供应链管理、货运；在内地，华润物流主要经营综合物流服务、货仓、货运、快速消费品以及工业产品的分销和物流管理服务。华润物流实行一种“1＋3”的物流模式，即为集团内部提供“第一方”物流服务和为客户提供第三方物流服务两条腿走路。

1. 企业物流：华润物流的“1”

“1”即为企业内部提供“第一方”物流服务。它是华润整体发展战略中的一部分，是与集团其他产业同步发展、协同作战的一个公司。零售业是华润的主业，而零售业又是一个对运输、仓储、配送等物流服务需求量很大的行业。华润超市在香港地区和内地共经营333家，如此大的规模，需要一个大的物流体系来支撑，而华润物流将帮助集团解决这方面的问题。

2. 社会物流：华润物流的“3”

“3”即社会化物流服务，为客户提供第三方物流服务。华润物流在香港地区和内地建立了多家合资船公司、货运公司等大型货运仓储企业，并在主要城市建立了一批全资货运公司、业务代表处，形成一张覆盖广泛的运输服务网络。其业务范围包括码头与集装箱管理、仓储管理、配送、货运代理、速递、供应链管理、船舶修理等。

---

① 根据华润相关资料整理。

2001 年，华润物流经过长达半年的准备，在美国通用电器公司(GE)塑料、有机硅两大部门网上招标和审核中，成功获得其塑料和半导体产品在中国区域 7 个城市(包括香港、上海、深圳、广东南沙、厦门、天津、大连)的全面物流服务合约，有效期两年。此次中标，是华润物流第一次为跨国公司提供全方位一站式物流服务，是其由传统的货运仓储企业向现代物流企业转型的可贵尝试。

**案例思考题**

1. 华润物流的“1＋3”模式的具体含义是什么？
2. 请你通过华润物流来分析物流的职能及物流发展的思路。

## 复习思考题

1. 物流过程由哪几部分构成？
2. 对常见的运输方式进行比较。
3. 运输合理化的途径有哪些？
4. 如何加强库存商品的质量管理？
5. 包装合理化应如何实现？
6. 装卸搬运的意义是什么？
7. 不合理配送的表现形式有哪些？应如何解决？
8. 流通加工在物流中的地位是怎样的？
9. 物流信息在现代物流中的作用是什么？

# 第三章　物流技术装备与设施

## 3.1　集装箱

### 3.1.1　集装箱的定义

关于集装箱的定义，历年来国内外专家学者存在一定的分歧，现以国际标准化组织(ISO)对“集装箱”的定义作以下介绍。国际标准化组织对集装箱下的定义为：集装箱是一种运输设备，应满足以下要求：

(1) 具有足够的强度，能反复长期使用；

(2) 适合一种或多种方式运输，途中转运时，箱内货物不必换装；

(3) 可以进行快速搬运和装卸，特别便于从一种运输方式转移到另一种运输方式；

(4) 便于货物装满或卸空；

(5) 内容积为 1 立方米或 1 立方米以上。

目前，中国、日本、美国、法国等世界有关国家都全面地引进了国际标准化组织的定义。除了国际标准化组织的定义外，还有《1972 年集装箱海关公约》《1972 年国际集装箱安全公约》、英国国家标准和北美太平洋班轮公会等对集装箱下的定义，内容基本上大同小异。我国国家标准 GB1992—2006《集装箱名称术语》中，引用了上述定义。

集装箱设施的出现，给储存带来了新概念。集装箱本身便是一栋仓库，不需要再有传统意义上的库房，对改变传统储存作业有重要意义，是储运合理化的一种有效方式。集装箱的主要特点是“集小为大”，而这种“集小为大”是按标准化、通用化的要求进行的。这就使中小散杂货件以一定规模单元进入运输、流通领域，形成规模优势，而集装箱的效果实际上就是这种规模优势的效果。概括而言，集装箱的优势如下。

(1) 促使装卸合理化。与单个物品的逐一装卸处理相比较，集装箱装卸的优点主要表现在：第一，缩短装卸时间，这是由多次装卸转为一次装卸带来的效果；第二，使装卸作业劳动强度降低。过去，中小件大量散杂货装卸，劳动强度极大，且由于强度大，工作时间易出现差错和货损；采用集装箱后，不仅减轻了装卸强度，而且集装箱的保护作用可以更有效地防止装卸时的碰撞损坏及散失丢失。

(2) 促使包装合理化。采用集装箱后，物品的单体包装及小包装要求可以降低，甚至可以去掉小包装，从而节约包装材料。由于集装的大型化和防护能力的增强，包装强度也大大提高，更有利于保护货物。

(3) 由于集装箱整体进行运输和保管,从而方便了运输及保管作业,便于管理,有效利用运输工具和保管场地的空间,改善了环境。

(4) 集装的最大效果是将原来分离的物流各环节有效地联合为一个整体,使整个物流系统实现合理化。现代物流的发展是离不开集装的,可以说集装是物流现代化的重要标志。

(5) 采用集装箱分别堆存,可以避免箱子的随意摆放,并且减少了倒箱。

### 3.1.2 集装箱的标准

为了有效地开展国际集装箱多式联运,必须强化集装箱标准化,并进一步做好集装箱标准化工作。集装箱标准按使用范围分,有国际标准、国家标准、地区标准和公司标准四种。

1. 国际标准集装箱

国际标准集装箱,是指根据国际标准化组织第 104 技术委员会制定的国际标准来建造和使用的国际通用的标准集装箱。在国际标准中,将 20ft 的标准集装箱作为国际标准集装箱的标准换算单位,称为"换算箱"或"标准箱",简称 TEU(Twenty-foot Equivalent Unit)。一个 20ft 的国际标准集装箱换算为一个 TEU,一个 40ft 的集装箱简称 FEU(Forty-foot Equivalent Unit),1FEU=2TEU。

2. 国家标准集装箱

国家标准,是指各国政府参照国际标准并考虑本国的具体情况制定了本国的集装箱标准。

表 3-1 是我国集装箱的标准。《货物集装箱外部尺寸与重量系列》中明确规定:集装箱的重量采用 5t,10t,20t 和 30t 四种,相应型号为 5D,10D,1CC,1AA。5t 和 10t 的集装箱主要用于国内运输,20t 和 30t 的集装箱主要用于国际运输。

**表 3-1 我国的集装箱标准**

| 尺寸/标准 | 1AA | 1CC | 10D | 5D |
|---|---|---|---|---|
| 高/mm | 2591 | 2591 | 2438 | 2438 |
| 宽/mm | 2438 | 2438 | 2438 | 2438 |
| 长/mm | 12 192 | 6058 | 4012 | 1968 |
| 重/kg | 30 480 | 20 320 | 10 000 | 5000 |
| 最小内部容积/$m^3$ | 65.7 | 32.1 | 19.6 | 9.1 |

3. 地区标准集装箱

地区集装箱标准是由地区组织根据该地区的特殊情况制定的,采用此类标准的集装箱仅适用于该地区。如根据国际铁路联盟所制定的集装箱标准而建造的集装箱。

4. 公司标准集装箱

公司集装箱标准是某些大型集装箱船公司根据本公司的具体情况和条件而制定的集装

箱船公司标准，采用此类标准的集装箱主要在该公司的运输范围内使用，如美国海陆公司的35ft集装箱。

此外，目前世界上还有不少非标准集装箱。如非标准长度集装箱有美国海陆公司的35ft集装箱、美国总统轮船有限公司的45ft及48ft集装箱，非标准高度集装箱主要有9ft和9.5ft两种高度集装箱，非标准宽度集装箱有8.2ft宽度集装箱等。由于经济效益的驱动，目前世界上20ft集装箱总重达24ft的越来越多，而且普遍受到欢迎。

### 3.1.3 集装箱的种类

随着集装箱运输的发展，为了适应装载不同种类货物的需要，出现了不同种类的集装箱。这些集装箱不仅外观不同，而且结构、强度、尺寸等也不相同。根据集装箱的用途不同可以分为以下九种。

1. 干货集装箱

干货集装箱也称杂货集装箱，是一种通用集装箱，用以装载除液体货物、需要调节温度货物及特种货物外的一般件杂货。这种集装箱的使用范围极广，常用的有20ft和40ft两种，其结构特点是常为封闭式，一般在一端或侧面设有箱门（如图3-1所示）。

**图3-1　干货集装箱**

2. 开顶集装箱

开顶集装箱也称敞顶集装箱，是一种没有刚性箱顶的集装箱，但有可折式顶梁支撑的帆布、塑料布或涂塑布制成的顶篷，其他构件与干货集装箱类似。开顶集装箱适于装载较高的大型货物和需吊装的重货。

3. 台架式及平台式集装箱

台架式集装箱是没有箱顶和侧壁，甚至有的连端壁也去掉而只有底板和四个角柱的集装箱。台架式集装箱有很多类型，它们的主要特点是：为了保持其纵向强度，箱底较厚；箱底的强度比普通集装箱大，而其内部高度则比一般集装箱低；在下侧梁和角柱上设有系环，可把装载的货物系紧。台架式集装箱没有水密性，不能装运怕水湿的货物，适合装载形状不一的货物。

平台式集装箱是仅有底板而无上部结构的一种集装箱，其装卸作业方便，适于装载长、重的大件。

4. 通风集装箱

通风集装箱一般在侧壁或端壁上设有通风孔，适于装载不需要冷冻而需通风、防止汗湿的货物，若水果、蔬菜等。若将通风孔关闭，则可以作为干货集装箱使用。

5. 冷藏集装箱

冷藏集装箱这是专为运输要求保持一定温度的冷冻货或低温货而设计的集装箱。它分为带有冷冻机的内藏式机械冷藏集装箱和没有冷冻机的外置式机械冷藏集装箱，适用装载肉类、水果等货物。冷藏集装箱的造价和营运费用较高，使用中应注意冷冻装置的技术状态及箱内货物所需的温度。

6. 散货集装箱

散货集装箱除有箱门外，在箱顶部还设有 2～3 个装货口，适用于装载粉状或粒状货物。在使用散货集装箱时要注意保持箱内清洁干净，两侧保持光滑，便于货物从箱门卸货。

7. 动物集装箱

这是一种专供装运牲畜的集装箱。为了实现良好的通风，箱壁用金属丝网制造，侧壁下方设有清扫口和排水口，并设有喂食装置。

8. 罐式集装箱

这是一种专供装运液体货物而设置的集装箱，如酒类、油类及液状化工品等货物。它由罐体和箱体框架两部分组成，装货时货物由罐顶部装货孔进入，卸货时则由排货孔流出或从顶部装货孔吸出(如图 3-2 所示)。

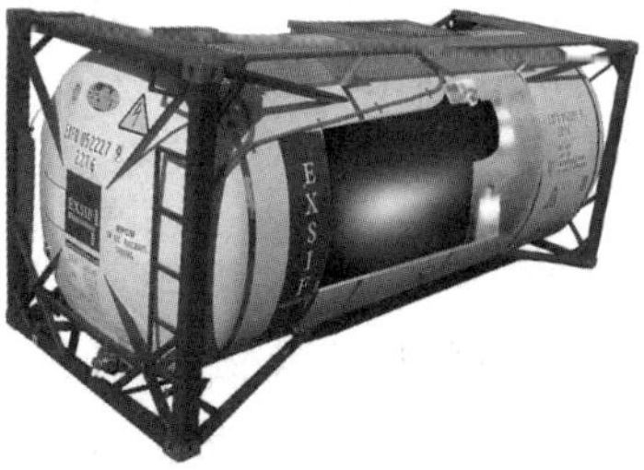

**图 3-2 罐式集装箱**

9. 汽车集装箱

这是专为装运小型轿车而设计制造的集装箱，其结构特点是无侧壁，仅设有框架和箱底，可以装载一层或两层小轿车。

由于在运输途中常受各种外力的作用和环境的影响，因此集装箱的制造材料要有足够的刚度和强度，应尽量采用质量轻、强度高、耐用、维修保养费用低的材料，并且材料既要价格低廉，又要易于取得。

目前，世界上广泛使用的集装箱按其主体材料可以分为以下四种类型。

1. 钢制集装箱

钢制集装箱的框架和箱壁板皆用钢材制成。它的最大优点是强度高、结构牢、焊接性和水密性好、价格低、易修理、不易损坏；主要缺点是自重大、抗腐蚀性差。

2. 铝制集装箱

铝制集装箱有两种：一种为钢架铝板；另一种仅框架两端用钢材，其余用铝材。它的主要优点是自重轻、不生锈，外表美观、弹性好、不易变形；主要缺点是造价高，受碰撞时易损坏。

3. 不锈钢制集装箱

不锈钢制集装箱一般多用不锈钢制作罐式集装箱，其主要优点是强度高、不生锈、耐腐性好；缺点是投资大。

4. 玻璃钢制集装箱

玻璃钢集装箱是在钢制框架上装上玻璃钢复合板构成的。其主要优点是隔热性、防腐性和耐化学性均较好，强度大，能承受较大的应力，易清扫，修理简便，集装箱内容积较大等；主要缺点是自重较大，造价较高。

## 3.2 托盘

### 3.2.1 托盘的定义

托盘是为了使物品能有效地装卸、运输、保管而将其按一定数量组合放置于一定形状的台面上，这种台面有能供叉车从下部叉入并将台板托起的叉入口。以这种结构为基本结构的平板台板和各种在这种基本结构基础上所形成的各种形式的集装器具都可以统称为托盘。

托盘最初是在装卸领域出现并发展的，在应用过程中又进一步发展为储存设施。托盘作为运输单位的重要设备，对现代物流的形成及物流系统的建立起了不小的作用。托盘的出现也促进了集装箱和其他集装方式的形成和发展。现在，托盘已是和集装箱一样重要的集装方式，形成了集装系统的两大支柱。

托盘因其简单、方便的特点而在集装领域中颇受青睐。托盘和集装箱在许多方面是优点与缺点互补，因此往往难以利用集装箱的地方可以利用托盘，而托盘难以完成的工作则可以由集装箱完成。

托盘的主要优点如下：

(1) 重量小，用于装卸、运输托盘本身所消耗的劳动较小，无效运输及装卸比运输集装箱为小；

(2) 返空容易,返空时占用的运力很少;

(3) 装盘容易,不需像集装箱那样深入到集装箱内部,装盘后可以采用捆扎、紧包等技术处理,使用时简便;

(4) 装载量虽然比集装箱小,但也能集中一定的数量,比一般包装的组合量大得多。

托盘的主要缺点是:保护性比集装箱差;露天存放困难;需要有仓库等配套设施。

### 3.2.2　托盘的种类

1. 平托盘

一般所称的托盘主要指平托盘,可以说平托盘是托盘中的通用型托盘。平托盘又可以按不同的条件进行分类。

(1) 按台面分类。

平托盘按承托货物台面可以分成单面使用型、双面使用型和翼型三种。

(2) 按叉车叉入方式分类。

按此方法平托盘可以分为单向叉入型、双向叉入型和四向叉入型三种。使用四向叉入型托盘,叉车可以从四个方向进叉,因而叉运托盘较为灵活。单向叉入型只能从一个方向叉入,因而在叉车操作时较为困难。

(3) 按制造材料分类。

平托盘按制造材料可以分为木制平托盘、钢制平托盘和塑料制平托盘三种。用角钢等异型钢材焊接制成的平托盘和木制平托盘一样,也有各种叉入型和单面、双面使用型等各种形式。钢制平托盘最大的优点是强度高,不易损坏和变形,维修工作量较小。塑料制平托盘采用塑料模制成平托盘,一般是双面使用,两向叉入或四向叉入。由于其强度有限,很少有翼型的平托盘。塑料制平托盘的最主要特点是本体重量轻,耐腐蚀性能强,可着各种颜色分类区分。但是,塑料制平托盘的承载能力不如木制平托盘和钢制平托盘。

2. 柱式托盘

柱式托盘的基本结构是托盘的四个角有固定式或可卸式的柱子。这种托盘进一步发展又可以从对角的柱子上端用横梁联结,使柱子成门框架。柱式托盘的柱子部分用钢材制成,按柱子固定与否分为固定柱式和可卸柱式两种。

3. 箱式托盘

箱式托盘的基本结构是沿托盘四个边由板式、栅式、网式等各种平面组成箱体。有些箱体有顶板,有些箱体上没有顶板。箱板有固定式、折叠式和可卸式三种(如图 3-3 所示)。

4. 轮式托盘

轮式托盘的基本结构是在柱式、箱式托盘下部有小型轮子。这种托盘不但具有一般柱式托盘和箱式托盘的优点,而且可以利用轮子做小距离运动,可以不需搬运机搬运(如图 3-4 所示)。

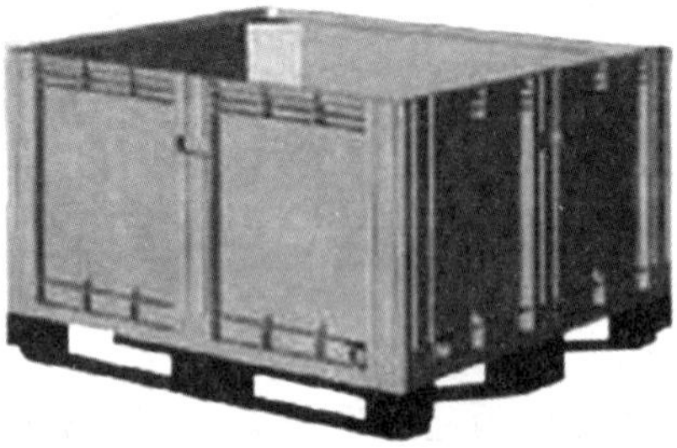

图 3-3　箱式托盘

图 3-4　轮式托盘

### 3.2.3　托盘标准化

托盘标准化是实现托盘联运的前提，是实现物流机械和设施标准化的基础及产品包装标准化的依据。

设备形状的标准化，在物流领域是一个非常重要的问题，托盘标准化也是如此。托盘如果只在工厂和仓库里使用，是不能充分发挥其效益的，只有全程托盘化，即以商品单位为搬运单位，运输到目的地后又连同托盘一起搬运，才能取得良好的效果。实施全程托盘化，必然涉及托盘回收的问题。将商品装在托盘上送到目的地时，既不能将托盘放下不管，也不能等对方卸下商品再带回空托盘，那样会导致时间效率差，因此，托盘交换系统就显得很重要。商品送到的时候，或者带回同样数量的空托盘，或者集中起来委托专业回收公司送回。为此，必须做到托盘标准化，这是最基本的条件。

1. 国际托盘规格

目前，国际标准化组织制定的四种托盘国际规格是：

(1) 1200mm×800mm(欧洲规格)；

(2) 1200mm×1000mm(欧洲一部分、加拿大、墨西哥规格)；

(3) 1219mm×1016mm(美国规格)；

(4) 1100mm×1100mm(亚洲规格)。

2. 国内托盘标准

由于历史原因，我国的托盘规格比较复杂。1982 年我国颁布的国家标准中规定了三种联运托盘的平面尺寸，加上国际标准化组织中包括的适用于集装箱的托盘，我国目前的托盘规格主要有以下四种尺寸：

(1) 800mm×1000mm；

(2) 800mm×1200mm；

(3) 1000mm×1200mm；

(4) 1100mm×110mm。

在这几种托盘中，1100mm×1100mm 规格是为了配合现在留下的国际标准化组织国际集装箱而被设计出来的，1000mm×1200mm 规格托盘则是被很多国家所采用的，这两种托盘是世界上目前使用最为广泛的托盘。

如果世界上都使用同一规格的托盘，从进出口货物开始，世界上车辆的载物台等也被统一规格，则可期待非常便利而又高效的物流。要实现更为良好的世界经济发展，统一托盘规格是非常必要的，必须要为世界通用的托盘规格的出现而努力。

## 3.3　物流技术设备设施

### 3.3.1　装卸搬运设备

在整个物流工程中，装卸搬运出现的频率高于其他各种物流活动，且占用的时间和消耗的劳动都很多。因此，装卸搬运是影响物流速度和物流费用高低的重要因素。

装卸搬运设备按结构特点可以分为起重机械、输送机械、工业搬运车辆和专用机械四大类。

1. 起重机械

起重机械是在采用输送机之前曾被广泛使用的具有代表性的一种搬运机械。它是把货物吊起，在一定范围内做水平运动的机械。

起重机械按照其所具有的结构、动作繁简程度以及工作性质和用途，可以归纳为简单起重机械、通用起重机械和特种起重机械三种。简单起重机械一般只做升降运动或一个直线方向的运动，只需要具备一个运动机构，而且大多数是手动的，如绞车、葫芦等。通用起重机械除需要一个使物品升降的起升机构外，还有使物品做水平方向的直线运动或旋转运动的机构。该类机械主要用电力驱动。属于这类的起重机械主要包括通用桥式起重机(如图 3-5 所示)、门式起重机(如图 3-6 所示)、固定旋转式起重机和行动旋转式起重机等。特种起重机械是具有两个以上机构的多动作起重机械，专用于某些专业性的工作，构造比较复杂，如冶金专用起重机、建筑专用起重机和港口专用起重机等。

图 3-5　通用桥式起重机

图 3-6　门式起重机

2. 输送机械

输送机械是一种连续搬运货物的机械，其特点是在工作时连续不断地沿同一方向输送散料或者重量不大的单件物品，装卸过程无须停车，因此生产率很高。输送机械的优点是生产率高，设备简单，操作简便；缺点是一定类型的连续输送机只适合输送一定种类的物品，不适合搬运很热的物料或者形状不规则的单件货物，且只能沿一定线路定向输送，因而在使用上具有一定的局限性。

根据用途和所处理货物形状的不同，输送机械可以分为带式输送机（如图 3-7 所示）、辊道式输送机（如图 3-8 所示）、链式输送机、重力式辊子输送机、伸缩式辊子输送机、振动输送机、液体输送机等。此外，还有移动式输送机、固定式输送机、重力式输送机和电驱动式输送机等。

**图 3-7　带式输送机**

**图 3-8　辊道式输送机**

3. 工业搬运车辆

工业搬运车辆是在轮式无轨底盘上装有起重、输送、牵引或承载装置，可以对货物进行装卸、堆垛和短距离运输作业的各种搬运车辆，包括叉车、跨车、牵引车、拖车、手推车、底盘车等。

工业搬运车辆广泛应用于港口、车站、机场、货场、工厂车间、仓库、流通中心和配送中心等，并可以进入船舱、车厢和集装箱内进行托盘货物的装卸、搬运作业。它是托盘运输、集装箱运输必不可少的设备。

(1) 叉车。

叉车在仓储作业过程中是比较常用的装卸设备，有万能装卸机械之称，是指具有各种叉具、能够对货物进行升降和移动以及装卸作业的搬运车辆。叉车具有灵活、机动性强、转弯半径小、结构紧凑、成本低廉等优点，其类型很多，按照其动力种类可以划分为电瓶和内燃机（如图 3-9 所示）两大类（内燃机的燃料又分为汽油、柴油和天然气三种）；按其基本构造分类，可以分为平衡重力式叉车（如图 3-10 所示）、侧移式叉车（如图 3-11 所示）和前移式叉车（如图 3-12 所示）等。

图 3-9　内燃机叉车

图 3-10　平衡重力式叉车

图 3-11　侧移式叉车

图 3-12　前移式叉车

(2) 跨运车。

跨运车装有悬挂型起升拖架，可以跨在物体上面，通过液压操纵的各种夹具或吊具提起货物。由于装有减震设施，它能在一般路面上快速平稳地行驶。由于是四轮转向，转弯半径小，跨运车主要用来搬运长而重的货物和集装箱等。

(3) 牵引车。

牵引车是用来牵引平板拖车的电动或机动车辆(如图 3-13 所示)。牵引车一般为轮胎式，极少采用履带式。当牵引车、平板拖车与叉车并用时，可以使货物装卸、搬运、堆码作业完全机械化。

(4) 平板拖车。

平板拖车是一种安装在定向轮或车轮上的载货平台，它与牵引车配合使用(如图3-14所示)。平板拖车的选择，可以根据载货能力、载货大小、牵引车能力以及路面情况而定。

(5) 底盘车。

底盘车是一种前面装有支架，后面装有轮胎的车架。车上装有扭锁插头，可以由牵引车拖着行走。

图 3-13　牵引车

图 3-14　平板拖车

4. 专用机械

专用机械是带有取物装置的起重、输送机械或工业车辆的综合，一般进行专用作业，如翻车机、堆取料机、码垛机、拆垛机、分拣输送系统专用机械设备、集装箱专用装卸机械、托盘专用装卸机械、船航专用装卸机械、车辆专用装卸机械等。

### 3.3.2　物流仓储技术与装备

物流仓储技术与装备主要有站台、货架、堆垛机、出入库输送系统、装卸搬运系统、分拣设备、无人搬运车、堆垛机械手、自动化控制系统、计算机管理和监控系统及其周边设备等。这些设备可以组成自动化、半自动化和机械化的商业仓库，完成堆物料的堆垛、存取和分拣等作业。

近年来迅速发展的自动化立体仓库存取系统，是由高层货架、巷道堆垛机（有轨堆垛机）、出入库输送系统、自动化控制系统、计算机管理和监控系统及其周边设备组成的，可以对集装单元货物实现自动化保管和计算机管理的仓库。自动化立体仓库存取系统广泛应用于大型生产型企业的采购件、成品件仓库、柔性自动化生产系统，以及流通领域的大型流通中心、配送中心等。

下面在介绍仓储技术与装备的基础上，着重阐述自动化立体仓库存取装备。

1. 站台

站台又称月台、码头，是线路与仓库的连接点及仓库进出货之路。在仓库作业中，站台起着车辆停靠处、装卸货物处和暂存处的作用，利用站台能方便地将货物装进或从车辆中取出。

(1) 站台的形式。

按高度分，站台可以分为高站台和低站台两种。

① 高站台。

高站台，即站台与车辆货台一样高，有利于作业车辆进行水平装卸。

② 低站台。

低站台，即站台和仓库地面一样高，有利于站台和仓库之间的搬运。

虽然低站台与车辆之间的装卸作业不如高站台方便，但是可以采用传输装置装卸货物。传输装置安装后可以与车辆货台同等高度。此外，采用低站台也有利于叉车作业。

在现代仓库中，分拣设备的出口端往往和站台合而为一。汽车停靠在端部，分拣机分选的货物可以直接装入车中，从而减少了一道装卸程序。

(2) 站台高度的确定。

在一个库区内可以设立若干不同高度的站台，供不同种类的车辆停靠。还应考虑车种的平均高度，以尽可能缩小货车车厢底板和站台的高度差，最终达到提高作业效率的目的。

(3) 其他常见设施。

在仓库中，进出货车的种类可能很多，往往很难使全部车辆与站台相接合。要克服车辆与站台的间距和高度差，一般站台为作业安全与方便起见，常备有下列三种设施。

① 可移动式楔块。

可移动式楔块又称竖板。当装卸货品时，可以将之放置于卡车或拖车的车轮旁固定，以避免装卸货期间车轮意外地滚动可能造成的危险。

② 升降平台。

最安全也最有弹性的卸货辅助器应属升降平台，其分为卡车升降平台和码头升降平台两种。当配送车到达时，以卡车升降平台而言，可以提高或降低车辆后轮使得车底板高度与站台一致，以方便装卸货；若以码头升降平台而言，则可以调整码头平台高度来配合配送车车底板的高度，因而两者有异曲同工之效(如图 3-15 所示)。

③ 车尾附升降台。

这是装置于配送车尾部的特殊平台。当装卸货时，可以用此平台将货物装上卡车或卸至月台(如图 3-16 所示)。车尾附升降台可以延伸至站台，亦可倾斜放至地面，其设计有多种样式，适用于无月站设施的物流中心或零售点。

**图 3-15　升降平台**

**图 3-16　车尾附升降台**

2. 货架

在仓库设备中，货架是由立柱片、横梁和斜撑等构建组成，专门用于存放货物的保管设备。货架在现代物流活动中起着相当重要的作用，如仓库管理实现现代化就与货架的种类、功能有直接的关系。

(1) 层架。

层架由立柱、横梁和层板构成，主要用于存放货物(如图 3-17 所示)。层架结构简单，适用范围非常广泛，还可以根据需要制作成层格架、抽屉式和橱柜式等形式，以便于存放规格复杂多样的小件货物或较贵重、怕尘土、怕潮湿的小件物品。

(2) 悬臂式货架。

悬臂式货架由 3～4 个塔形悬臂和纵梁相连而成。悬臂的尺寸根据所存放物品的外形确定。它在储存长形货物的仓库中被广泛运用(如图 3-18 所示)。

图 3-17　层架

图 3-18　悬臂式货架

(3) 托盘货架。

托盘货架专门用于存放堆码在托盘上的货物，其基本形式与层架相似(如图 3-19 所示)。

(4) 移动式货架。

移动式货架的货架底部装有滚轮，开启控制装置，滑轮可以沿轨道滑动(如图 3-20 所示)。移动式货架平时可以密集相连排列，存取货物时通过手动或电动控制装置驱动货架沿轨道滑动，形成通道，从而大幅度减少通道面积，仓库面积利用率可以达到 80%。但由于移动式货架的成本较高，故主要在档案管理等重要或贵重物品的保管中使用。

图 3-19　托盘货架

图 3-20　移动式货架

(5) 驶入/驶出式货架。

一般的自动化仓库,有轨或无轨堆垛机的作业通道是专用的,在作业通道上不能储存货物(如图 3-21 所示)。驶入/驶出式货架仓库的特点是作为托盘单元货物的储存货位与叉车的作业通道是合一的、共同的,这就大大提高了仓库的面积利用率。

驶入/驶出式货架采用钢结构,立柱上有水平突出的构件,叉车将托盘货物送入,由货架两边的构件托住托盘。驶入式货架只有一端可以供叉车进出,而驶入/驶出式货架可以供叉车从中通过,非常便于作业。

(6) 旋转式货架。

旋转式货架设有电力驱动装置。货架沿着由两个直线段和两个曲线段组成的环形轨道运行,由开关或用计算机操作。在存取货物时,把货物所在货格的编号由控制盘或按钮输入,该货格则以最近的距离自动旋转至拣货点停止(如图 3-22 所示)。由于通过货架旋转改变货物的位置来代替拣选人员在仓库内的移动,能够大幅度降低拣选作业的劳动强度,而且货架旋转选择了最短路径,所以,采用旋转式货架可以大大提高拣货效率。

图 3-21 驶入/驶出式货架

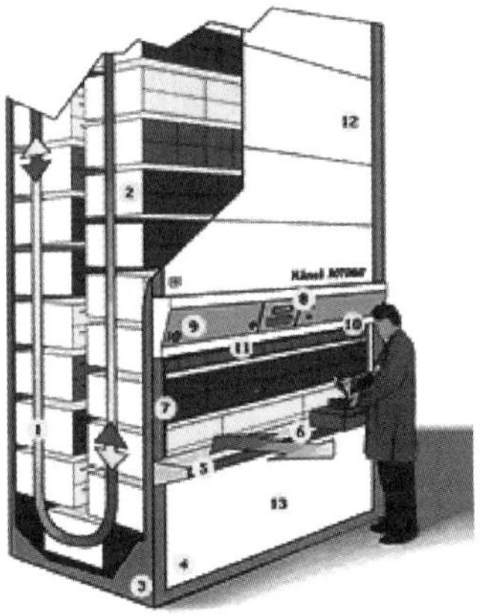

图 3-22 旋转式货架

(7) 自动货柜。

自动货柜是集声、光、电及计算机管理为一体的高度自动化的全封闭储存设备。它充分利用垂直空间,最大限度地优化储存管理。在一些场所中,自动货柜就是一个高效、便捷的小型立体仓库(如图 3-23 所示)。

自动货柜通过计算机、条码识别器等职能工具进行管理,使用非常方便,只要按动按键,内存货物即到进出平台,可以自动统计、自动查找,特别适用于体积小、价值高的物品的储存管理,也适合于多品种、小批量的物品管理。

图 3-23 自动货柜

3. 巷道堆垛机

巷道堆垛机又称有轨堆垛机，是在高层货架的窄巷道内作业的起重机，可以大大提高仓库的面积和空间利用率，是自动化仓库的主要设备（如图 3-24 所示）。

**图 3-24　巷道堆垛机**

巷道堆垛机可以分为以下三种类型：

（1）按用途分为单元型、拣选型和单元拣选型三种；

（2）按机械结构分为单立柱/双立柱、单叉/双叉和单伸位/双伸位三种；

（3）按转移巷道方法分为固定式、转移式和转移车式三种。

4. 自动搬运车系统

无人搬运车，是指装备有电磁或光学等自动导引装置，能够沿规定的导引路径行驶，具有安全保护以及各种移载功能的运输车。

无人搬运车根据导引方式的不同可以分为固定路径导引和自由路径导引两种。常见的固定路径导引有电磁导引、激光导引和磁带（气）导引，常见的自由路径导引有激光导引、惯性导引等。

5. 分拣输送系统

分拣输送系统是将随机的、不同类别、不同去向的物品，按其要求进行分类（按产品类别或产品目的地不同分）的一种物料搬运系统。随着社会生产力的提高，商品品种的日益丰富，在生产领域和流通领域中的物品分拣作业，已成为耗时、耗力、占地大、差错率高、管理复杂的部门。为此，物品分拣输送系统已经成为物料搬运系统的一个重要分支，广泛应用于邮电、航空、食品、医药等行业。

在分拣输送系统中，分拣机是最主要的设备。分拣机的种类很多，按工作方式可以分为以下四种。

（1）横向推出式分拣机。

常用的横向推出式分拣机有钢（胶）带/辊道/滑块式横向推出式分拣机。

其中,钢(胶)带运行速度高,分拣能力大。由于是在输送机的指定位置,依靠拨杆的横向转动推挡货物进行分拣,分拣时对分拣物品有一定的冲击,故太薄、容易转动的或易碎的物品不易采用这种方式。另外,因为速度高,要求分拣口之间保持较大的间隔,因而可能设置的分拣口数较少。

滑块式横向推出式分拣机采用板式和辊道式,分单侧或双侧分流,具有物体受冲击小、无噪声和操作可靠等优点,可以进行平稳分类,因此目前得到广泛应用。

(2) 升降推出式分拣机。

升降推出式分拣机是用浮出装置从输送机的下侧把货物托起,形成微小坡度,送到搬运输送机外面进行分拣的装置,在分拣时给予货物的冲击较小。它适于分拣底面平坦的纸箱、托盘状的各种货物,但不能分拣很长的或者底面不平坦的货物。

(3) 倾斜式分拣机。

倾斜式分拣机可以分为翻盘式和翻板式两种。输送机本身设有分送装置,货物到达规定的分拣位置,货物所在的盘或板向左或向右翻转倾斜一定的角度进行分拣。

翻盘式分拣机由于各盘的倾翻动作互相不干涉,可以同时进行,故所要求相邻分拣口的间隔最小,是各种分拣机中分拣口最多的品种(如图 3-25 所示)。

**图 3-25　翻盘式分拣机**

**图 3-26　码垛机器人**

翻板式分拣机由于打破了盘与盘之间的界限,可以根据分拣物的存储大小,占用一个或数个翻板,所以对分拣物的尺寸适应性大为改观。

(4) 悬吊式分拣机。

悬吊式分拣机是用装在悬吊装置上的钳子或支架吊起物品,输送到指定位置放下物品或转换到另外的分支线路上进行分拣的装置,主要用于成批货物的分拣。

6. 码垛机器人

码垛机器人是能将不同外形尺寸的包装货物整齐自动地码在托盘上的机器人(如图3-26所示)。为了充分利用托盘的面积和码堆物料的稳定性,码垛机器人具有物料码堆顺序功能和排列设定器。

码垛机器人根据码垛机构的不同，可以分为多关节型和直角坐标型；根据抓具形式不同，可以分为侧夹型、底拖型、真空吸盘型。此外，码垛机器人还可以分为固定型和移动型两种。

7. 自动出入库系统

自动出入库系统连接自动化仓库与输送系统，具有移载和搬运的功能，起到货物分配、增加钢平台，提高仓库出入灵活性的作用。

出入库系统多由链式输送机、滚式输送机和移载机以及穿梭车组成，其中，穿梭车系统用于长距离直线搬运，速度快、频率高，常用于出入库系统，可以变轨形成分拣系统。

### 3.3.3 流通加工技术与装备

流通加工是物品在从生产地到使用地的过程中，根据需要施以包装、分割、计量、分拣、贴标签、组装等简单作业的总称。

流通领域中的流通加工，主要着眼于满足客户的需要，提高服务功能。其作用主要有：提高产品档次，增加经济效益；使各种运输方式达到最佳组合；提高材料利用率，减少设备的重复设置。

按照加工的方式不同，流通加工设备大致可以分为包装机械、切割机械、印贴标记条码设备、拆箱设备、称重设备等。

包装机械按操作方法分类包括充填机械、罐装机械、捆扎机械、裹包机械、贴标机械、封口机械、清洗机械、真空包装机械、多功能包装机械等。此外还有干燥机、上蜡机、包装组合机、上塞机、旋盖机等。

切割机械有金属、木材、玻璃和塑料等原材料切割机械。

1. 包装机械

(1) 计量充填机械。

计量充填机械，是指待包装的物料按所需的精确量（质量、容量、数量）填充到包装容器内的机械。充填液体的机械称罐装机。计量充填机械一般由物料供送装置、计量装置和下料装置等组成。它可以作为一种单机单独使用，也可以与各种包装机组成机组联合工作。计量充填机械是包装设备的重要组成部分，其主要特点是高速度、高精度与高可靠性的统一，其性能的好坏直接影响包装质量。

根据所采用的计量原理不同，计量充填机械可以分为容积式充填机、称重式充填机和计数式充填机三种类型。

(2) 罐装机械。

罐装机械主要用于食品领域中对啤酒、饮料、饮品、酒类、植物油和调味品的包装，还包括洗涤剂、矿物油和农药等化工类液体产品的包装。包装所用容器主要有桶、瓶、听、软管等。按照罐装产品的工艺，罐装机械可以分为常压罐装机、真空罐装机、加压罐装机等。罐装机械通常与封口机、贴标机等连接使用。

(3) 封口机械。

封口机械，是指在包装容器内盛装产品后对容器进行封口的机器。按照封口方式不同，封口机可以分为热压式封口机、卷边式封口机、液压式封口机、旋合式封口机、结扎式封口机。

不同的包装容器有不同的封口方式，如塑料袋多采用接触式加热加压封口或非接触式的超声波熔焊封口；麻袋、布袋、编织袋多采用缝合的方式封口；瓶类容器多采用压盖或旋盖封口；罐类容器多采用卷边式封口；箱类容器多采用钉封或胶带粘封。

(4) 裹包机械。

用挠性包装材料进行全部或局部裹包产品的包装设备统称为裹包机械。裹包机械的共同特点是用薄挠性包装材料(如玻璃纸、塑料膜、黏膜、各类复合膜、拉伸膜、收缩膜等)将一个或多个固态物品进行裹包，广泛用于食品、烟草、药品、日用化工品、音像制品等领域。裹包机械种类繁多，功能各异，因而结构较为复杂，其调整、维修需要一定的技术水平。

常用的裹包机械有折叠式裹包机、按缝式裹包机、覆盖式裹包机、缠绕式裹包机、拉伸式裹包机等。

(5) 捆扎机械。

捆扎机械是利用带状或绳状捆扎材料将一个或多个包件紧扎在一起的机器，属于外包装设备。目前，我国生产的捆扎机基本上采用塑料带作为捆扎材料，利用热熔搭接的方法使紧贴包件表面的塑料带两端加压黏合，从而达到捆紧包件的目的。

捆扎机分为机械式半自动捆扎机和机械式自动捆扎机两类。机械式半自动捆扎机可以实现自动打包，但台面无动力，需要人工推一下，包装物品才能通过打包机。机械式自动捆扎机是采用机械传动和电气控制相结合，无须手工穿带，可以连续或单次自动完成捆扎包件的机器，适用于纸箱、木箱、塑料箱、信函及包裹、书刊等多种包件的捆扎。

(6) 装箱机与纸箱包装机。

对于啤酒、饮料等商品，罐装之后必须进行运输包装，才能进入流通行列。这个装箱工作，可以选择装箱机，也可以选择纸箱包装机。

① 垂直旋转式装箱机。这种装箱机通过机械运转、气动和电控制，将瓶子成组准确、可靠地放入包装箱中。

② 纸板预成型纸箱包装机。它是指在纸箱输入式包装机中，纸板预先折合成型插入，瓶子则由推送机构从另一侧一组组地送入纸箱内，完成包装封箱。

2. 条码设备

条码是一种可印刷机器语言，具有保密性好、差错率低、收集及处理数据省力等特点。条码作为一种先进的计算机数据自动输入代码，广泛应用于物流管理和物流作业控制领域。

条码设备一般包括:(1) 条码器材(如图 3-27 所示);(2) 条码打印机(如图 3-28 所示);(3) 数据采集终端(如图 3-29 所示);(4) 条码质量检测仪;(5) 电子标签系统(如图 3-30 所示)。

图 3-27　条码器材

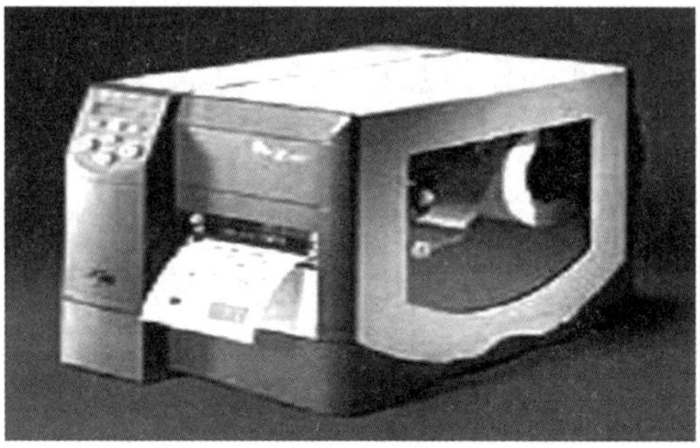

图 3-28　条码打印机

图 3-29　数据采集终端

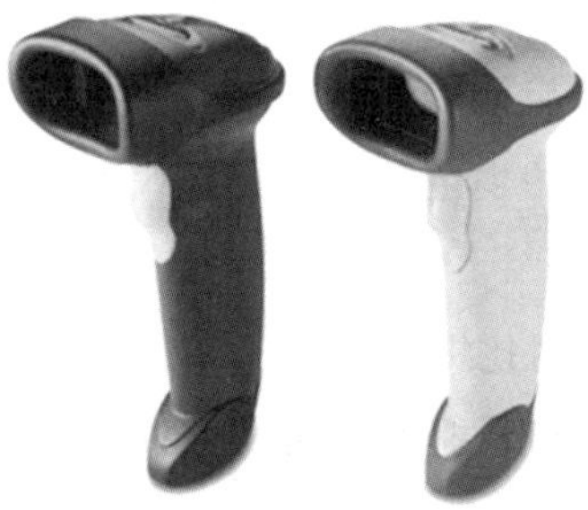

图 3-30　电子标签系统

### 3.3.4　运输技术与装备

1. 公路运输车辆

公路运输的特点是机动、灵活、投资少,受自然条件限制小,能够取货(接客)到家,为铁路、水运、空运起集散作用。公路运输主要承担近距离、小批量的货运和水运、铁路运输难以到达地区的长途、大批量货运及铁路、水运优势难以发挥的短途运输。

公路运输车辆大致分为三类,即客车、货车和专用运输车辆。客车又可分为小客车(如轿车、吉普车等)和大客车等。货车按其重量可以分为微型货车、轻型货车、中型货车和重型货车等。其中,微型货车和轻型货车主要用于市内的集货、配货和宅配运输,中型货车主要用于短距离的市外运输,重型货车主要用于长距离的干线运输。运输货车是在公路上进行运输货物的车辆,是实现“门到门”运输的最普通的形式。在日本,90%以上的货物都采用货车运输。运输货车主要分为敞式货车、厢式货车和拖车、挂车,按温度的不同又可分为保温货车、冷藏货车。为了提高装卸作业效率,还有带升降尾板的货车、侧开式厢式货车、带移动槽的货车等。

2. 铁道运输

铁路车辆是运送旅客和货物的。车辆一般不具备动力装置，需要联挂成列车后由机车牵引运行。铁路车辆按轴数分为四轴车、六轴车和多轴车，按用途分为客车和货车两大类。常见的客车有高速铁路动车组(G 字头)、城际动车组列车(C 字头)、动车组列车(D 字头)、直达特快旅客列车(Z 字头)、特快旅客列车(T 字头)、快速旅客列车(L 字头)、临时旅客列车(Y 字头)、普通旅客列车(6001—7598)；货车的种类很多，主要有运送车辆的平车、散装货物的敞车、冷冻食物的冷藏车、运送猪或牛等动物的棚车、运送煤炭矿物合类的漏斗车、运送汽油等液体的罐车。货车通常还按载重分为 50t，60t 等多种。

3. 货船

货船是以载运货物为主的专用船舶。货船的船型很多，大小悬殊，排水量可从数百吨至数十万吨。按用途来分，货船主要有干货货船、杂货船、冷藏船、滚装船、载驳船、集装箱船、液货船。

4. 航空运输设备

航空运输的主要设备为航空器、集装设备和行李自动分拣系统。

5. 运输管道

运输管道按所输送物品的不同可以分为原油管道、成品油管道、天然气管道、固体料浆管道。运输管道按用途不同又可以分为集输管道、输油(气)管道和配油(气)管道三种。

## 本章小结

1. 集装箱设施的出现，给储存带来了新概念。集装箱的主要特点是集小为大，形成规模优势。集装箱的优点是：(1) 促使装卸合理化；(2) 促使包装合理化；(3) 方便了运输及保管作业，便于管理，有效利用运输工具和保管场地的空间，改善了环境；(4) 以其为核心所形成的集装系统，将原来分离的物流各环节有效地联合为一个整体，使整个物流系统实现合理化。

2. 托盘的主要优点有：(1) 重量小；(2) 返空容易；(3) 装盘容易；(4) 装载量虽然比集装箱小，但也能集中一定的数量，比一般包装的组合量大得多。托盘的主要缺点是：(1) 保护性比集装箱差；(2) 露天存放困难；(3) 需要有仓库等配套。

## 案例赏析

### 中日韩计划“托盘标准化”[①]

“日、韩在30年前就实现了物流标准化的统一。目前，随着中日韩三国贸易量逐年增长，有必要对中日韩三国的物流标准化进行统一的研究。”

根据中国物流与采购联合会常务副会长丁俊发的建议，在举行的中日韩物流技术与应用交流会上，各国代表就物流标准统一问题展开了深入探讨，其中，韩方代表建议的“统一托盘标准”得到了与会代表的广泛赞同。

1. 托盘的标准不一，带来了大的浪费

“托盘虽小但在整个物流过程中起到的作用确实巨大的。”企业代表说道，“托盘是现代物流中最普遍使用的装卸搬运工具，使用标准统一的托盘将对所有的物流供应链有直接影响。”

据了解，我国目前对托盘标准化还没有进行统一的国家标准，因此，使用托盘的企业往往根据自己产品的包装设计来定制适合自己的托盘，而托盘制造商则是有订单就生产，结果有的企业托盘采用欧美标准即澳大利亚采用的标准，也有的使用日本的标准，使得托盘规格混乱、难以统一。

韩方代表表示，由于缺乏统一的托盘标准，装载的货物也无法被归成整齐划一的单元，因而与运输车辆、船舶、仓库、货架、集装箱等不配套，既无法实现机械化，又增加了无效作业，大大地浪费了成本。

2. APP系统，建立亚洲共同物流

APP系统是中日韩等亚洲各国之间通过租赁T-11型标准托盘的方式构筑托盘共用体系并实现共同物流的系统。

以前，大多数企业都是自己购买托盘，但是随着季节性或市场性原因，托盘使用率很不稳定。如果用于出口作业，这些托盘大多都被客户丢弃。这样做不仅大大浪费了资源、提升了成本，而且对环境也带来破坏。如果通过第三方物流企业运营租赁业务，在国际交易中会发生的一次性托盘购买费用、托盘的移动作业费用，尤其是从环境问题看，国家之间移动的废原料处理费用问题等也可以得到治理。而APP系统则可以减少这些不必要的物流支出。

经过韩国三星公司的实践，使用APP系统，一年可以节省近千亿韩元的物流费用。韩方代表强调，虽然APP系统实用有效，但要在全亚洲促进推广，实现亚洲共同物流，目前还需要解决两个主要问题：一是要对物流机械设施进行标准化作业，如以中日韩三国为中心使用T－11型标准托盘等；二是对于中日韩三国共同使用的物流机械，需要像免除关税之类的持续协议。

---

① 资料来源：http://china.nowec.com/buy/detail/1931721.html，有改动。

3. 300 项物流标准将与国际物流接轨

丁俊发还指出，国内物流标准与国际物流标准相接轨的问题，现在已经得到国家有关部门的重视，这一问题会在在不久的将来得到解决。

据了解，国家发展和改革委员会(以下简称国家发改委)、国家标准化管理委员会等部门已经联合发布了以"物流标准体系表"为中心。该规划围绕物流通用的基础设施设备、技术标准、信息、管理和服务五大物流标准项目提出，到 2010 年完成 300 项左右的物流标准制定和修订工作，实现与国际物流接轨。

**案例思考题**

中日韩三国的"统一托盘标准化"对各国的经济发展有什么重要意义？其对国际贸易会带来什么重要影响？

## 复习思考题

1. 什么是集装箱？
2. 集装箱有什么优点？
3. 集装箱是怎么分类的？
4. 托盘有哪几类？
5. 托盘的优点和缺点是什么？
6. 货架是如何分类的？

# 第四章　物流基础设施

物流基础设施是在供应链的整体服务功能上和供应链某些环节上，满足物流组织与管理需要的、具有综合或单一功能的场所或组织的统称。按照企业基于供应链管理所产生的物流需求在空间分布上具有相对集中或分散组织的特征，从满足这种物流组织需求的角度，物流基础设施可以分为两类。一类指在特定区域，因具有上下游业务关系和产品生产过程联系的企业相对集中，或作为一定区域货流较为集中的节点地区，需要提供满足集中物流组织管理要求的专门化设施，包括物流园区、物流中心、配送中心，以便在特定区域实现供应链集中管理的功能。另一类是处在供应链的不同环节，在不同的空间位置上对供应链具有支持作用，满足供应链管理要求的单个功能，或以单个功能为主兼具其他辅助功能的专业化设施，该类设施具有按照自身服务对象需要进行布局和功能设置的特点，这些设施包括各种运输方式的运输枢纽、场站、仓储设施等。

## 4.1　物流节点

### 4.1.1　物流节点的概念及内涵

物流节点一般是指由运输通道与物流据点等基础设施形成的物流通道、物流作业衔接、交汇点场所或组织。在物流节点一般可以进行装卸、仓储、流通加工、配送、信息咨询等多种物流作业和增值服务。具有一定规模、功能比较齐全的物流节点，根据其主要服务对象、辐射范围等特点，也可以称为物流中心或配送中心。

物流的过程，如果按其运动的程度即相对位移大小观察，它是由许多运动过程和许多相对停顿过程组成的。一般情况下，两种不同形式的运动过程或相同形式的两次运动过程中都要有暂时的停顿，而一次暂时停顿也往往连接两次不同的运动。

物流过程就是由这种多次的运动一停顿一运动一停顿所组成的。

与这种运动形式相呼应，物流网络结构也是由执行运动使命的线路和执行停顿使命的节点两种基本元素所组成。线路与节点相互关系、相对配置以及其结构、组成、联系方式的不同，形成了不同的物流网络；物流网络的水平高低、功能强弱则取决于网络中两个基本元素的配置和两个基本元素本身。全部的物流活动是在线路和节点进行的。其中，在线路上进行的活动主要是运输，如集货运输、干线运输、配送运输等；物流功能要素中的其他所有功能要素，如包装、装卸、保管、分货、配货、流通加工等，都是在节点上完成的。所以，从这个意义来讲，物流节点是物流系统中非常重要的部分。实际上，物流线路上的活动也是靠节点组织和联系的，如果离开了节点，物流线路上的活动必然陷入瘫痪。

### 4.1.2　物流节点的功能及作用

物流节点在物流系统中发挥着重要的作用，其主要功能如下。

1. 衔接功能

物流节点将各个物流线路联结成一个系统，使各个线路通过节点变得更为贯通而不是互不相干，这种作用称为衔接作用。在物流未成系统化之前，不同线路的衔接有很大的困难，如轮船的大量输送线和短途汽车的小量输送线，两者的输送形态、输送装备都不相同，再加上运量的巨大差异，所以往往只能在两者之间有长时间的中断后再逐渐实现转换，这就使两者不能贯通。物流节点利用各种技术、管理的方法可以有效地起到衔接作用，将中断转化为通畅。

物流节点的衔接作用可以通过多种方法实现，主要有：

（1）通过转换运输方式衔接不同的运输方式；

（2）通过加工衔接干线物流及配送物流；

（3）通过储存衔接不同时间的供应物流和需求物流；

（4）通过集装箱、托盘等集装处理衔接整个“门到门”运输，使之成为一体。

2. 信息功能

物流节点是整个物流系统或与节点相接物流的信息传递、收集、处理、发送的集中地，这种信息作用在现代物流系统中起着非常重要的作用，也是复杂物流储运单元能联结成有机整体的重要保证。在现代物流系统中，每一个节点都是物流信息的一个点，若干个这种类型的信息点和物流系统的信息中心结合起来，便成了指挥、管理、调度整个物流系统的信息网络，这是一个物流系统建立的前提条件。

3. 管理功能

物流系统的管理设施和指挥机构往往集中设置于物流节点之中，实际上，物流节点大都是集管理、指挥、调度、信息、衔接及货物处理为一体的物流综合设施。整个物流系统运转的有序化和正常化，整个物流系统的效率和水平取决于物流节点的管理职能实现的情况。

### 4.1.3　物流节点的意义

现代物流网络中的物流节点对优化整个物流网络起着重要作用。从发展来看，它不仅执行一般的物流职能，而且越来越多地执行指挥调度、信息等神经中枢的职能，是整个物流网络的灵魂所在，因而更加受到人们的重视。所以，在有的场合也将物流节点称为物流据点，对于特别执行中枢功能的物流节点又称物流中枢或物流枢纽。

物流节点是现代物流中具有较重要地位的组成部分，物流系统化的观念越是增强，就越是强调总体的协调、顺畅，强调总体的最优，而节点正是处在能联结整个物流系统整体水平的位置上,总体的水平往往通过节点体现,因此物流节点随现代物流的发展而越来越重要。

### 4.1.4 物流节点的分类

现代物流发展了若干类型的节点,并在不同的领域起着不同的作用,但学者们尚无一个明确的分类意见,这主要有两个原因:其一是许多节点有同有异,难以明确区别;其二是各种节点尚在发展过程中,其功能、作用、结构、工艺等尚在探索,使分类难以明朗化。

在各个物流系统中,节点都起着若干作用,但随整个系统目标不同以及节点在网络中的地位不同,节点的主要作用往往不同,根据其主要作用可以分成以下四类。

1. 转运型节点

转运型节点是以接连不同运输方式为主要职能的节点。铁道运输线上的货站、编组站、车站,不同运输方式之间的转运站、终点站,水运线上的港口、码头,空运中的空港等都属于此类节点。一般而言,由于这种节点处于运输线上,又以转运为主,所以货物在这种节点上停滞的时间较短。

2. 储存型节点

储存型节点是以存放货物为主要职能的节点,货物在这种节点上的停滞时间较长。在物流系统中,储备仓库、营业仓库、中转仓库、货栈等都是属于此种类型的节点。

尽管不少发达国家的仓库职能在近年发生了大幅度的变化,一大部分仓库转化成不以储备为主要职能的流通仓库甚至流通中心,但是,在现代世界上任何一个有一定经济规模的国家,为了保证国民经济的正常运行,保证企业经营的正常开展,保证市场的流转,以仓库为储备的形式仍是不可缺少的,总还是有一大批仓库仍会以储备为主要职能。在我国,这种类型的仓库还占主要成分。

3. 流通型节点

流通型节点是以组织物资在系统中运动为主要职能的节点,在社会系统中则是组织物资流通为主要职能的节点。现代物流中常提到的流通仓库、流通中心、配送中心就属于这类节点。

4. 综合型节点

综合型节点是在物流系统中集中于一个节点中全面实现两种以上主要功能,并且在节点中并非独立完成各自功能,而是将若干功能有机结合于一体,有完善设施、有效衔接和协调工艺的集约型节点。这种节点是适应物流大量化和复杂化,适应物流更为精密准确,在一个节点中能够实现多种转化而使物流系统简化、高效的要求出现的,是现代物流系统中节点发展的方向之一。

需要说明的是,每个功能节点除承担其主要物流功能外还可以承担其他功能。如转运型节点中,往往设置有储存货物的货场或站库,从而具有一定的储存功能,但是,由于其所处的位置，其主要职能仍是转运，所以按这主要功能归入转运型节点之中。

## 4.2　配送中心

### 4.2.1　配送中心的概念

配送中心是根据用户的订单和销售预测，进行规模化采购、进货、保管，然后按客户的订单所需商品及其数量，在规定的时间准时送达客户的物流场所。这里的“客户”是广义的，可以是配送中心，可以是零售店、连锁店、专卖店、超市等，也可以是最终用户。

### 4.2.2　配送中心的类型

1. 按配送中心的经济功能分类

(1) 供应型配送中心。

即专门为某个或某些用户（如联营商店、联合公司）组织供应的配送中心。如为大型连锁超级市场组织供应的配送中心，代替零件加工厂送货的零件配送中心。我国上海地区造船厂的配送钢板中心就属于供应型配送中心。

(2) 销售型配送中心。

即以销售经营为目的，以配送为方式的配送中心。销售型配送中心大体有以下三种类型。

① 生产企业为本身产品直接销售给消费者而自建的配送中心，这种类型的配送中心在国外很普遍。

② 流通企业作为本身经营的一种方式，自建或合建配送中心以扩大销售，我国目前拟建的配送中心大多属于这种类型。

③ 流通企业和生产企业联合的协作型配送中心。

比较起来看，国外和我国的发展趋向都以销售型配送中心为主要的发展方向。

(3) 储存型配送中心。

即有很强储存功能的配送中心。一般来讲，在买方市场下，企业成品销售需要有较大的库存支持，其配送中心可能有较强的储存功能；在卖方市场下，企业原材料、零部件供应需要有较大的库存支持，这种供应配送中心也有较强的储存功能。大范围配送的配送中心需要有较大的库存，也可能是储存型配送中心。

我国目前拟建的配送中心都采用集中库存形式，库存量较大，多为储存型配送中心。

2. 按物流设施的归属分类

(1) 自有型配送中心。

这种类型的配送中心指的是包括原材料仓库在内的各种物流设施和设备归一个企业集团所有，作为一种物流组织，配送中心是企业或企业集团的一个有机组成部分。自然，这种隶属于某一个企业集团的配送中心只服务于集团内部的各个企业，它是不对外提供配送服务的。如美国沃尔玛商品公司所属的配送中心就是企业独资建立，专门为本企业所属的连锁店提供商品配送服务。目前，随着经济的发展，大多数自有型配送中心均已转化成为公共型配送中心。

（2）公共型配送中心。

这种类型的配送中心是面向所有用户提供后勤服务的配送组织（或物流设施）。只要支付服务费，任何用户都可以使用这种配送中心。从归属的角度看，公共型配送中心一般是由若干家生产企业共同投资、共同持股和共同管理的经济实体。在国外也有个别的公共型配送中心是由私人（或某个企业）投资建立和独自拥有的。此外，在美国有的公共型配送中心的土地属于某一方，而设施的兴建和经营管理工作是由专门的经营公司来承担的。

（3）合作型配送中心。

这种类型的配送中心是由几家企业合作兴建、共同管理的物流设施，多为区域型配送中心。合作型配送中心可以是企业之间联合发展，如中小型零售企业联合投资兴建，实行配送中心共同化；也可以是系统或地区规划建设，达到本系统或本地区内企业的共同配送；或是多个企业、系统、地区联合共建，形成辐射全社会的配送网络。北京市粮食局系统的物流中心，上海市政府、流通主管部门所规划发展的百货、粮食、副食等四大配送中心都是区域内联合的例子。

3. 按服务范围和服务对象分类

（1）城市配送中心。

即以城市范围为配送范围的配送中心。由于城市范围一般处于汽车运输的经济里程，这种配送中心可以直接配送到最终用户，且采用汽车进行配送。所以，城市配送中心往往需和零售经营相结合，由于运距短，反应速度快，因而从事多品种、少批量、多用户的配送较有优势。我国已建的“北京市食品配送中心”也属于这种类型。

（2）区域配送中心。

即以较强的辐射能力和库存准备，向省（区）际、全国乃至国际范围的用户配送的配送中心。这种配送中心的配送规模较大，一般而言其用户也较多，配送批量也较大；而且，往往既配送给下一级的城市配送中心，也配送给营业所、商店、批发商和企业用户，虽然也从事零星的配送，但不是主体形式。

4. 按运营主体的不同分类

（1）以制造厂为主的配送中心：在规模较大的制造工厂，建立快捷的配送中心，可以降低流通费用和提高售后服务的质量。如海尔集团在全国各地建有 42 个配送中心，这 42 个配送中心构成海尔集团服务市场和客户需求的重要物流网络。

（2）以大型经销商为主的配送中心：该类配送中心集中了多家不同企业的货物和产品直接送到零售商处。对于不具备建立独立配送中心的制造厂或本身不能备齐各种商品的零售商或零售店而言，往往采用这种办法。

(3) 以零售业为主体的配送中心：零售商发展到一定的规模后，就可以考虑建立自己的配送中心，为专业物品零售店、超级市场、百货商店、建材商场、粮油食品商店、宾馆饭店等服务。随着城市的增多和大型化，人民生活水平的提高，第三产业日趋发达，但城市的商店或服务企业一般不设仓库和运输设备，因此这类配送中心的发展更为迫切和迅速。如山东银座配送中心，它储存了各种各样的百货、冷冻食品等，每天接受各连锁超市的订货，并准时迅速配送、到达。

(4) 以公共服务业为主体的配送中心：如各主要城市的中心邮局和港湾、铁路、公路各枢纽等。这种类型的配送中心虽然多是国有企业，但是，企业的经营发展也离不开。如各铁路货场、公路货场根据路程的方向和远近进行拣选和分类，将若干用户的货物，使用一辆卡车，一次分别送达用户，这会降低货场的仓库面积，提高车辆装载率，降低物流费用。

### 4.2.3　配送中心的作用

1. 使供货适应市场需求的变化

各种商品的市场需求在时间、季节、需求量上都存在大量的随机性，而现代化生产、加工无法在工厂、车间来满足和适应这种情况，必须依靠配送中心来调节、适应生产与消费之间的矛盾与变化。

2. 经济高效的组织储运

从工厂、企业到消费市场之间需要复杂的储运环节，要依靠交通、运输、库存多种方式才能满足，传统的以生产或部门为单位的储运体系明显存在不经济和低效率的问题。因此，建立区域、城市的配送中心，能大批量进发货物，能实现成组、成批、成列集中储运，有利于提高物流系统成本、提升物流系统效率。

3. 提供优质高效的保管、加工、包装、配送、信息功能

在现代物流活动中，由于物资的管理方式、化学性质的复杂多样性，交通运输的多方式、长距离、长时间、多起(终)点，地理与气候的多样性，对保管、加工、包装、配送、信息功能提出了很高的要求，只有集中建立配送中心，才有可能提供更专业化、更优质的服务。

4. 促进地区经济的增长

配送中心同交通运输设施一样，是经济发展的保障，是吸引投资的环境条件之一，是拉动经济增长的内部因素，配送中心的建设可以从多方面带动经济的发展。

5. 对于连锁店的经营活动是必要的

配送中心可以帮助连锁店实现配送作业的经济规模，使流通费用降低，减少分店库存，加快商品周转，促进业务的发展与扩散。批发仓库通常需要零售商亲自上门采购，而配送中心解除了分店的后顾之忧，使其专心于店铺销售额和利润的增长，不断开发外部市场，拓展业务。此外，还加强了连锁店与供方的关系。

### 4.2.4 配送中心的功能

1. 保管功能

保管功能是配送中心的主要内容之一。与一般的仓库不同，配送中心的仓库形式、平面布置、设备组成等，首先要有利于拣选作业、拣选顺序、拣选路线、拣选方法等。为了充分利用仓库的面积和空间，为了提高保管商品的出（入）库频率，随着科技和生产的进步，货架向高层化发展；作业向机械化、自动化发展；保管机械向小通道或无通道发展；库存账目管理和货位管理向计算机化[WMS（Warehouse Management System，仓库管理系统）、MRP-2（Manufacture Resource Plan，制造资源计划）]发展；配送中心与相关企业的信息交换向网络化[ERP（Enterprise Resource Planning，企业资源计划）]发展。

2. 倒装功能

为了在采购时降低运输成本，配送中心一般采用大包装或散装；此外，商品来自不同的制造厂或流通企业，运输包装的形式也各不相同。但是，为了有利于配送中心的机械化和自动化作业，必须进行商品的集装单元化，即进行倒装作业。倒装作业一般在入库区和出库区的商品整理、检验作业时进行。

3. 拣选功能

商品在配送中心保管时，一般是按保管单元的形式来分区域存放的；但在出库时，首先是按客户订单商品目录来进行拣选的。同一张订单的商品可能只有一种，但通常是若干种；同一张订单的商品可能在一个区域内存放，但通常是在不同的区域内存放；所需商品的数量可能是一个整保管单元，但有时不是一个整保管单元。点货人员应根据具体情况，是采用一张订单顺序到有关保管区去一一拣选，还是先分解为若干张订单，指令有关保管区分别拣选有关商品及其数量，然后再按订单一一汇总。这些都增加了配送中心设计的复杂性。

4. 流通加工功能

经济高效的运输、装卸、保管一般需要大的包装形式。但是，在配送中心下位的零售商、最终客户一般需要小的包装。为了解决这一矛盾，有的配送中心设有流通加工功能。流通加工与制造加工不同，它对商品不做性能和功能的改变，仅仅是商品尺寸、数量和包装形式的改变。如粮油配送中心是将大筒包装加工成瓶状小包装，饲料配送中心则是将多种饲料的大包装加工成混合包装的小包装。

5. 运送功能

配送中心需在其服务范围内准时地把必要的商品及其数量送达客户，为了减少客户的库存或零库存，运送是多频次的。这就需要配备相应的运输设备及运输前后的装卸设备，这是良好、快捷服务的重要保证之一。

6. 信息管理功能

在流通领域,为了从各供应商处准时地采购商品,然后准时地向众客户配送,提供快捷满意的服务,并最大限度地减少库存,提高工作效率,信息管理功能是十分重要的。配送中心应具有功能完备的仓库管理系统,并能与各供应商、各客户的 ERP 或其他信息系统实现实时的链接。

## 4.3　物流中心

### 4.3.1　物流中心的概念

物流中心,是指处于枢纽或重要地位,具有较完善的物流环节,并能实现物流集散和控制一体化运作的物流据点。物流中心是进行商品流通必要的基础设施,许多新型企业,特别是高科技制造企业、全球分销企业及全球第三方物流企业建设了许多的物流中心,不少跨国公司在全球的产品分销仅靠一个物流中心,因此物流中心是决定企业成败的战略性业务实体。

### 4.3.2　物流中心的目的和功能

1. 建立物流中心的目的

(1) 有效地利用空间、设备、人员和能源。

(2) 最大限度地减少物料搬运。

(3) 简化作业流程。

(4) 缩短生产周期。

(5) 力求投资最低。

(6) 为员工提供方便、舒适、安全、卫生的工作环境。

2. 物流中心的功能

从理论上说,物流中心可以具备以下一些基本功能。

(1) 运输功能。

物流中心需要自己拥有或租赁一定规模的运输工具,具有竞争优势的物流中心不只是一个点,而是一个覆盖全国的网络。因此,物流中心首先应该负责为客户选择满足客户需要的运输方式,然后具体组织网络内部的运输作业,在规定的时间内将客户的商品运抵目的地。除了在交货点交货需要客户配合以外,整个运输过程(包括最后的市内配送)都应由物流中心负责组织,以尽可能方便客户。

(2) 储存功能。

物流中心需要有仓储设施,但客户需要的不是在物流中心储存商品,而是要通过仓储环节保证市场分销活动的开展,同时尽可能降低库存占压的资金,减少储存成本。因此,公共型物流中心需要配备高效率的分拣、传送、储存、拣选设备。

(3) 装卸搬运功能。

这是为了加快商品在物流中心的流通速度必须具备的功能。公共型物流中心应该配备专业化的装载、卸载、提升、运送、码垛等装卸搬运机械,以提高装卸搬运作业效率,减少作业对商品造成的损毁。

(4) 包装功能。

物流中心的包装作业的目的不是要改变商品的销售包装,而在于通过对销售包装进行组合、拼配、加固,形成适于物流和配送的组合包装单元。

(5) 流通加工功能。

流通加工的主要目的是方便生产或销售,公共型物流中心常常与固定的制造商或分销商进行长期合作,为制造商或分销商完成一定的加工作业。物流中心必须具备的基本加工职能有贴标签、制作并粘贴条码等。

(6) 物流信息处理功能。

由于物流中心现在已经离不开计算机,因此将对各个物流环节的各种物流作业中产生的物流信息进行实时采集、分析、传递,并向货主提供各种作业明细信息及咨询信息,这对现代物流中心是相当重要的。

从一些发达国家的物流中心的具体实际来看,物流中心还具有以下增值性功能。

(1) 结算功能。

物流中心的结算功能是物流中心对物流功能的一种延伸。物流中心的结算不仅仅只是物流费用的结算,在从事代理、配送的情况下,物流中心还要替货主向收货人结算货款等。

(2) 需求预测功能。

自用型物流中心经常负责根据物流中心的商品进货、出货信息来预测未来一段时间内的商品进出库量,进而预测市场对商品的需求。

(3) 物流系统设计咨询功能。

公共型物流中心要充当货主的物流专家,因而必须为货主设计物流系统,代替货主选择和评价运输商、仓储商及其他物流服务供应商。国内有些专业物流公司正在进行这项尝试,这是一项增加价值、增加公共型物流中心竞争力的服务。

(4) 物流教育与培训功能。

物流中心的运作需要货主的支持与理解,通过向货主提供物流培训服务,可以培养货主与物流中心经营管理者的认同感,可以提高货主的物流管理水平,可以将物流中心经营管理者的要求传达给货主,也便于确立物流作业标准。

### 4.3.3 物流中心的类型

物流中心虽以功能健全为特征,但由于其建设的目的、所处的位置等因素,在功能上仍然存在明显差异。典型的物流中心主要有以下六种类型。

1. 集货中心

集货中心，是指将一定范围内分散的、小批量但总量较大的货物集中，以便大批量处理或大批量发出的物流节点。这样的物流中心通常多分布在小企业群、农林牧区等地域。

2. 分货中心

分货中心，是指将集中到达的大批量货物，进行分块化小处理，以满足小批量的分散需求的物流节点。分货中心运进的多是集装、散装、大批量、大包装的货物，运出的是经分装加工转换成小包装的货物。此物流中心一般分布在产业集中地，并靠近大型交通枢纽设施。

3. 转运中心

转运中心，是指实现不同运输方式或同种运输方式联合(接力)运输的物流设施，包括多式联运站、集装箱中转站、货运中转站等。

4. 加工中心

加工中心，是指以流通加工为主要功能的物流节点。

5. 配送中心

配送中心，是指从事货物配备(集货、加工、分货、拣货、配货)和对用户送货服务的综合性物流节点。

6. 流通中心

流通中心，是指大型制造商或批发商设立的，以零售商和二级批发商为主要服务对象，兼有商流功能的大型物流中心。

### 4.3.4 物流中心规划设计的原则及影响因素分析

1. 物流中心规划设计的原则

物流中心的建设是一项规模大、投资额高、涉及面广的系统工程，而且一旦建成就很难再改变，所以，在规划设计时必须遵循以下一些原则。

(1) 系统工程的原则。

物流中心的层次、数量、布局是与生产力布局、消费布局等密切相关、互相交织且互相促进的。设定一个非常合理的物流中心布局，必须统筹兼顾，全面安排，既要做微观的考虑，又要做宏观的考虑。

(2) 价值工程的原则。

在激烈的市场竞争中，物流服务的准点、及时和缺货率低等方面的要求越来越高；在满足服务高质量的同时，又必须考虑物流成本。特别是建造物流中心耗资巨大，必须对建设项目进行可行性研究，并做多个方案的技术、经济比较，以求最大的企业效益和社会效益。

（3）竞争的原则。

物流活动是服务性、竞争性非常强的活动，如果不考虑市场机制，而单纯从路线最短、成本最低、速度最快等角度考虑问题，一旦布局完成，便会导致垄断的形成和服务质量的下降，甚至由于服务性不够而在竞争中失败。因此，物流中心的布局应体现多家竞争。

（4）低运费的原则。

物流中心必须组织运输与配送活动，因而运费原则具有特殊性。由于运费和运距、运量有关，所以低运费原则常简化成最短距离和运量的问题以作为物流中心布局的参考，并通过数学方法求解。

（5）发展的原则。

在进行物流中心规划时，物流管理者应在详细分析现状及对未来变化做出预期的基础上进行，而且要有相当的柔性，有较强的应变能力，以在一定范围内能适应数量、用户、成本等多方面的变化。

2. 物流中心规划设计的影响因素

影响物流中心合理规划的因素很多，在进行规划时需要考虑的主要因素如下。

（1）区域经济发展背景资料，如社会经济发展规划、产业布局（如工业、农业、商业、住宅布局规划）等。

（2）交通运输网及物流设施现状，包括交通运输干线、多式联运小转站、货运站、港口、机场布局现状。

（3）城市规划，包括城市人口增长率、产业结构与布局等。物流中心选址不合适，往往会在主干线通道上造成交通阻塞、运距过长，造成能源浪费、车辆空载率高、调度困难等问题。

（4）环境保护与社会可持续发展。在规划物流中心时应充分注意环境保护和社会可持续发展问题，这不仅涉及城市交通阻塞、物流中心选址，而且涉及筹资组建与运营，以及运输经营集约化等综合问题。

## 4.4 物流园区

### 4.4.1 物流园区的内涵

物流园区是对物流组织管理节点进行相对集中建设与发展的具有经济开发性质的城市物流功能区域；同时，也是依托相关物流服务设施进行与降低物流成本、提高物流运作效率和改善企业服务有关的流通加工、原材料采购和便于与消费地直接联系的生产等活动的、具有产业发展性质的经济功能区。

按照上述内涵，物流园区存在的理由更多应当是经济发展、城市功能和物流的集约化发展方面的，而非单纯的基础设施。作为城市物流功能区，物流园区包括物流中心、配送中心、运输枢纽设施、运输组织及管理中心和物流信息管理中心等适应城市物流管理与运作需要的物流基础设施；作为经济功能区，物流园区的主要作用是开展满足城市居民消费、就近生产、区域生产组织所需要的企业生产、经营活动。

### 4.4.2 物流园区的功能

现代物流园区主要具有两大功能，即物流组织管理功能和依托物流服务的经济开发功能。

1. 物流园区的物流组织管理功能

物流园区在功能上首先是物流的核心所涵盖的物流服务组织与物流运作管理的功能，即物流活动所必须具备的储存、运输、装卸、简单流通加工等功能，但与传统的货物运输组织中心所不同的是，组成园区的各个要素要具有高科技、高效率特征。

(1) 物流园区的物流功能构成要素。

由于现代物流的组织与管理活动大多是在物流节点和物流企业的组织下完成的，因此，作为物流园区，从其物流活动的多样性和物流组织的广泛性，以及园区在区域经济和城市经济发展中的地位来看，其发挥物流的组织管理作用就离不开大规模和功能各异的物流组织节点。

从目前国内外物流节点的功能分析，主要有区域运输组织中心、物流中心和配送中心三种类型。

① 区域运输组织中心，如集装箱运输枢纽、零担货物运输场站、货运配载场站等。

② 物流中心，包括单一功能的企业物流中心和综合功能的提供物流组织服务的社会化物流中心等。

③ 配送中心，其在功能上和分类上与物流中心较为相似。

由于运输组织功能已为各界所熟悉，且根据物流的发展趋势，运输组织中心的功能也逐渐由物流中心和配送中心等现代物流发展中出现的综合型物流节点所涵盖。

(2) 物流园区的物流组织管理功能。

物流园区的物流组织管理功能一般包括货物运输、分拣包装、储存保管、集疏中转、市场信息、货物配载、业务受理等，而且多数情况下是通过不同的节点将这些功能进行有机结合和集成而体现的，从而在园区形成了一个社会化的高效物流服务系统。

物流园区是物流组织活动相对集中的区域，在外在形态上不同的园区有相似之处，但是，物流的组织功能因园区的地理位置、服务地区的经济结构和产业结构及企业的物流组织内容和形式、区位交通运输地位及条件等存在较大的不同或差异，因此，物流园区的功能不应有统一的界定。

2. 物流园区的经济开发功能

“物流园区”这一概念的提出，很重要的原因不是由于其在物流发展和运作本身的作用，而在于其经济开发功能。

（1）物流基础设施项目的经济开发功能。

物流园区的经济开发功能首先体现在物流基础设施及经营所产生的经济开发上。基础设施项目的建设对经济发展具有开发性的功能和作用，已为宏观经济领域及微观经济领域所认识。

① 新建设施的开发功能。

物流园区一般从区域经济发展和城市物流功能区的角度进行建设，具有较大的规模。国内目前较大的物流园区一般占地均在千亩之上，经济发达国家更有占地在数平方公里之多。因此，物流园区的开发和建设，将因在局部地区的大量基本建设投入而带动所在地区的经济增长。

加快物流园区大量、大规模基础设施的建设，对改善物流发展环境及基础条件，培育物流产业具有重要意义和作用。以物流业在国民经济中的地位，物流园区将因带动物流业发展而产生新的经济增长点，从而开发出新的经济发展领域。

② 既有设施及资源的整合功能。

开发和建设物流园区，将因物流园区在物流组织规模较大和管理水平较高等因素而对既有物流设施在功能上产生替代效应。在既有设施已客观存在局部过剩的情况下，物流园区并非简单的重复建设，而是通过在功能设计和布局上对当前及未来物流组织管理的适应，并通过规模化和组织化经营，从而实现对既有设施的合理整合。简单来说，就是加速不适应设施的淘汰和退出，加速城市中心地区的土地使用价值的增值。物流园区的物流运作的集中，为运输组织资源调整与整合创造了条件。

（2）完善的物流服务所支持的经济开发功能。

从定义的角度出发，物流园区除具有自身的经济开发功能外，还具有支持产业经济开发的功能，主要原因是物流园区在物流基础设施方面比较完善，物流服务功能较为齐全，从而确保了经济发展所必需的物流运作效率和水平，这正是经济进一步上台阶发展的重要基础。

### 4.4.3 物流园区的发展历程和相关经验

物流园区的建设和发展问题的提出，是由于现代物流发展特点和趋势本身决定的，也是由于企业发展战略的改变、企业物流能力的培养、计算机及网络等物流新技术的应用和物流服务的专业化分工与协作不断走向深化的产物。

自 1998 年以来，发展现代物流的积极性和热情在全国被唤醒，工业、商业及物流企业运用物流技术的领域不断扩展，各类物流基础设施建设也呈现出良好势头，物流园区或物流基地正是在此种背景下出现并开始大力发展的。

1. 物流园区的产生

物流园区作为物流业发展到一定阶段时产生的新兴物流管理方式，在日本、德国等发达国家已经得到了快速发展。在我国，随着传统储运业向市场化及现代物流业方向的发展转变，国家有关主管部门开始制定了促进物流园区发展的宏观政策，一些发达地区和省份也纷纷开始筹建物流园区。

2. 国内物流园区的发展概况

由于物流园区在经济规模、地理分布、建设运作方式和政府发挥作用等方面具有明显的发展物流的开发效应和宣传效应，我国政府及企业在近年来不约而同地将其作为推动地区、区域和城市物流发展的重点工程，给予大力的支持。目前基本形成了全国从南到北、从东到西的物流园区建设发展局面，特别是以深圳为代表的珠江三角洲地区，上海、北京等经济发达地区和城市的物流园区建设步伐更快。

3. 国外物流园区的发展经验

(1) 物流园区的区位选择和空间布局。

物流园区的功能和服务特性决定了物流园区大都布局在城市边缘、交通条件较好、用地充足的地方，在设置物流园区时主要考虑四个方面的因素：一是至少可以实现两种以上运输方式连接，特别是公路和铁路两种方式；二是选择交通枢纽中心地带，使物流园区布局与运输网络相适应；三是经济合理性，包括较低价的土地、数量充足及素质较高的劳动力等，为园区企业获得必要利益创造条件；四是符合环境保护与生态平衡的要求。

(2) 物流园区的建设和经营。

物流园区的发展历史要比物流的发展历史短许多，在国外物流较为发达的国家，物流园区也属于近 10 年发展起来的新事物，因此，物流园区作为现代物流业发展的一个新趋势，目前仍处于迅速发展的过程中，其建设的经营经验并不多也不是很成熟。

建设较早的日本东京物流园区是以缓解城市交通压力为主要目的而兴建的，在建设中积累了一定的经验，如重视规划、优惠的土地使用和政府投资政策、良好的市政设施配套及投资环境。

德国政府在物流园区的规划和建设上与日本存在一定的区别，也是近几年国内较为推崇的园区发展经验。德国一般采取联邦政府统筹规划，州政府、市政府扶持建设，企业化经营管理，入驻园区企业自主经营。

4. 物流园区的发展前景

物流园区出现以后，对使用园区的企业乃至邻近城市都产生了巨大的经济利益和社会效益，主要表现在：减轻了物流对城市交通的压力；减小了物流对城市环境的不利影响；提高了物流经营的规模效益；满足了仓库建设大型化发展趋势的要求；满足了货物联运发展的需求。

物流园区的出现极大地促进了日本、德国等经济发达国家物流业的快速发展，即使在日本、德国这样运输业高度发达的国家，物流园区的建设仍将处于蓬勃发展时期。

在我国，物流业的发展正处于快速发展阶段，物流业较为发达的经济中心城市已经开始了大量积极有益的理论探索和实践尝试。随着这些物流园区的规划与建设，我国的物流产业发展步伐必将大大加快。

### 4.4.4 物流园区与物流中心的区别

物流园区是物流中心发展到一定阶段的产物，是多个物流中心的空间集聚载体。

从许多学者对物流园区和物流中心的概念解释中可以归纳出物流园区和物流中心的不同点。

1. 功能不同

物流园区具有多式联运、综合运输、干线终端运输等大规模处理货物和提供服务的功能；而物流中心则主要是分销功能，并且具有货物运输中转功能，且以配送业务为主。

2. 用地的要求不同

物流园区要求物流企业及相关的一些辅助企业在园区内聚集，且基础设施相对齐全，要处理的物流量大，必须在其周围留有适当的空间为以后发展之用，所以，物流园区要求用地充裕且具有扩展性；而物流中心在这方面没有如此严格的要求。

3. 改善城市交通环境的影响程度不同

物流园区一般建在远离市中心的地区，布设在城市外围或郊区，同时注重园区与城市对外交通枢纽的联动规划建设，所以对改善城市交通环境的影响程度较大。而物流中心主要是以配送业务为主，要求快速准时地为客户提供服务，因此，在空间距离上应尽量靠近需求点，并且要有连接市中心的快速干道，所以物流中心对改善城市交通环境的作用不是很大。

4. 服务对象不同

物流园区应有综合性的基础服务设施，且面向全社会提供服务；而物流中心则只在局部领域进行经营服务。

5. 对市场的要求不同

物流园区内聚集了很多的供应商、生产商、销售商和第三方物流企业，所以，要求物流园区所服务的市场是多样化的；而物流中心仅具有第三方物流企业的功能，所以，其服务的市场一般是专业化的。

6. 经营、管理方式不同

物流园区不一定是经营管理的实体，物流经营企业之间的关系可以是资产入股、租赁、合作经营或联合开发；而物流中心则是物流经营和管理的实体。

7. 政府给予的政策不同

为了吸引各种企业在物流园区内聚集，使其获得规模效益、范围效益，进而降低物流成本，政府通常为入驻的物流企业提供各种优惠政策；而对物流中心这样的优惠政策则相对较少。

因此，某一物流节点是建设物流园区还是物流中心，应由所服务地域空间的软（硬）件环境所决定。只有当物流节点选择的类型对空间的特殊要求与所服务空间所提供的软（硬）件环境相适应时，物流节点选择的类型才是正确的，才能促进物流系统和地区经济的发展。

### 4.4.5　物流园区发展展望

根据我国物流园区发展情况的分析结论，考虑我国一定数量的物流园区将步入经营期，更多省及中心城市规划确定的物流园区将开始付诸实施，这对我国物流园区的发展较为重要。

从物流园区发展已取得的成就和出现的一些问题角度来看，展望我国物流园区的发展将会呈现出以下特点和趋势：

（1）国家对物流园区发展的总体指导性将加强；

（2）政府对物流园区建设的投资支持将会更大；

（3）以物流园区为依托的物流信息化进程将加快；

（4）成功物流园区的示范性效应将更为明显；

（5）物流园区之间的合作将加强。

## 本章小结

物流基础设施主要是指物流园区（枢纽、基地）、物流中心和配送中心，物流基础设施的建设和发展对组织物流服务和提高物流效率具有重要意义，对改善区域和城市投资环境有利，对加快我国的经济建设和发展发挥着举足轻重的作用。因此，物流基础设施的建设和发展，是符合现代物流发展规律的。

通过大力建设这些设施使其具有集聚货流的效应，使设施成为区域性的货物集散中心，从而抢占物流发展的制高点，培育新的经济增长点。因此，物流基础设施已经不是一般意义上的物流活动场所或组织的概念，而是具有物流组织功能、物流发展功能和通过物流带动经济发展的功能。

要充分发挥物流园区、物流中心和配送中心，以及运输场站、仓储设施等物流基础设施在区域性及城市物流组织上的功能，需要按照物流基础设施发展层次和功能分工，并通过建设模式、运营模式和服务功能创新等途径，提高单个基础设施的经营发展能力。同时，更需要积极探索基础设施之间的发展合作，通过在设施之间开展运输的网络化经营，在供应链基础上的合作和分工，提高基础设施的网络化服务能力，构建现代物流发展需要的高效率基础设施体系。

## 案例赏析

### 物流新格局下传统物流园的进与退[①]

2015 年以前，谈及深圳国际华南物流园（以下简称华南物流园），若是物流业内人士，必然知道那是深圳市中部的重要货运枢纽，一个相当成熟且极具示范效应的“内陆物流港”；若你非物流行业人士或只是园区周边的居民，华南物流园便只是一个每天有许多货柜车“哐当哐当”进进出出的物流园。不过，2015 年之后，若再谈及华南物流园，无论是行业内还是行业外，对于华南物流园的印象已不再仅仅只是“物流园”“8 号仓奥特莱斯”“南中国第一家特斯拉 4S 店”“汽车城”等崭新元素被注入了这个传统的物流园。

2011 年 9 月，华南物流园区一期最后一个项目开工建设，立足周边环境的变化，交通路网设施、人居商贸配套设施的逐步完善，结合龙华新区挂牌成立全面启动城市转型发展总体规划的新契机，华南物流有了园区产业升级的新思路，于是，该项目被列入产业升级试点先行开发。历时近 3 年，项目于 2013 年 8 月竣工验收，成功引进了 8 号仓奥特莱斯和龙华名车广场，至此，华南物流园从单一的传统物流产业园发展成为物流与商贸模式叠加的复合型产业园。目前，商业项目已投入运营，整体运行情况良好，也受到龙华新区和深圳市国资委各级领导的关注和支持。

2014 年年初，国家提出了“丝绸之路经济带”和“21 世纪海上丝绸之路”的战略构想，华南物流园作为国家公路货运枢纽（物流园区）和全国首批甩挂试点单位，在广东省交通厅的大力支持下，发起成立了粤港澳-东盟甩挂运输联盟实体公司，该联盟实体公司秉承全程物流服务理念，整合资源，推动完善国际国内甩挂物流政策体系，打通广东至东盟综合物流大通道，建设智慧物流平台，提供优质高效的跨境电子商务物流服务，促进中国一东盟贸易增长。这也是华南物流园顺应当下物流行业格局变化和行业热点，在物流资源整合、物流效率提升、物流运行模式转变上的先行先试，也是广东省 21 世纪海上丝绸之路综合交通运输大通道建设先行项目的核心试点内容，具有一定的示范意义。

2014 年，华南物流园完成了园区产业升级总体规划，根据总体规划，华南物流园区计划将建设成为国际一流的商贸流通中心，与北站商务中心区、华为科技城、梅林关口改造区等区域形成城市战略区域的协同发展，打造龙华新区中轴新城的“南大门”。与此同时，深圳市获批成为全国跨境电商进出口综合试点城市，跨境电商异军突起，正成为深圳市外贸进出口重要的新型业态。这为华南物流园实现产业升级提供了良好的政策环境，也成为园区产业升级总体规划落地实施的关键突破口。

当前，我国经济呈现出了新常态，而物流业正处于产业地位的提升期、现代物流服务体系的形成期和物流强国的建设期，物流业只有适应经济发展的“新常态”，通过调整市场结

① 资料来源：http://info.jctrans.com/xueyuan/czal/20156242149467.shtml，有改动。

构、转换经营模式、加快产业升级和创新驱动，才能取得应有的产业地位。那么，对于华南物流园来说，及时把握住“互联网＋”“跨境电商”“跨界融合”等新兴产业所带来的发展生机，为企业注入新元素，实现产业提升，才能走得更远。

**案例思考题**

在物流新格局下华南物流园区的建设具有哪些创新点？

## 复习思考题

1. 试述物流节点的功能及作用。
2. 试述配送中心的功能。
3. 试述物流中心的类型。
4. 试述物流园区的功能。
5. 试比较与分析物流园区与物流中心的区别。

# 第五章　物流系统

物流系统具有一般系统所共有的特点，即整体性、相关性、目的性、环境适应性，同时还具有规模大、结构复杂、目标众多等大系统所具有的特征。物流系统也是一个大跨度系统，地域跨度大，时间跨度大。作为物流系统，无论其规模有多么庞大，都可以分解成若干个相互联系的子系统。在物流系统中的各个功能要素存在着“效益悖反”关系，因此，部分的最优化并不等于系统规划的整体最优化。同时，物流系统是一个动态系统，总是联结着多个生产企业和用户，随着需求、供应、渠道、价格的变动，系统内的要素及系统的运行经常发生变化。因此，树立物流系统化观念，对于管理好物流活动，实现物流合理化十分重要。

## 5.1　系统与物流系统

### 5.1.1　系统概述

1. 系统的含义

系统是由两个或两个以上相互区别或相互作用的单元之间有机地结合起来，完成某一特定功能的综合体。由此可见，系统具有以下三个含义：

第一，系统由两个或两个以上要素组成；

第二，各要素间相互联系，使系统保持相对稳定；

第三，系统具有一定的结构，保持系统的有序性，从而使系统具有特定的功能。

2. 系统的一般模型

输入、处理、输出是系统的三个要素，如物流系统的输入包括自然资源（土地、设施、设备）、人、财务和信息资源。物流系统的处理过程就是通过管理主体对物流活动以及这些活动所涉及的资源进行计划、执行、控制，最终高效完成物流任务。物流系统输出就是物流服务，包括组织竞争优势、时间和空间效用以及物资（原材料、在制品、制成品）向客户的有效移动（如图 5-1 所示）。

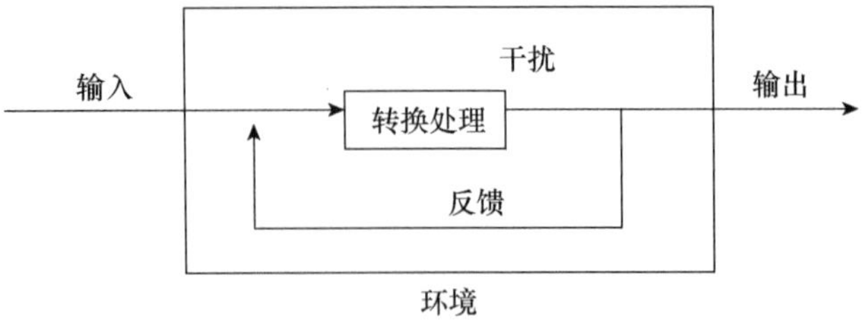


图 5-1　系统的一般模型

3. 运用系统思想处理问题的基本原则

(1) 整体性原则。

整体性原则就是要把系统作为一个整体,不要见木不见林。总体大于各部分的总和,不仅是量变,也是质变。若干具有关联关系的企业通过共享信息,可以直接获得最终市场需求信息,从而减少生产、采购、销售的盲目性,并协调生产能力,并快速应对市场变化,减少库存,降低成本,捕捉市场机会,增强企业竞争力。

(2) 综合性原则。

综合性原则要求就是要把对象的属性、因素综合起来加以研究,不能顾此失彼,因小失大。

(3) 科学性原则。

运用系统思想处理问题时要以科学思想为指导,以事实为依据。对于物流系统来说,数学方法至关重要,它有助于系统进行合理配置。

### 5.1.2 物流系统概述

1. 物流系统的构成

物流系统由运输、包装、装卸、搬运、配送、流通加工、信息处理等各个环节所组成。作为系统的输入是输送、储存、搬运、装卸、包装、物流情报、流通加工等环节所消耗和使用的劳务、设备、材料等资源,经过处理转化,变成全系统的输出,即物流服务。整体优化的目的就是要在满足一定要求的条件下(如服务水平、成本、投资额),使输入最少,同时作为输出的物流服务效果最佳。

2. 物流系统中存在的制约关系

(1) 物流系统服务水平和物流成本之间的关系。要提升物流服务水平,物流成本往往也要增加。如要提高现货率(即降低缺货率),则必须增加库存,这就会增加较多的流动资金且增加保管费用。仅就库存费用和缺货率的关系看,其相互制约关系如图 5-2 所示。

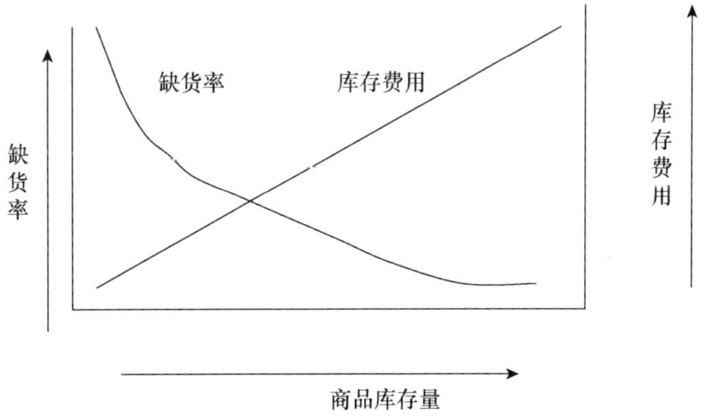


**图 5-2 库存费用和缺货率的关系**

(2) 不同物流功能子系统服务能力之间的约束关系。各子系统的能力如果不匹配,物流系统的整体能力将受到影响。如搬运装卸环节很强,但运输能力不足时,会产生设备和人力的浪费;反之,如果装卸搬运环节薄弱,车、船到达站、港不能及时卸货,也将带来巨大的经济损失。

(3) 不同物流功能子系统成本之间的约束关系。如为了降低库存采取小批量订货,则因运输次数增加而导致费用上升,运费和保管费用之间具有制约关系。

(4) 同一物流功能子系统服务能力与成本之间的约束关系。任何子系统功能的增加和完善必须投入资金。如信息系统功能的增加,必须购置硬件和开发计算机软件;增加仓库的容量和提高进出库速度,往往就要建设更大的库房并实现机械化、自动化。在实际中物流管理者必须综合考虑其经济性。

3. 物流系统的功能

物流系统具有输入、处理(转化)、输出、限制(制约)、反馈功能。

(1) 输入。

输入,是指通过提供资源、能源、设备、劳力等方式对某一系统发生作用,包括原材料、劳力、能源、设备等。

(2) 处理(转化)。

处理(转化),是指物流本身的转化过程,从输入到输出之间所进行的生产、供应、销售、服务等活动中的物流业务活动成为物流系统的处理或转化。其具体内容包括:物流设施设备的建设;物流业务活动,如储存、运输、包装、装卸、搬运等;信息处理及管理工作。

(3) 输出。

输出是物流系统具有的各种手段和功能对环境的输入进行各种处理后所提供的物流服务。其具体内容包括:产品位置和场所的移动;各种劳务,如合同的履行及其他服务等。

(4) 限制(制约)。

限制(制约)是外部环境对物流系统的约束。其具体内容包括资源条件、能源限制、资金和生产能力限制、价格影响、需求变化、仓库容量、装卸和运输的能力、政策的变化等。

(5) 反馈。

反馈是将输出结果反馈给输入,进行调整的过程。其具体内容包括各种物流活动分析报告,各种统计报告数据,典型调查、国内外市场信息与有关动态等。

4. 物流系统化

(1) 物流系统化的含义与特点。

物流活动一端联结着生产,一端联结着消费,它是一个复杂的系统。物流系统是在一定的时间和空间里为进行物流活动,由物流人员、物流设施、待运物资和物流信息等要素构成的具有特定功能的有机整体。对物流系统进行系统综合、系统分析和系统管理等的一系列过程就叫物流系统化。

从物流系统化的含义可知，物流系统化具有以下特点。

① 生产企业或流通企业以物流系统化为总目标进行物流革新，重新构造微观物流系统。物流系统化是作为微观物流组织者的生产企业或流通企业进行物流系统革新的总目标，是指要将生产企业或流通企业的包装、装卸、运输、储存、配送、流通加工、物流信息这些以前分开管理的物流活动作为一个总体系统来构造、组织和管理。

② 构造的是子系统相互协调、共同发挥总功能的物流系统，物流系统化谋求的是物流子系统的协调，是在物流系统目标之下的子系统的协调，因而着重研究的是各子系统之间的联系、影响、制约关系，是各子系统的功能与总体系统目标之间的关系。

③ 物流系统化以硬件为基础，以软件为主体。物流系统化把包装、装卸、运输、储存配送、流通加工、物流信息作为一个系统来构造、组织和管理，是根据本企业物流特性，结合利用自有设施设备及社会物流设施、物流服务，通过物流系统分析和效益费用分析，发现目前物流系统的问题，提出改进物流系统的方案，重新构造出适合于本企业的物流特性，以最低的物流总成本来完成要求。

(2) 物流系统化的目标。

① 较好的服务性，较少的缺货率，较少的货损货差。

② 适当的成本，应具有可持续发展的能力；既能满足现在社会经济发展的需求，又能满足以后社会经济发展的需求。

③ 快捷性。按照用户指定的时间和地点迅速送达，方法包括：将物流设施建在需求地区附近或者利用有效的运输工具和合理的配送计划；有效地利用面积和空间，土地成本将越来越贵，因此应逐步发展立体设施和物流机械，求得空间的有效利用。

④ 规模适当化。规模适当化，是指物流设施集中与分散是否适当，机械化与自动化程度如何合理利用。这其中涉及库存控制问题。库存过多需要更多的保管场所，而且会产生库存资金积压，造成浪费。因此需要根据生产与流通的需求变化对库存进行控制。

⑤ 要发挥物流系统的作用，就要把从生产到消费过程的货物量作为一个连续流动的物流量来看待，依靠缩短物流路线或流程，使物流作业合理化、现代化，从而降低总成本。

### 5.1.3 物流系统分析

1. 物流系统分析的概念

物流系统是由多种功能要素组成的集合，各要素相互联系、相互作用，形成众多的功能模块和各级子系统，使整个系统呈现多层次结构，体现出固有的系统特征。

物流系统分析是从物流系统的最优出发，在选定物流系统目标和准则的基础上，分析构成物流系统的各级子系统的功能与特点，它们之间的相互关系，系统与系统、系统与环境以及它们之间的相互影响。

物流系统分析的目的在于通过分析比较各种替代方案的有关技术经济指标，得出决策者形成正确判断所必需的资料和信息，以便获得最优系统方案。其步骤可用图 5-3 表示。

**图 5-3　系统分析步骤**

2. 物流系统分析的作用

物流系统的建立过程分为三个阶段，即物流系统规划、物流系统设计和物流系统实施。

（1）物流系统规划阶段：定义物流系统的概念，明确建立物流系统的必要性，在此基础上明确目的和确定目标；同时提出物流系统应具备的环境条件和约束条件。简单地说，就是提出问题，建立元素和约束条件。

（2）物流系统设计阶段：首先对物流系统进行概略设计，即制订各种替代方案；然后进行物流系统分析，分析的内容包括目的、替代方案、费用、效益、模型和评价标准等；在物流系统分析的基础上确定系统设计方案，据此对物流系统进行详细设计，即提出模式和解决方案。

（3）物流系统实施阶段：首先对物流系统设计中一些与物流系统有关的关键项目进行试验，在此基础上进行必要的改进，然后正式投入运行，即实施和改进。

分析起到承上启下的作用。环境对物流系统存在干扰，资源、需求、技术进步、其他各种变化因素等对物流系统产生的各种影响。物流系统在运作的过程中需要信息的反馈以便调整修正物流系统的活动。

3. 物流系统分析的基本原则、基本内容和特点

（1）物流系统分析的基本原则。

① 外部条件与内部条件相结合的原则。一个企业的物流系统，不仅会受到企业内部各种因素的影响，而且也会受到社会经济动向及市场环境的影响。

② 当前利益与长远利益相结合的原则。在进行物流系统的时候，决策者既要考虑当前利益也要考虑长远利益，两者要统筹兼顾。

③ 子系统与整个系统相结合的原则。在分析物流系统的时候，要以整个系统的效益为重，同时兼顾子系统的效益。

④ 定量分析与定性分析相结合的原则。物流系统分析不仅要进行定量分析，也要进行定性分析，要遵循“定性—定量—定性”这一循环往复的过程。

（2）物流系统分析的基本内容。

① 系统目标。

系统目标是决策的出发点。为了正确地获得决定最优化物流系统方案所需的各种有关信息，物流管理者就要充分了解建立物流系统的目标，同时还要确定物流系统的构成和范围。

② 替代方案。

一般情况下，为了实现某一目的，总会有几种可以采取的物流系统方案或方法。物流管理者在分析研究的基础上，选择一种最合理的物流系统。

③ 模型。

模型是对实体物流系统的抽象描述，它可以将复杂的问题转化为易于处理的形式，有利于对各种物流系统方案进行分析和比较。

④ 费用与效益。

费用和效益是分析、比较、抉择物流系统方案的重要标志。用于方案实施的实际支出就是费用，达到目的所取得的成果就是效益。一般情况下费用应当小于效益。

⑤ 评价标准。

评价标准是物流系统分析所确定各种物流系统方案优先顺序的标准。即通过评价标准对各个方案进行综合评价，确定出各个方案的优先顺序。评价标准一般根据物流系统的具体情况而定，费用与效益的比较是评价各个方案的基本方法。

(3) 物流系统分析的特点。

① 追求整体目标最优。

在一个物流系统中，处于各个层次的子系统都具有特定的功能目标，只有彼此分工合作，才能实现系统整体目标最优。

② 以特定问题为对象。

物流系统中有许多的问题含有不确定因素，而系统设计就是针对这种不确定的情况，研究解决问题的各种方案及其可能产生的结果。

③ 运用定量方法。

在许多复杂的情况下，需要有精确可靠的数据资料作为科学决策的依据，在有些情况下利用数学模型有困难，就要借助结构模型解决法或计算机模拟。

④ 凭借价值判断。

由于各部门所提供的资料有许多不确定的变量，而客观环境又会发生各种变化，因此物流管理者在进行物流系统设计的时候，还要凭借各种价值观念进行判断和选择。

## 5.2 企业物流系统的运行机制

### 5.2.1 企业物流系统概述

1. 企业物流系统的含义

企业物流系统，是指为了保障企业的正常运作，从供应到销售及相应的服务活动全部完成的全过程中所涉及的物流系统。

2. 企业物流系统的构成

企业物流是具体的、微观的物流活动。企业物流系统通常可以认为由企业生产物流、企业供应物流、企业销售物流、企业回收物流、企业废弃物流等若干相互独立、相互联系的物流活动组成。

(1) 企业生产物流。

企业生产物流，是指在生产过程中，原材料、在制品、半成品、产成品等在企业内部的实体流动。一般认为生产物流是物流系统中最具有个性化特色的组成部分。

(2) 企业供应物流。

企业供应物流，是指为生产企业提供原材料、零部件或其他物品时，物品在供需之间的实体流动。

(3) 企业销售物流。

企业销售物流，是指生产企业或流通企业出售商品时，物品在供方与需方之间的实体流动。企业销售物流是企业为了保证获得生产过程产生的经济效益，伴随销售活动，将产品的所有权转让给用户的物流活动。

(4) 企业回收物流。

企业回收物流，是指不合格物品的返修、退货，已经周转使用的包装容器从需方返回到供方所形成的物品实体流动。

(5) 企业废弃物流。

企业废弃物流，是指将经济活动中失去原有使用价值的物品，根据实际需要进行收集、分类、加工、包装、搬运、储存等，并分送到专门处理场所所形成的实体流动。

### 5.2.2 物流企业服务于企业物流的运行机制

在当前我国物流业处于快速发展阶段的状态下，物流企业服务于企业物流的运行机制应立足于灵活、高效、动态、优质服务与管理，并能与国际物流运作惯例接轨的运行机制。

(1) 以良好的管理和服务功能，为货主及时提供货物分类、包装、批发、装卸、中转、加工、代理联运和保障运力服务，并提供物流设计、优化运力、选准路径、沟通信息、代办运输中各种手续(报关、报检、仓储理货等)。在全国相关货物集散中心设立若干受理网站，向货主提供信息源、网络联系、上门服务，实现直接的门对门服务，达到方便、省时、经济的物流全过程。

(2) 针对需长期服务的大型企业的、稳定的大宗货源，可以与货主签订长期的服务合同。为了消除货主的戒备心理，可以主动预付适量资金作为风险抵押，以获取包储、包运组织形式的联运业务。对于零担货与散装货，通过信息沟通与传递，积极组织仓储，及时组织运力，提供稳妥而安全的货运服务。

(3) 在动态运作与管理中，不断改善服务内容与服务质量，增强自身素质，提高资质标准，加大对外宣传力度与吸引力，向货主提供全方位的合理运输与仓储方案，提出尽力减少货损货差的措施，提出优惠运费结算方式(如每月结算一次或采用其他的结算形式)等。

(4) 为三资企业提供符合国际物流运作惯例的优质服务，对于涉及国际物流的企业则应制订物流服务全程的供应链计划和保障条件，以良好的信誉和灵活、高效的服务展示实力和形象，为进一步扩大服务面并争取更多的客户打下良好的基础。

(5) 不断寻找降低物流成本的空间，既保证自身的经济利益又考虑货主的切身利益，货运过程做到安全、可靠、到达及时，在不断发展的市场中提高竞争力，适度保持企业经济低成本高效率的运作模式，在一定的时期内逐步转变为现代化物流企业。

针对上述所作的种种分析，物流企业应从培育物流市场做起，量力而行，通过采用灵活的物流策略来弥补现今存在的物流设施的不足。物流企业服务于企业物流可以采取以下四种模式。

(1) 加大对国内企业的宣传、推广力度，努力扩大客户范围。物流企业应对那些有能力开展物流活动但又不知从何处入手的企业，通过邀请对方来企业参观，为对方免费培训物流人才等方式来推广现代企业物流知识及提高物流企业的知名度，努力培育、挖掘潜在的顾客群。对流动资金不足的企业应采取灵活的结算方式，为了更好地服务于生产企业，应将以1个月为周期的结算方式转向与生产企业的生产周期相适应的结算方式。这对于争取数量众多的中小企业是很重要的举措。

(2) 努力参与到企业各个环节的物流活动中去，与之建立一种共存共荣的伙伴关系。物流企业可以凭借自身在流通领域的优势帮助企业采购原材料、零配件等，并以企业生产流水线为中心展开从供方到需方的配送。这样，企业减少了库存保管费用，提高了物流意识，而物流企业以此为契机可以进一步介入到企业的产品销售、售后服务等销售物流服务中去。

(3) 以人为本，运用灵活的物流政策开展高水平物流服务。目前，我国的特大城市(如北京、上海、广州和沈阳等城市)道路堵车现象较严重，成为发展城市物流业的瓶颈。如果发展货柜车配送，势必事半功倍。如可口可乐公司雇用了成百上千的“街道委员会”成员用手推车和自行车代替机动车难以到达的地区进行配送。这些灵活的配送策略都取得了成功。

(4) 加强物流人才的培养。物流业的发展需由精通物流管理的人才采取适合我国的物流经营策略，最终将物流业大众化、一般化，转变为人人都能消费得起的服务。因此，物流企业可以与院校、研究所中的相关机构合作，通过参与对具体物流课题的研究或派遣人员进修等方式，既可以提高自身的物流作业水平，又可以从中培养、造就物流人才。

## 5.3 推进物流系统化的方法

### 5.3.1 物流系统化的必要性

随着时代的发展和科学技术的进步，物流的作用显得越来越重要。物流作为国民经济的动脉系统，它对促进经济增长、提高效率起着关键的作用。要使物流充分发挥其职能，使其不断完善和优化，就必须使物流合理化；而物流合理化的关键就是物流系统化，因此，物流必须走系统化的道路。

物流通常是由运输、储存、装卸、搬运、包装、流通加工、配送、信息处理这七种功能构成的。这七种功能相互联系、相互作用、相互制约，它们各自特定的功能有机组合、协调运行、共同产生出的新的总功能就是物流。物流的本性要求将包装、装卸、运输、储存、配送、流通加工、物流信息作为一个总体系统来管理，按照总体系统的总功能去协调各个子系统，从而使各子系统在相互联系、相互影响、相互制约中保持协调一致，在发挥各处特定功能的基础上形成系统的总功能，实现物品的流动。

众所周知，实现物品流动必须具备的功能客观地决定了物流只有实现系统化，才能够实现物流合理化，物流是通过把运输、储存、装卸、搬运、包装、流通加工、配送、信息处理综合地、有机地一体化，作为一个系统来管理而第一次开辟物流合理化道路的。物流系统化是人们认识社会再生产中物品流动过程中的一种观念革新，正是在这种观念革新的基础上，人们才产生了物流这一概念。

因此，物流系统化是对物流本性的深刻揭示。人们将按照物流的本性，系统化的理论、方法去重新考察、重新构造已有的运输、储存、装卸、搬运、包装、流通加工、配送、信息处理各个功能，将它们作为一个系统来管理，由此产生以物流系统化为总目标的物流革新。

### 5.3.2 物流系统化的方法

1. 物流总成本法

物流系统是一个庞大而复杂的系统，它包含了许多子系统，各子系统中又相互联系、相互制约，存在着“效益悖反”的关系。当人们以物流总成本最低为目标来协调各子系统时，物流总成本将分解到各子系统上，构成各子目标，通过子系统的优化及重新分解物流总成本到各子系统的系统协调过程，最终可以找到使物流总成本最低的物流大系统最优或次优状态。尽管这时各子系统并不一定是独立时成本最低状态，但物流系统取得了物流总成本最低的优化状态。可见，用物流总成本最低这个目标能够实现物流系统化，在难以将物流固定费用、变动费用都以数学描述时，总成本方法就成为推动物流系统化的根本方法。

2. 物流系统化的其他方法

物流系统是由运输、包装、装卸、搬运、配送、流通加工、信息处理等各个环节所组成的。人们可以把物流系统简单地概括为由节点部分和线路部分组成，若将运输手段称为方式，把港口、货站这种运输手段换载的基地（仓库、流通中心，有时还包括工厂）称为节点，把构成运输手段通路的铁路、公路、水路称为连线，那么物流系统化可以说是完善连线，使节点与方式的现代化，按照运输需求，从制度上、运行上、技术上有效利用方式的特性，选择最优方式进行组合。在这种条件下，物流系统化的方法包括以下四种。

(1) 提高运输效率的方法，包括联合一贯制运输、集装箱直达列车运输、共同运输、定时配送。

(2) 提高节点功能的方法,包括复合终端、流通中心、配送中心、流通加工基地、自动化仓库。

(3) 装卸合理化的方法,包括集装箱化、托盘化、装卸机械化。

(4) 提高信息功能的方法,包括使用电子计算机,并逐步形成计算机联机系统,实现信息系统化。

此外,为了推进我国的物流系统化发展,物流企业还应该集中力量完成以下基础工作。

(1) 加强物流基础设施建设,包括连线的建设以及节点与方式的现代化。这需要国家统一规划、统一布局综合运输网络和配送中心、物流中心及流通中心。

(2) 制定统一的托盘尺寸,大力推进托盘化。没有这个基础工作就谈不上包装标准化,也谈不上装卸效率化基础上的物流系统化。

(3) 研究开发我国的商品条码和商品交易票据的标准化。这是最终实现物流系统化的信息系统化的基础,没有这个基础自然谈不上信息系统化,也就无法实现物流系统化。

## 本章小结

物流系统化就是把物流的诸多环节(或各子系统)联系起来,视为一个大系统,进行整体设计和管理,以最佳的结构、最好的配合,充分发挥其系统功能的效率,实现整个物流合理化。

随着科技的进步和生产的发展,在市场剧烈竞争的条件下,一些工业发达国家逐步认识到物流系统的开发和研究,并把它视为"第三利润源泉",这是有一定道理的。因为在一个发达的经济社会中,为了适应大规模生产、大规模流通和大量消费的需要,已不能静止、孤立地去对待这些问题,而必须把社会再生产的过程、生产、分配、流通、消费,看成一个有机的整体,并且是相互制约、相互依存的。如在国民经济大系统中,虽然生产发展很好,但流通不畅,则它会给社会经济发展造成影响;反之,流通工作很好,生产发展停滞,同样也会给社会经济发展带来不利。

在物流系统中也适用这个道理。物流合理化是指物流系统整体而言的,而不只是要求物流过程某一环节的合理化。即要把物流系统的诸多功能或各子系统联系起来,进行综合分析研究,以谋求物流大系统的整体经济效益。对于物流大系统来说,在各子系统之间存在着相互制约、相互依存的关系,有时甚至是矛盾的。如在包装环节,如果片面地强调节省包装材料和包装费用,不适当地少用包装材料或用低质代用材料,虽然包装环节的费用降低了,但由于包装质量差,在运输和装卸搬运过程中会造成货物破损错乱,故而从物流系统全过程来看,反而是一种浪费。

因此,物流系统功能环节,即各子系统之间,既是独立的,又是相互联系、相互制约的。各子系统环节之间要紧密衔接、互相适应,特别是前一道环节(工序)要为后一道环节(工序)创造条件。各个环节要为物流大系统取得最好的、整体的经济效益创造条件,这才是真正的物流系统化。

## 案例赏析

### A公司成功实施物流信息系统①

为了构建合适的物流信息系统，A公司采用了德国某著名软件公司的ERP系统和电子商务采购平台系统，对企业进行流程改造。

A公司通过严格地需求分析得出以下结论：A公司认为，只有订单是现代企业运作的驱动力。围绕订单而进行的采购、设计、制造、销售等一系列工作，最重要的一个流程就是物流。如果没有物流的支持，企业的采购、制造、销售等行为就会带有盲目性和不可预知性。只有建立高效的现代物流系统，才能建立企业最核心的竞争力。A公司需要建立这样的一套系统，使其既能抓住用户的需求，又能抓住可以满足用户需求的全球供应链。A公司实施信息化的目的主要有两个方面。

首先，以信息技术为基础，就能够向顾客提供竞争对手所不能给予的增值服务，使A公司顺利地从企业物流向物流企业转变。

其次，追求速度，A公司物流信息化建设需要以订单信息流为中心，使供应链上的信息同步传递，这样才能实现以速度取胜。

A公司的解决方案是引进适合自己的ERP系统和电子商务采购平台系统。

A公司物流的ERP系统包括物料管理、制造与计划、销售与订单管理、财务管理与成本管理五大模块。ERP系统实施后，打破了原有的"信息孤岛"，使信息同步而集成，提高了信息的实时性与准确性，对供应链的响应速度也加快了。如原来某些订单由客户下达传递到供应商需10天以上且准确率低，现在不但1天就能完成而且准确率极高。

引进电子商务平台采购系统的主要目的是建立与供应商之间基于网络的业务和信息协同平台。它具有以下两大主要功能。

一是业务协同功能。企业既可以通过网络进行招投标，又可以将所有与供应商相关的物流管理业务信息（如采购计划、采购订单等）发布给供应商，使其足不出户就可以全面了解与自己相关的物流管理信息。

二是非业务信息的协同。这家德国软件公司使用构架于电子商务采购平台上的信息中心为A公司与供应商之间进行沟通和反馈提供集成环境。信息中心利用浏览器和互联网整合了过去通过纸张、传真、电话和电子邮件等方式才能完成的信息交互方式，实现了非业务数据的集中存储和网上发布。

A公司在实施物流信息化过程中主要得到了以下一些成功的经验。

一是选择了成熟的ERP系统而不是重新研发，这样就可以借助于成熟的先进流程提升管理水平。

---

① 资料来源：http://www.chinawuliu.com.cn/information/201103/14/151277.shtml，有改动。

二是重视“一把手”的作用与全员参与。A 公司物流的信息化建设均是基于流程的优化，提高对客户的响应速度来进行的，所以会涉及内外部很多部门，而要打破旧的管理办法，推行新流程的阻力非常巨大。为此，A 公司一直是“一把手”亲自抓物流的信息化建设，保证了实施的效果。

三是确保培训同步进行，以保证信息系统的实施效果。实施 ERP 系统时，A 公司开展了全员培训，并进行了严格的技能考试，只有考试通过后才能获得上岗证书。物流信息中心还开通了内部培训网站，详细介绍了系统的基础知识、业务操作指导书并对相关问题进行答疑。

ERP 系统通过业务流程的再造，成功地将 A 公司的电子商务平台扩展到包括客户和供货商在内的整个供应链管理，既有效地提高了采购效率，又大大降低了供应链的成本。

ERP 系统也是为订单采购设计的，其结果使得采购成本得以大大降低。同时该系统是在这家德国软件公司成熟系统的基础上开发的，使其 ERP 系统和 BBP 系统具有典型的企业标准化特征。系统覆盖了 A 公司原材料的集中采购、库存和立体仓库的管理、19 个事业部的生产计划、事业部原料配送、成品下线的原料消耗以及物流本部零部件采购公司的财务等业务，建立了 A 公司的内部标准供应链。

**案例思考题**

1. A 公司的物流信息系统的设计思想是什么？
2. ERP 系统、电子商务采购平台系统与供应链管理有哪些必然联系？
3. 你认为 A 公司的物流信息系统还有哪些地方值得改进？
4. 国内其他的物流企业可以效仿 A 公司建立自己的物流信息系统吗？

## 复习思考题

1. 简述物流系统化的含义与特点。
2. 简述物流系统分析的基本原则和基本内容。
3. 简述企业物流系统的含义。
4. 简述企业物流系统的构成。
5. 运用所学知识，试构想与设计推进物流系统化的其他方法。

# 第六章　企业物流

## 6.1　企业采购物流

### 6.1.1　采购及采购物流的内涵

采购就是购买生产和生活所需的物资，其过程包括提出采购需求、选定供应商、谈妥价格、确定交货及相关条件、签订合同并按要求收货付款。企业采购不同于消费品市场采购，消费品市场采购活动往往是个人行为，而企业采购的主体通常是企业、机关或机构。两者无论是在采购的目的、动机，还是在采购决策与采购特点等方面都存在着明显的区别。此外，企业采购与消费品采购还有一个主要的区别在于企业采购是供应商与企业之间相互依靠的过程，因而在供应商与采购商（企业）之间往往会发展成长期的合作关系。企业采购与消费品采购的区别参见表 6-1。

表 6-1　企业采购与消费品采购的区别

| 项目/采购类型 | 企业采购 | 消费品采购 |
|---|---|---|
| 采购目的 | 保证生产 | 满足个人需求 |
| 采购动机 | 主要出于理性考虑 | 带有个人喜好或冲动 |
| 采购功能 | 专业职能、企业行为 | 消费者个人行为 |
| 采购决策 | 多人参与、程序化过程 | 个人决定 |
| 产品与市场知识 | 系统、宽广 | 零散、有限 |
| 采购量 | 大 | 小 |
| 采购需求 | 由生产及发展驱动、波动性强 | 由生活所需导向、通常较稳定 |
| 采购市场价 | 弹性有限 | 弹性相对较大 |
| 顾客 | 数量有限、往往地域性集中 | 数量很多、地域上分散 |

采购物流（或称供应物流），对于工厂而言，是指生产活动所需要的原材料、备品备件等物资的采购、供应活动所产生的物流；对于流通领域而言，是指交易活动中，从买方角度出发的交易行为中所发生的物流。企业的流动资金大部分是被购入的物资材料及半成品等所占用的。采购物流的严格管理及合理化对于企业的成本具有重要影响。

从表 6-1 中我们可以看出，采购物流管理是企业经营的一个重要组成部分。企业经营管理可以从不同的角度去研究，但在市场经济日渐发达和市场竞争激烈的经营环境中，专业的物流管理水平成为企业竞争力的重要指标。采购物流管理是企业物流管理的一个主要组成部分，它包括三个部分的重要内容，即库存控制、供应商管理和采购管理技术。通俗地讲，库存控制就是买多少的问题，供应商管理是向谁买的问题，采购管理技术是怎么做的问题。三者之间是相互联系、相互支持的。为了更好地实现买多少的工作目标，向谁买很重要，不同品质、实力的供应商，合作的效果是不一样的；而确定买多少的工作目标，指导向谁买的工作方向；当然，出色的业务实操是实现各项采购管理措施和政策的保证。

### 6.1.2 采购物流的类型、采购的基本原则以及采购物流流程

1. 采购物流的类型

采购活动可以归入三种不同的行为类型，也许不同的企业对这三种情况有不同的名称，但定义基本相同。

(1) 直接采购。

直接采购，就指企业的采购部门根据过去和许多供应商打交道的经验，从供应商名单中选择供货企业，并直接重新订购过去采购的同类物资。这种情况是指已经多次购买货物，订购程序已经确立，基本上属于惯例化决策。列入供应商名单的供应商将尽力保持产品质量和服务质量，并采取其他的措施提高采购方的满意度。未列入的供应商会试图提供新产品或提供某种满意的服务，以便争取采购方的认可。

(2) 修正采购。

修正采购，是指企业采购经理为了更好地完成采购工作任务，适当改变要采购的某些产业物资的规格、价格等条件或供应商，这种行为类型较复杂，因而参与购买决策过程的人数较多。这种情况给“门外的供货企业”提供了市场机会，并给“已入门的供货企业”造成威胁。

(3) 新购。

新购，是指企业第一次采购某种物资。新购的成本费用越大，风险就越大，需要参与购买决策过程的人数和需要掌握的市场信息就越多。这类采购行为最复杂。新购要做的购买决策最多，通常有产品规格、价格幅度、交货条件和交货时间、服务条件、支付条件、订购数量、可接受的供应商和挑选出来的供应商等决策。

2. 采购的基本原则

(1) 适价。

大量采购与少量采购、长期采购和短期采购在价格上会有差别，决定一个适合的价格要经过多渠道询价、比价、自行估价、议价等过程。适价原则即从品质的角度保证同等品质情况下，不高于同类物资的价格。

(2) 适时。

在价格稳定的时期内，采购方要按照生产计划进行分期采购，随着季节的变化，在价格较低时，不失时机地购进。

(3) 适质。

市场行情和采购材料的品质是间接的，往往被忽视，但是品质不良会造成管理费增加、

生产不稳定、降低信用和产品竞争能力等后果。

(4) 适量。

采购量多，价格就便宜，但不是采购越多越好，资金的周转率、仓库储存的成本都直接影响采购成本，因此采购者应根据资金的周转率、储存成本、物料需求计划等综合计算出最经济的采购量。采购量的大小决定生产与销售的顺畅与资金的调度。物料采购量过大会造成过高的存货储存成本与资金积压；物料采购量过小，则采购成本提高，因此适当的采购量（即适量）是非常必要的。

(5) 适地。

适地原则即供应商离自己的企业越近，运输费用就越低，机动性就越高，协调沟通就越方便，成本自然就越低了。这同时也有助于紧急订购时的时间安排。

3. 采购物流的作业流程

采购作业过程往往会因采购物料来源、采购方式及采购对象等不同，在具体细节上存在若干差异或不同，但是基本作业过程大同小异。通常采购作业流程由以下七个作业步骤组成。

(1) 采购申请。

采购申请由物料控制部门根据物料需求分析表计算出物料量，填写请购单，依照签核流程送至不同的审核主管批准。在填制采购单的同时，还必须登记编号，以便未来查询和验证，这样可以有效地防止随意性和盲目性。

(2) 选择供应商。

在现代市场经济中，买方市场占有相当比例，在物料采购时，市场上往往有多家供应商可供选择，此时买方处于有利地位，可以货比多家。客户针对物料的品种、价格、形状、功能、品质及多种相应服务条件都可以向供应商提出要求，比较供应商的供货能力和供货条件，尽力降低采购成本，选择最理想的供应商，在采购条件许可范围内，应该列出或排出所有的供应商清单，采用比较和评估的科学方法挑选合适的供应商。

(3) 确定价格。

确定价格的过程就是谈判过程，这一过程相当困难。因为价格是最敏感或最棘手的问题，买卖双方都设法提高或降低价格来维护自身利益。值得提出的是，虽然价格是市场供需的一对矛盾，但是双方中的任何一方都不能随意要价，否则会导致商品交易失败。另外，价格并不是采购业务过程中唯一的决定性因素，价格与物料质量、数量、交货时间、包装、运输方式、售后服务等内容有多种相互制约的关系，这就要求买卖双方必须综合权衡利弊，定出令双方满意的价格，促其成交。

(4) 签约或签发采购订单。

物料采购协议或订单是具有法律效力的书面文件，其内容主要包括采购物料的具体名称、品质、数量及其他要求，包装要求及其运输方式，采购验收标准，交货时间和交货地点，付款方法，不可抗拒因素的处理，违约责任及其他。

签约或签发采购订单是需要十分仔细和谨慎的采购行为，采购方必须认真行事，签约或签发采购订单的原则包括权利和义务对等原则、严格执行原则、责任原则等。

(5) 跟踪协议后订单与稽核。

在完成订货之后，为了使供应商如期、保质、保量交货，应依据合约或订单规定，督促供应商按规定交运，并严格验收入库。这一过程是整个采购过程的核心，必须予以充分重视。有时在执行过程中，经常会发生意外或意想不到的事件，在这种情况下，双方应尽力采取有效措施，避免不必要的损失或将损失降到最低程度。

(6) 接收物料。

供应商根据不同的运输方式将物料送至采购方指定地点，采购方对送达的物料进行认真验收。验收时一般有如下要求：确定验收时间或日期；验收工作应按合约内容进行，以确定是否完全符合订单或合约要求；确定验收人员和负责人员；验收时，若发现物料存在质量或其他方面的问题，应及时通知供应商处理；验收单据由验收人员签字，并对此负全部责任，被签署后的验收单据可以作为采购者的付款凭证之一。

(7) 确认支付发票与结案。

支付货款前必须核对支付发票与验收的物料清单或单据是否一致，确认后连同验收单据，开出保票向财务部门申请付款，财务部门经会计账务处理后通知银行正式付款。至此，采购方与供应商之间的业务事宜结束。

### 6.1.3 供应商管理

1. 供应商选择的因素

供应商的选择是搞好供应商管理的前提，良好的供应商是物料供应顺畅的保证，保证生产不会因为待料而停工，保证原材料的进料品质稳定，从而保证生产成品品质的稳定；可以保证交货数量和交货期的准确性，从而保证产品出库的准确性。因此，选择优秀的供应商会直接影响企业的生产和销售，对企业的影响巨大。

评价和选择一个供应商一般应考虑的因素包括：(1) 产品质量；(2)供货能力；(3) 企业信誉及历来表现；(4) 质量保证及赔偿政策；(5) 产品价格；(6) 技术力量；(7) 企业财务状况；(8) 通信系统；(9) 企业在同行业中的地位。

2. 供应商选择的主要步骤

(1) 了解供应商的情况。

企业可以通过以下四个途径了解供应商的一些信息。

① 直接向供应商了解情况。企业根据自己的采购需求，同时结合对供应商的要求制定调查问卷，发放给供应商，以此了解他们的技术能力、售后服务、生产规模等方面的信息。

② 通过供应商的对外宣传进行了解。供应商自己也会向采购方发送自己的详细资料，而且现在很多的供应商都有自己的网站，以供需求者进行了解。

③ 采购人员还可以通过自己的业务关系或者社会关系向行业内的其他企业咨询，这样获得的信息往往比较真实。

④ 通过向工商局、税务局、行业商会等官方和非官方的机构了解供应商的实力、背景等信息。

(2) 初步进行谈判。

对于一般的小批量采购，在了解了供应商的基本情况之后，就可以与供应商进行初步的谈判，一般是选定几个比较合适的供应商进行谈判。在谈判过程中，采购方一方面要提出自己的采购要求，向供应商提供样品，以便双方能达成协议；另一方面，采购方要更加详细地了解供应商的基本情况，要察看他们是否具有质量和生产能力保证方面的证明性材料和文件，同时还要供应商出具法人营业执照、产品生产许可证、资产证明材料等方面的证明。如果觉得有必要的话，还可以到供应商企业进行实地考察。谈判之后就可以确定供应商。

(3) 进行采购认证。

对于大型项目的采购，则要经历采购认证的过程，这个过程较为复杂，因而要谨慎。

① 在接触供应商之前，采购方要做认证准备。认证准备包括三个方面的工作：第一，要对采购需求作进一步的确认，掌握市场采购动态，明确采购质量要求和使用标准；第二，对价格进行更详细的预算，如货物购买成本、采购管理成本、库存成本等；第三，根据以上工作制定认证说明书，包括价格预算、质量说明、需求量、售后服务等，准备发送给供应商。

② 采购方向初步选定的供应商发送认证说明书。供应商收到认证说明书后，根据自己的真实情况制定供应报告。供应报告包括供应商所能接受的采购价格、所能达到的质量水平、所能提供的售后服务、所能满足的月或年的供应量、订单提前期的长度等。通过这一步可以选定几个有资格的供应商。

③ 采购方向有资格的供应商提供样品试制资料，签订试制合同，并对供应商的试制过程进行监控，对完成的样品进行检验和评估。

(4) 选定供应商。

评估之后，采购方根据价格、质量、风险等方面的要求，选择最合适的供应商。当然，最后确定的供应商可能不止一家。

3. 供应商管理的基本内容

(1) 供应商调查。

供应商调查的目的，就是要了解企业有哪些可能的供应商，各个供应商的基本情况如何，从而为了解资源市场以及选择正式的供应商做准备。

(2) 资源市场调查。

资源市场调查的目的,就是在供应商调查的基础上,进一步了解掌握整个资源市场的基本情况和基本性质:是买方市场还是卖方市场;是竞争市场还是垄断市场等。

(3) 供应商开发。

在供应商调查和资源市场调查的基础上,还可能发现比较好的供应商,但是不一定能马上得到一个完全合乎企业要求的供应商,还需要在现有基础上继续进一步加以开发,才能得到一个基本合乎企业需要的供应商。将一个现有的原型供应商转化成一个基本符合企业要求的供应商的过程,是一个开发过程,具体包括供应商深入调查、供应商辅导、供应商改进、供应商考核等活动。

(4) 供应商考核。

供应商考核是一个很重要的工作,它分布在供应商管理的各个阶段,包括:在供应商开发过程中需要考核;在供应商选择阶段需要考核;在供应商使用阶段需要考核。不过每个阶段的考核形式和考核内容并不完全相同。

(5) 供应商选择。

在供应商考核的基础上,经过科学评估,选定合适的供应商。

(6) 供应商使用。

与选定的供应商开展正常的业务活动,并对其进行激励。

### 6.1.4 供应商的选择方法

供应商的选择方法有很多种,大体来说分为定性方法和定量方法两种。

1. 定性方法

定性方法主要包括直观判断法、招标法和协商选择法。

(1) 直观判断法。

直观判断法,是指根据所调查的资料并结合采购人员的分析判断,对供应商进行分析和评价的方法,主要由采购人员凭经验来做出判断。这种方法常用来选择采购非主要原材料时的供应商。

(2) 招标法。

招标法是由采购方提出招标条件,各供应商进行竞标,最后由采购方决标,从而选择最有利条件的供应商来签订合同和协议的方法。招标法分为公开招标和指定竞标招标,公开招标不限制投标者的资格,而指定竞标则由企业先选择几个供应商,然后再进行竞标决标。招标法的手续比较烦琐,经历时间长,一般适用于采购数量大、供应商多、竞争激烈的情况。

(3) 协商选择法。

协商选择法是由采购方先选择出几个条件较为有利的供应商,然后分别同他们进行协商,最后确定最为合适的供应商的方法。与招标法相比,协商选择法必须要保证双方能够进行充分的协商，一般在采购时间紧迫、物料规格和技术要求复杂、竞争程度小、供应商多使企业难以选择时比招标法更适合。

2. 定量方法

定量方法包括等级分评定法、ABC 成本法（Activity Based Costing Approach）、逼近于理想解的排序法（Technique for Order Preference by Similarity to Ideal Solution，TOPSIS）、层次分析法（Analytic Hierarchy Process，AHP）、人工神经网络算法（Artificial Neural Network，ANN）、随机 DEA 法（数据包络分析法）等。

（1）等级分评定法。

此方法是把不可量化的因素变为可量化的，以此来评定供应商，为采购方提供选择依据。其具体的步骤如下：

① 首先选择评价供应商的主要因素；

② 确定每个因素的权数，即确定每个因素在选择供应商时的重要程度；

③ 对每一个因素划分等级，以此来说明供应商满足各因素方面的程度，一般划分为 10 个等级，即从 1～10；

④ 对几个具体供应商的各个因素进行打分；

⑤ 得出各个供应商的等级分数，把每一个供应商的各个因素分数与每个因素的权数相乘，汇总得出供应商的总等级分；

⑥ 最后根据总等级分对供应商进行排序，选择最高分者。

表 6-2 是一个用等级分评定法来选择供应商的例子，从表中可以看出应该选择 A 供应商。

**表 6-2　供应商等级分评定**

| 因素 | 权数 | 供应商得分 | | | | 供应商等级分 | | | |
|---|---|---|---|---|---|---|---|---|---|
| 供应商 | 权数/供应商 | A | B | C | D | A | B | C | D |
| 功能 | 10 | 9 | 8 | 10 | 9 | 90 | 80 | 100 | 90 |
| 成本 | 8 | 7 | 6 | 7 | 4 | 56 | 48 | 56 | 32 |
| 服务 | 8 | 9 | 10 | 6 | 5 | 72 | 80 | 48 | 40 |
| 技术支持 | 5 | 6 | 4 | 5 | 3 | 30 | 20 | 25 | 15 |
| 信用条件 | 2 | 5 | 3 | 7 | 6 | 10 | 6 | 14 | 12 |
| 供应商总等级分 | | | | | | 258 | 234 | 243 | 189 |

（2）ABC 成本法。

ABC 成本法也称基于活动的成本分析法，是鲁德霍夫和科林斯在 1996 年提出的。其基本思想是供应商所供应产品的任何因素的变化都会引起采购企业总成本的变动，价格过高、质量达不到要求、供应不及时等都会增加采购企业的成本。通过计算备选企业的总成本来选择合作伙伴，提出以下总成本模型：

$$S_i=(P_i-P_{\min})\times q+\sum C_j\times D_{ij}$$

式中：$S_i$——第 $i$ 个供应商的总成本值；

$P_i$——第 $i$ 个供应商的单位销售价格；

$P_{\min}$——供应商中单位销售价格的最小值；

$q$——采购量；

$C_j$——因企业采购的相关活动导致的成本因子 $j$ 的单位成本；

$D_{ij}$——因供应商 $i$ 导致的在采购企业内部的成本因子 $j$ 的单位成本。

这个模型是用于分析采购企业因采购活动所产生的直接的和间接的成本大小的，采购方应该选择 $S$ 值最小的供应商。

(3) 逼近于理想解的排序法。

其基本思想是确定一个实际上并不存在的一个最佳方案和最差方案，然后计算现实中的每一个方案与最佳方案和最差方案的距离，最后利用理想解的相对接近度作为综合评价的标准。

(4) 层次分析法。

层次分析法由著名运筹学家沙梯于 20 世纪 70 年代提出，心理学家韦伯等将层次分析法用于合作伙伴的选择。层次分析法作为一种定性和定量相结合的工具，目前已在许多领域得到了广泛的应用。层次分析法是根据具有阶梯结构的目标、子目标(准则)、约束条件、部门等来评价方案的，采用两两比较的方法确定判断矩阵，然后把判断矩阵的最大特征值对应的特征向量的分量作为相应的系数，最后综合给出各个方案的权重。由于该方法让评价者对照相对重要性函数表，给出因素两两比较的重要性等级，因而可靠性高、误差小；不足之处是遇到因素众多、规模较大的问题时，该方法容易出现问题，如判断矩阵难以满足一致性要求，往往难以进一步对其分组。

(5) 人工神经网络算法。

人工神经网络是 20 世纪 80 年代后期迅速发展的一门新兴学科，它可以模拟人脑的某些智能行为，如知觉、灵感和形象思维等，具有自学习、自适应和非线性动态处理等特征。这里将人工神经网络应用于供应链管理环境下合作伙伴的综合评价选择，旨在通过模拟人脑的某些智能行为(如直觉、灵感和形象思维等)，建立类似人类思维模式的总和评价选择模型，实现了定性分析与定量分析的有效结合，可以较好地保证供应商综合评价结果的客观性。

(6) 随机 DEA 法(数据包络分析法)。

此方法是以相对效率概念为基础发展起来的一种新的效率方法，是处理多目标决策的有效方法，根据一组输入数据和输出数据来评价决策单元的优劣，即评价各单位的相对效率。

## 6.2 企业生产物流

### 6.2.1 企业生产物流的内涵

企业生产物流，是指原材料、燃料、外购件投入生产后，经过下料、发料、运送到各个加工点和存储点，以在制品的形态，从一个生产单位(仓库)流入另一个生产单位(仓库)，按照规定的生产工艺过程进行加工、储存的全部生产过程。因此，生产物流的形式和规模取决于生产的类型、规模、方式和生产的专业化与协作化水平。

企业生产物流过程需要物流信息提供支持，通过信息的收集、传递、储存、加工和使用，控制各项物流活动的实施，使其协调一致，以保证生产的顺利进行。生产物流管理的核心是对物流和信息流进行科学的规划、管理与控制。

### 6.2.2 企业生产物流的特点及类型

1. 企业生产物流的特点

制造企业的生产过程实质上是每一个生产加工过程"串"起来时出现的物流活动，因此，一个合理的生产物流过程应该具有以下基本特征，才能保证生产过程始终处于最佳状态。

(1) 连续性、流畅性。

连续性、流畅性是指物料总是处于不停的流动之中，包括空间上的连续性和时间上的流畅性。空间上的连续性要求生产过程各个环节在空间布置上合理紧凑，使物料的流程尽可能短，没有迂回现象。时间上的流畅性要求物料在生产过程的各个环节的运动，自始至终处于连续流畅状态，没有或很少有不必要的停顿与等待现象。

(2) 平行性、交叉性。

平行性、交叉性，是指物料在生产过程中应实行平行交叉流动。平行指相同的在制品同时在数道相同的工作地(机床)上加工流动。交叉指一批在制品在上道工序还未加工完时，将已完成的部分在制品转到下道工序加工。平行交叉流动可以大大减少产品的生产周期。

(3) 比例性、协调性。

比例性、协调性，是指生产过程的各个工艺阶段之间、各工序之间在生产能力上要保持一定的比例，以适应产品制造的要求。比例关系表现在各生产环节的工人、设备数、生产面积、生产速率开动班次等因素之间相互协调和适应，所以比例是相对的、动态的。

(4) 均衡性、节奏性。

均衡性、节奏性，是指产品从投料到最后完工都能按预订的计划(一定的节拍、批次)均衡地进行，能够在相等的时间间隔内(如月、旬、周)完成相等的工作量或稳定递增的生产工作量，很少有时松时紧、突击加班现象。

(5) 准时性。

准时性,是指生产的各阶段、各工序都按后续阶段和工序的需要生产,即在需要的时候,按需要的数量,生产所需要的零部件。只有保证准时性,才有可能推动上述连续性、平行性、比例性、均衡性。

(6) 柔性、适应性。

柔性、适应性,是指加工制造的灵活性、可变性和可调节性,即在短时间内以最少的资源从一种产品的生产转换为另一种产品的生产,从而适应多样化、个性化要求。

2. 企业生产物流的类型

通常情况下,企业生产的产品产量越大,产品的品种数则越少,生产的专业化程度也越高,而物流过程的稳定性和重复性也就越大。所以,生产物流的类型与决定生产类型的产品产量、品种和专业化程度有着内在的联系。正因为如此,我们才把划分生产物流的类型与划分生产类型看成是一个问题的两种说法。

(1) 从生产专业化的角度分类。

即根据产品在工作地生产的重复程度把物料生产过程划分为单件生产、大量生产和成批生产三种类型。

单件生产(项目型),是指生产品种繁多,但每种仅生产一台,生产重复度低。

大量生产(连续或离散型),是指生产品种单一,产量大,生产重复度高。

成批生产(连续或离散型)介于上述两者之间,即品种不单一,每种都有一定的批量,生产有一定的重复性。成批生产通常又可以划分为大批生产、中批生产、小批生产。

(2) 从物料流向的角度分类。

即根据物料在生产工艺过程中的特点,把生产物流划分为项目型生产物、连续型生产物流和离散型生产物流三种类型。

项目型生产物流(固定式生产)的特点是物流凝固。即当生产系统需要的物料进入生产场地后,几乎处于停止的"凝固"状态,或者说在生产过程中物料流动性不强。这可以分两种状态:一种是物料进入生产场地后就被"凝固"在场地中,和生产场地一起形成最终产品,如住宅、厂房、公路、铁路、机场、大坝等;另一种是在物料流入生产场地后,"滞留"时间很长,形成最终产品后再流出,如大型的水电设备、冶金设备、轮船、飞机等。此类物流管理的重点是按照项目的生命周期对每阶段所需的物料在质量、费用以及时间进度等方面进行严格的计划和控制。

连续型生产物流(流程式生产)的特点是物料均匀、连续地进行,不能中断;生产出的产品和使用的设备、工艺流程都是固定且标准化的;工序之间几乎没有在制品储存。此类物流管理的重点是保证连续供应物料和确保每一生产环节的正常运行。由于工艺相对稳定,故有条件采用自动化装置实现对生产过程的实时监控。

离散型生产物流(加工装配式生产)的特点是产品是由许多的零部件构成,各个零部件的加工过程彼此独立；制成的零件通过部件装配和总装配最后成为产品，整个产品的生产工艺是离散的，各个生产环节之间要求有一定的在制品储备。此类物流管理的重点是在保证及时供料和零部件的加工质量的基础上，准确地控制零部件的生产进度，缩短生命周期，既要减少在制品积压，又要保证生产的成套性。

（3）从物料流经的区域和功能角度分类。

即把生产过程中的物流细分为两个部分，即工厂间物流和工序间物流（车间物流）。

工厂间物流，是指大型企业各专业厂间运输物流或独立工厂与材料、配件供应厂之间的物流。

工序间物流也称工位间物流、车间物流，是指生产过程中车间内部和车间、仓库之间各工序、工位上的物流，其内容包括：接受原材料、零部件后的储存活动；加工过程中间的在制品储存活动；成品出厂前的储存活动；仓库向生产车间运送原材料、零部件的搬运活动；各种物料在车间、工序之间的搬运活动。

### 6.2.3 企业生产物流的组织形式

从物料投入到成品产出的生产物流过程，通常包括工艺过程、检验过程、运输过程、等待停歇过程、自然过程等几个阶段。为了提高生产效率，一般从空间、时间和人员三个角度组织生产物流。

1. 生产物流的空间组织

生产物流的空间组织是相对于企业生产区域而言，其目标是如何缩短物料在工艺流程的移动距离。空间组织一般有三种专业化组织形式，即工艺专业化、对象专业化和成组工艺。

（1）按工艺专业化形式组织生产物流。

工艺专业化形式也叫工艺原则或功能性生产物流体系，其特点是把同类的生产设备集中在一起，对企业欲生产的各种产品进行相同工艺的加工，即加工对象多样化但加工工艺、加工方法却雷同。其优点是对产品品种的变化和加工顺序的变化适应能力强，生产系统的可靠性较高，工艺及设备管理较方便；缺点是物料在加工过程中物流次数及路线复杂、难以协调。

在企业生产规模不大，生产专业化程度低，产品品种不稳定的单件小批生产条件下，适宜按工艺专业化组织生产物流。

（2）按对象专业化形式组织生产物流。

对象专业化形式也叫产品专业化原则或流水线，其特点是把生产设备、辅助设备按生产对象的加工路线组织起来，即加工对象单一但加工工艺、加工方法却多样化。按对象专业化形式组织生产物流的优点是可以减少运输次数，缩短运输路线；协作关系简单从而简化了生产管理；在制品少，生产周期短；其缺点是对品种的变化适应性差，生产系统的可靠性较低，工艺及设备管理较复杂。

在企业专业方向已经确定，产品品种比较稳定，生产类型属于大量、成批生产，设备比较齐全并能有充分负荷的条件下，适宜按产品专业化组织生产物流。

(3) 按成组工艺形式组织生产物流。

成组工艺形式是结合了上述两种形式的特点，按成组技术原理，把具有相似性的零件分成一个成组生产单元，并根据其加工路线组织设备。其主要优点是可以大大地简化零件的加工流程，减少物流迂回路线，在满足品种变化的基础上有一定的批量生产，具有柔性和适应性。

上面三种企业生产物流的组织形式各有特色，而如何选择则主要取决于生产系统中产品品种的多少和产量大小。

2. 生产物流的时间组织

生产物流的时间组织，是指一批物料在生产过程中各生产单位、各道工序之间在时间上的衔接和结合方式。要合理组织生产物流，不但要缩短物料流程的距离，而且还要加快物料流程的速度，减少物料的成批等待，实现物流的节奏性、连续性。

通常，一批物料有三种典型的移动组织方式，即顺序移动方式、平行移动方式和平行顺序移动方式。

(1) 顺序移动方式。

顺序移动方式，是指一批物料在上道工序全部加工完毕后才整批地转移到下道工序继续加工。这种方式的优点是一批物料连续加工，设备不停顿，物料整批转工序，便于组织生产；其缺点是不同的物料之间有等待加工、运输的时间，因而生产周期较长。

(2) 平行移动方式。

平行移动方式，是指一批物料在前道工序加工一个物料以后，立即送到后道工序去继续加工，形成前后交叉作业。这种方式的优点是不会出现物料成批等待现象，因而整批物料的生产周期最短；其缺点是当物料在各道工序加工时间不相等时，会出现人力和设备的停工现象。只有当各道工序的加工时间相等时，各工作地才可以连续充分负荷地进行生产。另外，运输频繁会加大运输量。

(3) 平行顺序移动方式。

平行顺序移动方式，是指每批物料在每一道工序上连续加工没有停顿，并且物料在各道工序的加工尽可能做到平行。这种方式既考虑了相邻工序上加工时间尽量重合，又保持了该批物料在工序上的顺序加工。另外，这种方式吸取了前两种移动方式的优点，消除了间歇停顿现象，能使工作充分负荷；工序周期较短，但安排进度时比较复杂。

上述三种移动方式各有利弊。在安排物料进度计划时，需要考虑物料的大小、物料加工时间的长短、批量的大小以及生产物流的空间组织形式。一般来讲，批量小、体积小或重量轻而加工时间短的物料，适宜采用顺序移动方式；对生产中的缺件、急件，可以采用平行移动方式或平行顺序移动方式。

对于不同类型的企业，生产物流的时间组织形式是灵活多变的。

针对固定式生产企业（项目型生产物流），由于加工对象（物料）固定，因而生产物流的加工工序在时间上的组织方式主要表现在工人的顺序移动上。

针对流程式生产企业（连续型生产物流），通常把整批的物料一起加工，整批地按加工顺序进行工序间的移动。由于同一批物料不可能同时在多道工序上加工，因而生产物流是按顺序移动方式组织进行。

针对加工装配式生产企业（离散型生产物流），一批要加工的物料（零件或部件）在各工序之间加工的过程难免会有成批等待现象。所以，生产物流的时间组织目标在于：在保证设备充分负荷的前提下加速物料在各工序之间的流通速度，故通常采用平行顺序移动方式。

3. 生产物流的人员组织

生产物流的人员组织主要体现在人员的岗位设计方面。要实现生产物流在空间和时间两个方面的组织形式，就必须重新对工作岗位进行再设计，以保证生产物流优化且通畅。

(1) 人员组织的内容。

物流管理者应根据人的行为、心理特征，岗位设计还要符合工作人员的工作动机需求，由此要从以下三个方面入手。

① 扩大工作范围，丰富工作内容，合理安排工作任务。其目的在于使岗位工作范围及责任增加，改变工作人员对工作产生的单调感和乏味感，使其身心成熟发展，从而有利于提高生产效率，促进岗位工作任务的完成。扩大工作范围可以从横向和纵向两个途径进行。

横向途径包括：将分工很细的作业单位合并，由一个人负责一道工序改为几个人共同负责几道工序；尽量使工作人员进行不同工序、设备的操作，即多项操作代替单项操作；采用包干负责制，由一个人或一个小组负责一项完整的工作，使其看到工作的意义。

纵向途径包括：生产人员承担一部分管理人员的职能，如参与生产计划的制订，自行决定生产目标、作业程序、操作方法，检验衡量工作质量和工作数量，并进行工作核算；不但承担一部分生产任务，而且还可以参与产品试验、设计、工艺管理等技术工作。

② 工作满负荷。其目的在于制定合理的生产定额，从而确定岗位数目和人员需求量。

③ 优化生产环境。其目的在于改善生产环境中的各种不利于生产效率的因素，建立“人-机-环境”的最优系统。

(2) 人员组织的要求。

岗位设计体现在生产物流的三种空间组织形式上，其对人员又有不同的要求。

针对按工艺专业化形式组织的生产物流，要求员工不仅专业化水平很高，而且具有较多的技能和技艺，即一专多能、一人多岗。

针对按对象专业化形式组织的生产物流，要求员工在工作中具有较强的“工作协调”能力，能自主平衡各工序之间的“瓶颈”，保证物流的均衡性、比例性、适时性要求。

针对按成组工艺形式组织的生产物流，要求向员工授权，即从管理和技术两个途径，保证给每个员工都配备技术资料、工具,改变不利于物流合理性的工作习惯,加强新技术的学习和使用。

## 6.3 企业销售物流

销售物流,是指制造商将自己的产品出售给消费者的物流活动,是生产者至消费者之间的物流,包括订货处理、产成品库存、发货运输、销售配送等内容。销售物流是企业物流系统的一个重要环节,是企业物流与社会物流的最后一个衔接点,也是企业物流与社会物流的转换点。销售物流与企业销售系统相配合,共同完成产品的销售任务。

### 6.3.1 企业销售物流的内涵

只有经过销售,企业的产品才能实现其价值,创造利润。销售物流是企业在销售过程中,将产品的实体转移给用户的物流活动,是产品从生产地到消费者的时间和空间的转移,以实现企业销售利润为目的。销售物流是储存、运输、配送等环节的统一。

1. 销售物流是一个系统,具有系统性

销售物流是企业为了保证自身的经营利益,伴随销售活动,将产品所有权转给消费者的物流活动,包括订货处理、产成品库存、发货运输、销售配送等物流活动。

2. 销售物流是连接生产企业和消费者的桥梁

销售物流是企业物流活动的一个重要环节,它以产品离开生产线进入流通领域为起点,以送达消费者并经售后服务为终点。

3. 销售物流是生产企业赖以生存和发展的条件

对于生产企业来讲,销售物流是企业的"第三利润源泉",降低销售物流成本是企业降低成本的重要手段。销售物流成本占据了企业销售总成本的20%左右,销售物流的好坏直接关系企业利润的高低。企业一方面依靠销售物流将产品不断地运至消费者,另一方面通过降低销售过程中的物流成本,间接或直接地增加企业利润。

4. 销售物流具有服务性

在现代社会中,市场环境是一个完全的买方市场,只有满足买方要求,卖方才能最终实现销售。在这种市场前提下,销售往往以送达消费者并经过销售后服务才算终止,因此,销售物流具有更强的服务性。销售物流的服务性表现在要以满足消费者的需求为出发点,树立"消费者第一"的观念,要求销售物流必须快速、及时,这不仅是消费者的要求,也是企业发展的要求。

### 6.3.2 销售物流的影响因素

1. 销售渠道的变革直接影响物流活动的合理化

很多大型的零售商或零售连锁店通过物流系统的重组来确保物流活动的经济性,亦即将物流系统的构筑与收集消费者需求信息和提高商品购买力紧密结合在一起，从而发挥零售业直接接触消费者、直接面向市场的优势。由于零售业的积极推动，原有的物流格局开始崩溃。此外，从企业的角度来看，为了更好地了解顾客需求，保持物流经济性，要积极进行对流通渠道的管理和整合，通过对渠道的控制，在消费者中确立企业的品牌形象。所有这些销售物流渠道上的变革都直接或间接影响着物流的格局和由此而产生的效率和效果。

2. 新产品的生产或者生产的扩大影响着物流的顺畅

如产品的设计必须考虑产品的包装方式、搬运方式等，不方便搬运的产品是不会有好的市场效果的。无限扩大产品线，会直接影响物流效率，从而对企业利润的增加起到抑制作用。产品线扩大虽然使企业的总销售额增加，但同时也带来单位物流成本的上升，大多数物流成本与某个品种的平均销售量有关，而与总销售量无关。所以，产品线扩大应当充分考虑新产品线的平均销售规模以及相应的物流成本。

3. 促销策略影响物流的成本

在日常的经营活动中，为了在特定时期提高销售额或扩大市场份额，企业常常采取各种各样的促销手段，这些销售策略在一定时期和范围内的确能提高企业收益，但对物流成本也会产生影响。诸如在实施特定促销或商品折扣活动时，有可能使商品销售量在一定时间内达到高峰，与这种促销活动相对应，必须合理安排、确立商品销售高峰期的制造、输送、库存管理、事务处理等各种物流要素和活动，并使设备投资和在库投资有利于缓和销售高峰期对商品输送所造成的压力。除此之外，促销期的商品往往与平时销售的商品不太一致，在包装和设计上会突出促销品的特征，这就会出现与上述产品线扩大相类似的物流问题。另外，促销期的商品在生命周期上也会有所限制，与产品生命周期的变化相对应，就会派生出计划、管理、需要的迅速反应、过剩产品的处理等其他问题。因此，在企业实施销售物流策略时，应充分考虑它对整个物流所产生的影响。

### 6.3.3 企业销售物流的流程

企业制造过程的结束就意味着销售工作的开始。对于按照订单进行生产的企业而言，在销售过程中，不存在产成品的在库储存阶段，也就是说，产成品可以直接进入市场流通领域，进行实际销售；而对于按照产品的需求制订计划、进行生产的企业，产成品进入流通领域以前多数会经过短暂的在库储存阶段，然后再根据企业销售部门收到的产品订单和产品运输时所选择的运输方式等来决定产品的运输包装。产品的外包装工作结束后，企业就可以将产成品放入企业所建立或选择的销售渠道中进行实物的流转了。

图 6-1 中用不同形式的箭头表示了三种企业可以选择的销售渠道：

(1) 配送中心—批发商—零售商—消费者；

(2) 配送中心—零售商—消费者；

(3) 配送中心—消费者。

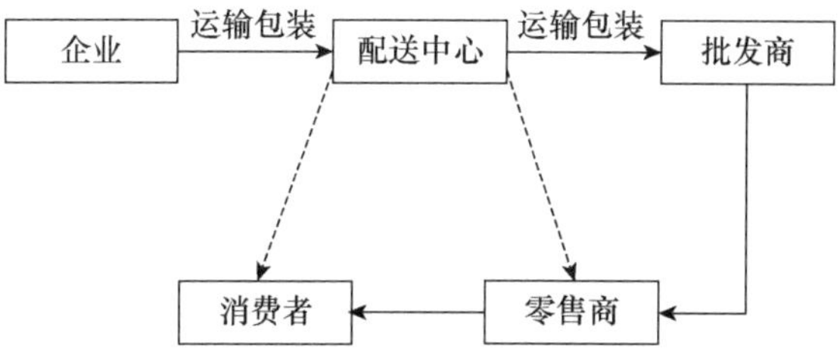


图 6-1 企业销售物流的流程

销售物流中的基本作业主要包括以下四个环节。

1. 产品的储存

销售物流的基础是可供商品量，而可供商品量的形成途径有两个：一是零库存下的即时生产；二是一定数量的库存。就目前大多数工商业企业而言，一定数量的库存是企业的首选，其原因也有两个。其一，维持较高供货服务水平，就必须保有一定的库存，因为任何企业的生产经营活动都存在多种不确定因素和需求的波动，这些不确定因素和需求波动会影响企业经营活动的稳定性和持续性，因此，企业大多通过保持一定量的库存来避免不确定因素带来的经营风险，而因缺货所引起的客户流失是风险的主要表现。其二，对于需求呈明显周期性或季节性变化的商品，企业为了保证生产的持续性和供给的稳定性，也要保持必要的库存。

2. 运输包装

产品的包装通常分为销售包装和运输包装。销售包装是与产品直接接触的包装，是企业销售工作的辅助手段，许多企业都通过产品的销售包装来进行新产品推销或企业形象宣传；而运输包装则主要在产品的运输过程中起到保护作用，避免运输、搬运活动造成产品的毁损。企业可以选择在生产过程对产品进行销售包装，而将产品的运输包装推迟到销售阶段，在决定运输方式以后再进行产品的运输包装，这样企业就可以依据产品配送所采用的运输方式、运输工具等来决定运输包装选用的材料和尺寸，不但可以更好地发挥运输包装对产品的保护作用，而且可以通过选择不同的包装材料实现产品包装成本的节省，还可以通过与运输工具一致的标准化包装来提高运输工具的利用率。

3. 产品发送

产品发送以供方和需方之间的运输活动为主，是企业销售物流的主要管理环节。产品发送工作涉及产品的销售渠道、运输方式、运输路线和运输工具等的选择问题，因此，企业在进行销售物流的管理过程中需要进行大量的决策工作，通过对各方面因素进行综合考虑做出对企业经营最有利的、最低成本的选择。

同时，企业在进行产品发送过程中除了关注运输活动以外，还应重视产品在运输端点的搬运、装卸，它是运输作业中不可缺少的重要组成部分，对运输产品的质量有直接的影响。

4. 信息处理

企业销售物流中的信息处理主要是指产品销售过程中对客户订单的处理。订单处理过程是从客户发出订货请求开始到客户收到所订货物为止的一个完整过程，在这个过程中进行的有关订单的诸多活动都是订单处理活动，包括订单准备、订单传输、订单录入、订单履行、订单跟踪等。由于客户采用的订货方式存在差异，订单处理的环节也会随着订货方式的不同而有所变化，如在网上购物的情况下，订单传输就不是一个必要的环节。在图 6-3 所示企业销售物流的流程中箭头所指的是产品的流动方向，而企业销售过程中所涉及的信息流动方向刚好和实物流动方向相反。

### 6.3.4 企业的销售渠道

企业的销售渠道一般可以分为两个基本类型，即直接销售渠道和间接销售渠道。在直接销售渠道下，生产企业与消费者（客户）之间直接进行销售活动；在间接销售渠道下，生产企业与消费者（客户）之间进行的销售活动，需要通过中间商才能实现。中间商主要以批发商、代理商、企业的销售公司、零售商等形式存在，销售过程中参与的中间商越多，说明企业在销售渠道中的费用越多；参与的中间商越少，企业的销售渠道越扁平，在渠道中的费用越少。

是否直接销售渠道要比间接销售渠道对企业更有利呢？一般情况下，直接销售渠道的建设成本比较高，而建立以后的运营成本相对较低。生产企业在选择销售渠道时必然要进行直接销售渠道建设费用与间接销售渠道运营费用的比较。一般而言，生产企业通常不会采用直接销售渠道作为主销售渠道，这主要是考虑销售渠道的建设需要投入大量的人力、物力和财力，这样做很可能阻碍企业在产品生产上的核心竞争力。当然，在知识经济条件下，许多高新技术企业考虑到产品销售对销售人员的技术要求等因素，会考虑自建销售渠道，采用直接销售的方式来保证企业拥有产品销售的绝对控制权，同时也可以更准确地获得产品的销售信息。在实践中，企业越来越多地采用混合型的销售渠道，既有直接销售渠道又有间接销售渠道。对于这样的企业而言，销售渠道管理的关键就是产品在两种销售渠道上销售数量的比例分配问题。企业所选择的销售渠道不同，就决定着企业的销售物流运作也不相同。

1. 企业销售渠道的选择

企业选择产品销售渠道时会受许多因素的影响，同时企业自身的经营战略对销售渠道的选择也有一定的影响。产品特性在销售渠道选择的各要素中所占的比重很大。社会产品通常分为两类：工业品和消费品。工业品的消费对象大多是企业，消费品是直接供应到最终消费市场的产品。消费品的销售渠道更为复杂，是销售企业研究的重点。

理论上，消费品可以按照产品的需求特性分成便利品、选购品和特殊产品三种。便利品是一些替代性很强的产品，要求企业的销售渠道具有广泛性，尽可能多地选择中间商来销售这类产品，使消费者比较容易获得产品，日常生活用品是这类消费品的典型。选购品意味着消费者愿意进行一定程度的比较后再进行购买活动，因此选购品的销售渠道可以相对便利品缩小，也就是减少中间商的数量，只在地区主要的商场、专卖店进行产品的销售，这类产品主要是时装、家具、汽车等。至于特殊产品，消费者对其要求更严，需要更多的比较，甚至愿意接受定做，因此特殊产品的销售渠道可以进一步减少中间商，仅在专卖店进行产品销售，有的特殊产品可以采用完全的直接销售。

企业在选择销售渠道时，直接销售渠道的选择较为简单。就间接销售渠道的选择而言，可供企业选择的方式主要有以下三种。

(1) 广泛分销。

广泛分销，是指生产企业产品的销售渠道中批发商和零售商的数量不受任何限制，企业可以通过尽可能多的中间商来销售企业产品。

(2) 独家分销。

独家分销，是指生产企业将产品消费市场划分为若干区域，每个区域只选择一个中间商来销售企业产品。

(3) 选择性分销。

选择性分销，是指生产企业选择一定数量的中间商来销售其产品，也就是除了前两种情况的其他销售都属于选择性分销，这也是被多数企业在产品销售中所采用的。

上述三种情况刚好与消费品的三个类别相对应：广泛分销——便利品；独家分销——特殊产品；选择性分销——选购品。

当然，在实际销售渠道的选择中，还应考虑：国家产品销售政策、惯例或其他限制措施；可供选择的中间商的数目；企业自身的销售实力，对销售渠道的控制水平等因素。

2. 销售渠道的新发展

随着企业生产产品的科技含量的提高、经济全球化、市场竞争的日趋激烈等外部环境的变化，企业的销售渠道也不再局限于传统的直接销售、间接销售和混合销售三种类型，而开始寻找对产品销售更有利的销售渠道新模式。从生产企业看，企业更希望能够增加销售渠道的广度(即增加销售网点的数量)，但同时要降低销售渠道的深度(即减少中间环节)，从而实现销售渠道的扁平化。销售渠道数量的增加可以加快产品的流通速度、加大产品的流通范围；销售渠道中间环节的减少可以减少产品的流通费用，降低产品销售成本，从而形成企业在产品价格上的竞争优势。

随着供应链管理思想的深入发展，企业也开始注意到共同决策所能带来的优势，生产企业与下游销售渠道的各环节——批发商、零售商、代理商之间通过战略联盟或合作经营等形式而形成的纵向一体化，构筑了现代新型的销售渠道。上下游企业一体化以后可以通过信息共享、决策共议来避免各环节单独决策所带来的供应链整体成本的浪费，这一新型销售渠道的优势可以从产成品库存管理、配送管理、运输管理等多方面得以表现。

### 6.3.5 销售物流合理化

销售物流合理化的形式有大量化、计划化、商物分离化、差别化、标准化等多种形式，下面分别给予简单介绍。

1. 大量化

即通过增加运输量，实现规模经济，使物流合理化的一种做法。一般企业通过延长备货时间得以实现，如家用电器企业规定 3 天之内送货等。这样做能够掌握配送货物量，以此提高配送装载效率。

2. 计划化

即通过适当控制客户订货量，使发货均衡化，这是实行计划运输和计划配送的前提。为此企业必须对客户的订货按照某种规律制订发货计划，并实施管理，如按路线配送、按时间表配送、混装发货、返程配载等各种措施的合理使用。

3. 商物分离化

其做法之一是订单活动与配送活动相互分离。企业把自备载货汽车运输与委托运输乃至共同运输联系在一起，利用委托运输可以压缩固定费用开支，提高运输效率，从而节约运输费用。商物分离化使企业把批发和零售从大量的物流活动中解放出来，把这部分力量集中到销售活动上，企业的整个流通渠道得以通畅，物流效率得以提高，成本得到降低。

4. 差别化

企业根据商品周转的快慢和销售对象规模的大小，把仓储地点和配送方式区别开来，这就是利用差别化实现合理物流的策略。即企业遵循“周转较快的商品分散保管，周转较慢的商品尽量集中保管”的原则，以压缩流通阶段的库存，有效利用库存面积等。此外，企业也可以依据销售对象决定物流方法。如供货量大的销售对象从工厂直接送货，供货量分散的销售对象通过配送中心供货。对于供货量大的销售对象，每天送货；对于供货量小的销售对象集中配送等，灵活掌握配送次数。无论采用哪一种形式，企业在使用时都应把注意力集中在解决节约物流费用与提高服务水平之间的关系上。

5. 标准化

标准化即以国际标准为销售物流的作业基础。同时，以销售批量规定订单的最低数量，成套或整包装出售，这样会明显提高配送和库存管理效率。

## 6.4 企业回收物流

### 6.4.1 企业回收物流的内涵

人类社会所需要的各种物品均来自于自然界，无论是生活资料，还是生产资料，最初都是从自然界获取原材料再经过劳动加工制造而成的。在人类社会中,物品从生产企业经过流通领域到消费者的过程是物品流向的主渠道。但是在这一流通过程中既有生产过程中形成的边角余料、废渣等,又有流通过程中产生的废旧包装,还有大量在消费过程中产生的失去原来使用价值的废旧物品。这些废旧物品中的相当一部分可以进行回收,形成人们常说的回收物流。

回收物流是一种逆向物流,其产品的流程是从消费者流向生产者,它与正向物流构成了一个循环物流过程。回收物流的作用是将消费者不再需要的废旧物品返回到生产领域和制造领域,重新变成新商品或新商品的一部分。回收物流的作用就是使资源最大限度地得到重复利用。

由此可见,回收物流是指在生产、流通、消费各环节中产生的不再被消费者需求的废旧物品变成被消费者认可的产品这一整个过程的所有物流活动。根据《物流术语》中的解释,回收物流是指退货、返修物品和周转使用的包装容器等从需方返回供方引发的物流活动。它与正向物流相反,其过程是从需方返回到供方。通过正向物流到达消费者手中的产品在失去使用价值后,又通过回收物流重新回到生产者手中,变成新产品,如旧报纸、书籍通过回收、分类制成纸浆再造纸。

同样作为一个物流系统,回收物流与正向物流一样拥有运输、设施、库存、信息四大要素,具有分类、收集、包装、储存、运输等功能。

### 6.4.2 企业回收物流的特点

回收物流与正向物流具有共同点,这就是回收物流也具备正向物流的构成和物流功能,同样具有包装、运输、加工等职能。但是,回收物流与正向物流相比又具有其自身的特点。

1. 分散性

因为废旧物品的种类繁多,产生渠道多、方式复杂,或来自生产领域,或来自流通领域,或来自消费领域,从而导致回收物流具有分散性的特点。

2. 混杂性

废旧物品在形成阶段往往很难划分物品的类别,因为各种废旧物品常常混杂在一起。具体来说主要由以下三个因素决定:

(1) 几乎所有的生产企业都可能产生废旧物品,不同企业产生的废旧物品也不同;

(2) 几乎每个生产企业的每道工序,每个阶段的生产过程都会产生废旧物品;

(3) 几乎所有人类的物资产品最终都可能转化为废旧物品。

因此,废旧物品在回收后首先要对其进行分类,使复杂的回收物品具有可操作性,使回收物流的混杂性随废旧物品的产生至结束而逐渐消失。

3. 缓慢性

尽管废旧物品的使用价值部分丧失或全部丧失,但废旧物品可能还存在着这样或那样、或大或小的使用价值。只要其回收价值大于回收成本，废旧物品的回收就具有可能性，但其过程是缓慢的，往往需要经过加工、改制等环节。同时，废旧物品的收集和整理也是一个较复杂的过程，这便决定了回收物流系统具有缓慢性的特点。

4. 逆向性

回收物流是从需方至供方的物流系统，故其具有逆向性的特点。

### 6.4.3 企业回收物流的来源

回收物流主要产生于人们的生产、流通、消费和企业返品四个领域。

1. 生产过程中产生的废旧物品

(1) 生产过程中产生的工艺性废料。

工艺性废料的产生伴随产品生产的全过程，与产品的制造工艺紧密联系在一起。如采矿生产中剥离的废料、尾矿排泄物，造纸工业中产生的边角料、废液等，金属加工业产生的废屑、边角余料等。

(2) 生产过程中产生的废品。

现在，许多的发达国家的企业追求产品的"零缺陷"，许多企业的产品废品率在逐渐降低，但由于人为的、自然的、技术的原因，在生产中成品、半成品和各种中间产品都会产生一定数量的废品。

(3) 生产维修更换下来的各种废旧零件。

在生产过程中使用的机器设备在经济生命周期内，其零部件的寿命各不相同，机器在维修后替换下来的零部件就成了废旧物品。

(4) 生产过程中产生的废旧材料。

在生产过程中使用的各种原材料都有一定的库存。在使用或搬运过程中由于人为或自然的原因，各种原材料会部分或全部失去其使用价值而成为废旧物品。

(5) 生产过程中更新报废的机械设备。

机械设备都有自己的使用寿命。在生产中由于突发的事故会造成机器丧失原有的功能而成为废品。同时，现代科技日新月异，设备更新速度加快，导致机械设备贬值而成为废旧物品。

(6) 生产过程中产生的其他废旧物品。

生产中使用的原材料和设备的各种包装物，工厂中废弃的运输工具等都会成为废旧物品，并成为回收的对象。

2. 流通过程中产生的废旧物品

在产品的流通流域中会产生各种各样的废旧物品，这些废旧物品可以概述如下：

(1) 流通过程中使用的运输工具、运输设备因长期使用导致报废或损坏而成为废旧物品，如报废的汽车、废弃的铁轨等；

(2) 在装卸、搬运、运输、储存各环节中,因不慎而造成物品由于物理变化或化学变化成为废旧物品,如在仓库中储存的钢铁因生锈而成为废品;

(3) 各种原材料及各种工具、设备的包装物在流通过程中失去包装作用而成为废旧物品;

(4) 流通领域中所使用的各种工具及设备经过维修活动而替换下来的废旧零件等。

3. 消费过程中产生的废旧物品

在人们的日常消费过程中产生的废旧物品大致包括以下四类:

(1) 生活消费品的各种包装物,如包装用的塑料、玻璃、金属制品、纸制品等;

(2) 耐用电器设备的更新或损坏而产生的废旧物品;

(3) 在人们的文化教育中产生的废旧物品,如报纸、杂志等;

(4) 在人们的旅游、娱乐过程中产生的废旧物品,如门票、磁带、唱片等。

4. 企业返品

企业返品,是指出厂后经储存、运输过程中被损坏及消费需要变化等多种原因而被退回企业的产品。

在市场竞争日益加剧的形势下,企业返品的数量和频率越来越高,返品率可以高达1/3,这成为困扰企业的重要问题。从某种意义上讲,企业返品在一定程度上并没有丧失使用价值,可以采取综合开发的方式解决。如为返品开辟新的市场再销售;对返品进行简单的流通加工、更新包装等;挖掘返品新的使用价值再销售;将返品用于慈善事业,进行捐赠,发挥其应有的作用。

企业返品既可以纳入本企业生产经济计划统筹管理,又可以由几个相关企业联合起来建立一个返品处理基地,或者利用社会第三方物流外包解决。

### 6.4.4 企业回收物流的作用及意义

废旧物品的回收利用是利国利民的大事,在国民经济中占有重要的地位。做好废旧物品的回收利用工作,不仅可以减少生产中的资源消耗,弥补自然资源不足,而且可以降低成本、提高经济效益、创造社会财富、促进国民经济发展。

1. 废旧物品的回收利用,可以使社会资源量相对增加,节约各种资源

自然资源是有限的,在资源日渐枯竭的今天,人们越来越重视通过回收物流将可以利用的废旧物品进行收集、加工,重新补充到生产、消费系统中去。如中国每年可回收的再生资源近1亿吨,价值2000多亿元,其中废钢铁4000多万吨、废纸3000多万吨、废有色金属500多万吨、废塑料600万吨、废轮胎5000多万条、其他废旧物资1000多万吨。

同时,回收利用废旧物品可以在一定程度上缓解资源的紧张状况,相对地增加社会资源量。世界先进国家钢产量的45%、铜产量的35%、纸产量的35%是由废旧材料生产的。因此,以资本为纽带,按市场规律,通过建设城市社区回收、市场集散、综合利用为主要环节的

废旧物品回收利用体系，已经成为实现资源可持续利用的当务之急。

2. 废旧物品的回收利用，减少了废旧物品对环境的污染

当前，社会最关心的问题之一是环境问题，而环境问题在很大程度上是由废旧物品造成的，废旧物品严重地影响着人类赖以生存的环境。废旧物品与自然资源不同，如果不能变废为宝，就会成为公害。目前，这些废旧物品在我国各大中城市郊外堆积如山，总重量达70多亿吨，占用耕地5亿多平方米。从卫星上看，我国大中城市绝大多数被成千上万的垃圾填埋场包围，对土壤、地下水、大气等造成严重的污染。在我国仅由于“三废”污染，每年造成的经济损失超过1500亿元。通过回收利用废旧物品，可以大大减轻废旧物品对环境的污染。根据美国工业部门估计，利用废旧物品进行生产，可以使一些工业生产造成的空气污染减少60％～80％，水污染减少70％以上。

3. 废旧物品的回收利用，可以创造更好的经济效益

回收的废旧物品也是一种资源，但和自然资源不同，它们曾经过若干加工过程，其本身凝结着未完全丧失的价值。废旧物品重新进入生产领域会带来很高的经济效益。如炼钢要经过采矿、炼铁、炼钢等复杂的过程。如果用废钢代替生铁炼钢，不仅可以节约找矿、采矿、炼铁等一系列生产所耗费的支出，而且冶炼的钢材质量要比生铁作为原料优良。中国废钢铁应用协会副秘书长刘树洲在《废钢铁产业现状与“十三五”形势展望》指出“废钢铁炼钢节能减排效果显著。与铁矿石钢相比，用1吨废钢铁可减少1.6吨$CO_2$的排放，可减少3吨钢铁固体废物的排放”。因此，发达国家十分重视废钢铁的回收利用，其废钢铁用于炼钢的比例一般为50％～70％。

同时，某些废旧物品的回收利用比原始资源的利用节约时间。如利用废钢铁炼钢，可以节约铁矿石、石灰石等原材料的生产时间和运输时间，从而提高生产的效率，节约生产成本，创造更高的经济效益。

## 6.5 企业物流的战略管理

### 6.5.1 企业物流战略管理的内涵

1. 战略与物流战略

“战略”（Strategy）一词最早是军事方面的概念。战略的特征是发现智谋的纲领。在西方，“Strategy”一词源于希腊语“Strategos”，意为军事将领、地方行政长官。后来演变成军事术语，指军事将领指挥军队作战的谋略。在中国，“战略”一词历史久远，“战”指战争，“略”指“谋略”“施诈”。春秋时期孙武的《孙子兵法》被认为是中国最早对战略进行全局筹划的著作。因此，战略代表组织的目标以及为达到组织的目的和目标而采取的所有措施和方法。战略既指战略管理，又指战略规划。战略管理和战略规划有时意思相同，有时又有些差别。

战略管理指战略的制定、实施和评价，而战略规划仅指战略的制定。“战略规划”一词起源于20世纪50年代，并被广泛使用于20世纪60年代至70年代的中期，此时人们普遍认为战略规划可以解决所有的问题，以至于所有的企业都陶醉于制定战略规划。但是，20世纪80年代后由于各种战略模型并没有给企业带来更高的收益，于是，战略规划暂时被放置，直到90年代战略规划又重新走红，企业不仅要制定整体战略而且要制定具体的领域战略（也叫子战略），主要包括营销战略、财务战略、物流战略、生产战略、人力资源战略。

战略具有五个方面的特征。第一，战略具有全局性。它是以企业大局为对象所规定的企业整体的行动，追求的是企业整体利益的最大化。第二，战略具有长远性。企业战略既是企业谋取长远发展要求的反映，同时又是企业对未来较长时间内生存和发展的整体的深思远虑。第三，战略具有针对性。战略的制定是关于企业对外部环境的一种内在反应，它是关于企业在激烈的竞争环境中如何针对对手的整套策略、方案、行动的有机组合。第四，战略具有纲领性。战略所规定的是企业整体的长远目标、发展方向和重点，这些都是原则性的、概括性的规定，具有行动纲领的意义。第五，战略具有风险性。战略是关于企业未来的展望，对未来的预测具有不确定性，因此战略具有风险。这就要求决策者关注环境的变化，并且审时度势及时调整战略，以提高企业防御风险的能力。

物流战略是现代企业为了实现自己的经营目标，通过对企业所处的特定环境和企业内部的资源分析而制定的一个长期的物流发展决策。

2. 物流战略的特点

物流战略具有如下的特点。

(1) 目的性。

现代企业物流战略作为企业战略的一个职能战略，它的制定与实施是为企业的战略服务的，并帮助企业在该领域取得竞争优势，能够使企业在现代变化快速的市场竞争中生存与发展。

(2) 长期性。

作为一个战略，就是针对企业在未来一段比较长的时间内对企业目标的规划和实施，在该时间中企业在对外部和内部环境进行科学的分析，从而为企业提供长期的发展目标和决策。

(3) 系统性。

物流是一个系统，物流战略作为指导和规划物流系统的准则和方针同样也可以是一个体系。物流战略可以细分成库存子战略、采购子战略、运输子战略、物流信息子战略、物流人力资源子战略等，所有的这些就构成了企业物流战略的一个网络体系。

(4) 综合性。

物流具有高度的集成性：第一，现在发展出来的国际物流、区域物流将国内市场和国际市场联结起来；第二，物流战略将物流的各种功能统一协调起来，使得物流系统能达到系统的最优化；第三，物流运用了许多的现代化、高科技的手段，像电子网络、电子数据交换、信息化技术，体现了时代技术的发展。

### 6.5.2 企业物流战略的制约因素

物流规划过程中的首要问题就是搞清对规划形成的限制因素。如果新企业或产品系列中的新品种还没有考虑相应的物流战略，则显然需要进行物流网络规划。然而，大多数情况下，物流系统已经存在，尽管现有的物流网络可能并非是最优设计或最有效率，此时需要决策的问题就是修改现有物流网络设计或继续运行旧的物流网络的管理方法。在进行实际规划之前，物流管理者应对特定的物流规划提出评估和审核。

1. 需求变动

不仅需求的水平极大地影响着物流网络的规模，而且需求的地理分布也决定着物流网络的结构、层次。通常，企业所拥有的市场份额或市场占有率是不平衡的，某一个区域的市场销售可能比其他区域的市场增长或下降得更快。虽然从整个市场的需求水平来看，可能只要在当前设施的基础上进行略微扩建或压缩即可，然而，需求的较大波动则可能要求在需求增长较快地区建造新的仓库或工厂；而在市场增长缓慢或萎缩的地区，则可能反而要关闭设施。如果企业的销售或市场份额异常变化，就说明需要考虑对物流网络进行重新规划。

2. 客户服务

客户服务的内容很广，包括库存可得率、送货速度、订单履行的速度和准确性等。随着客户服务水平的提高，与这些因素相关的成本往往以更快的速率增长。因此，分销成本受客户服务水平的影响很大，尤其是当客户服务水平已经很高时。由于市场环境的变化，原来确定的客户服务目标的前提和依据就会发生变化，物流服务水平就要符合新的计划前提，这时，企业通常需要重新制定物流战略。但是，如果市场比较稳定，服务水平本身很低，变化幅度也很小，就不一定需要重新进行物流规划。

3. 产品特征

物流成本受产品特征的影响很大，如产品的重量、数量、体积、价值和市场风险等。在物流渠道中，产品特征等会因包装设计或产品储运过程中的完工状态而发生改变。如将货物拆散运输可以极大地影响产品的重量/体积比和与之相关的运输和仓储费率。由于产品特征的改变会极大地改变物流要素组合中的某一项成本，而对其他成本项目的影响很小，所以物流系统内部可能形成新的成本平衡点。因此，当产品特征发生较大变化时，重新规划物流系统可能是有益的。

4. 物流成本

企业实物供给、分销过程中产生的成本往往决定着物流系统重新规划的频率。如果其他因素都相同，那么生产高价值产品（如机床等投资品）的企业由于物流成本只占总成本的很小比重,企业很可能并不关心物流战略是否优化。然而,对于像生产带包装的工业化产品和日常消费品的企业,其单位物流成本一般较高,即使多次重构物流系统也只会带来稍许改进,因此物流战略将是这类企业考虑的重点。

5. 定价策略

商品采购或销售的定价政策发生变化也会影响物流战略,主要是因为定价政策决定了买方/卖方是否承担某些物流活动的责任。如供应商定价由出厂价格(不含运输成本)改为运到价格(含运输成本)一般意味着采购企业无须负责提供或安排内向物流。同样,定价策略也影响着商品所有权的转移和分销渠道内运输责任的划分。

不论价格策略如何影响物流成本,物流成本都是可以通过物流渠道进行转移的。然而,还是有一些企业会根据它们直接负担的成本进行物流系统规划。如果按照企业的定价政策,由客户支付商品运费,那么,只要不是因为客户的压力而增加网点,基本上企业在制定物流战略时就不会设置较多的网点。由于运输成本在物流总成本中举足轻重,定价策略的改变一般会导致物流战略的重构。

### 6.5.3 企业物流战略规划的要素

企业物流战略规划要素是构成企业战略规划的主要因素,影响着企业战略分析、选择、实施和控制的全过程,并通过企业战略规划指导下的经营管理活动表现出来。企业战略规划的基本组成要素包括经营范围、资源配置、竞争优势和协同作业。

1. 经营范围

经营范围,是指企业从事生产经营活动的领域,经营范围的变动是有局限性的,不可以随意变动。企业开始经营前的工商登记就已经明确指出企业的经营范围,但是随着企业生产经营活动的开展,可能出现经营范围与企业规模、生产能力等因素不相称的情况,这个时候企业可以通过向工商行政管理机关申请进行经营范围的变更或增减。企业的经营范围能够反映出企业经营活动中主要接触的外部环境,也能反映出企业与外部环境发生相互作用的程度。

2. 资源配置

资源配置,是指企业对人员、资金、物资、信息和技术等的安排水平和模式。人员、资金、物资、信息和技术是企业生产经营活动的基本资源,资源配置的好坏直接影响企业各项活动的效率。任何外部环境或内部条件的变化,都可能引起企业的资源配置与生产经营活动的不协调,造成企业生产效率、经营成本等因素出现不同程度的变化,企业要想消除这种变化对企业经营的不利影响就应该对资源配置做相应的调整,使企业的资源配置水平与企业战略实施的要求相适应、相协调。

3. 竞争优势

竞争优势,是指企业各方面因素所决定的,在经营过程中所形成的,与同行业的竞争对手相比所具有的经营优势。竞争优势在短期内可以视为是一个静态概念，但就长期而言则是一个动态概念。也就是说，企业竞争优势只是相对的，并不是绝对的。随着企业经营的外部环境和内部条件发生变化，竞争优势也会随之发生变化，或丧失、或增强。因此，在企业战略管理过程中人们应该注意企业竞争优势的变动性。

4．协同作业

协同作业，是指企业的资源之间或者职能部门之间的相互协调、相互作用，从而产生的一种效果。如运输管理与库存管理分别由两个部门负责，运输管理部门和库存管理部门分别按照部门成本最小化安排物流作业和共同按照两个部门总成本最小化安排物流作业。在分别管理的情况下运输管理部门会尽量减少运输的批次，等待运输量达到一定规模再安排运输；而库存管理部门会尽量减少库存，使平均库存保持一个较低的水平，从而实现库存成本最小化。显然这两个部门在运作过程中会产生矛盾，给企业管理带来更多的不确定因素。但是如果两个部门进行联合决策，情况就会大不相同，运输批次与库存水平相互配合，会使两个部门的总运作成本降低，但是，某一个部门会出现成本的小幅度上升。这就是企业运输与仓储相互协调进行决策产生的效果，协同作业也是企业物流管理组织结构向集中化方向发展的原因。

企业协同作用可以简单地分为四类：(1) 投资协同，来源于企业各经营单位联合利用企业的设备、原材料储备、研发投资以及专用工具和专有技术；(2) 作业协同，产生于充分利用现有的人员和设备，共享由经验曲线造成的优势等；(3) 销售协同，产生于企业的产品使用共同的销售渠道、销售机构和促销手段；(4) 管理协同，来源于管理过程中的经验积累以及规模效益等。

### 6.5.4 企业物流战略结构和领域

1．企业物流战略的层次结构

物流规划是有层次的，物流战略规划涉及战略层面、职能层面和作业层面。各层面之间在计划的时间跨度上有明显的区别：物流战略规划是长期的、指导性的，时间跨度通常超过 1 年；物流职能规划从属于战略规划；物流作业规划是短期决策，是每天都要频繁进行的。就具体的物流作业而言，决策的重点在于如何利用战略性规划的物流渠道快速、有效地进行物流作业。

各个规划层次有不同的视角。由于时间跨度长，物流战略规划所使用的数据常常是不完整的、预测性的，甚至是不准确的，数据也可能经过人工处理，一般只要在合理范围内接近最优，就认为规划达到要求了。而在另一个极端，物流作业规划则要使用非常准确的数据资料，规划的方法应该既能处理大量的数据，又能制定合理的作业方法。如物流战略规划可能是整个企业的所有库存不超过一定的规模或者达到一定的库存周转率，而物流作业规划却要求对每类产品分别进行管理。

物流战略规划虽然是一项复杂的系统工程，但不同层次的管理职责和业务范围具有各自的特征和规律，仍可用一般化方法加以探讨。表 6-3 反映了不同规划层次带有普遍意义的若干规律性问题。

**表 6-3 物流规划层次的实施决策内容**

| 决策类型 | 策略层面 | | |
|---|---|---|---|
| | 战略层面 | 职能层面 | 作业层面 |
| 选址 | 设施的数量、规模和位置 | 库存定位 | 线路选择、发货、派车 |
| 运输 | 选择运输方式 | 服务的内容 | 确定补货数量和时间表 |
| 订单处理 | 选择和设计订单系统 | 确定处理客户订单的先后顺序 | 发出订单 |
| 客户服务 | 设定标准 | 服务程序 | 沟通、反馈 |
| 仓储 | 布局、地点选择 | 存储空间选择 | 订单履行 |
| 采购 | 制定采购政策 | 洽谈合同，选择供应商 | 发出订单 |

2. 物流战略规划的领域

物流战略规划的领域和核心内容主要体现在，通过物流战略规划对以下八个方面的关键问题做出安排，这些问题包括：

（1）每个细分市场的服务要求是什么；

（2）在供应链成员中，如何实现运作的基础集成；

（3）什么样的供应链结构最能够使物流成本实现最小化，并提供具有竞争力的服务水平；

（4）为了实现服务目标，什么样的物料流动方式和技术能够在设施和设备方面实现最佳的投资水平；

（5）是否存在降低短期和长期运输成本的机会和方法；

（6）制定什么样的库存管理程序能够更好地支持服务需求；

（7）运用什么样的信息技术来实现物流运作的最大效率；

（8）应如何组织资源来实现最佳的物流服务和运作目标。

物流战略规划领域集中说明了应主要解决四个方面的问题，即客户服务目标、设施选址策略、库存策略和运输策略（如图 6-2 所示）。除了设定所需的客户服务目标以外（客户服务目标取决于其他三个方面的战略设计），物流战略规划可以用物流决策三角形来表示。这些领域是互相联系的，应该作为整体进行规划，每一个领域都会对系统设计产生重要影响。

（1）客户服务目标。

企业提供的客户服务水平比任何其他因素对物流系统运行的影响都要大。目标服务水平较低，可以在较少的储存地点集中存货，利用较廉价的运输方式；目标服务水平高则恰恰相反，需要比较多的、分散的储存设施。但当服务水平接近上限时，物流成本的上升比服务水平上升得更快。因此，物流战略规划的首要任务是确定适当的客户服务水平。

（2）设施选址策略。

储存点及供货点的地理分布构成物流设施规划的基本框架。物流设施规划的内容主要

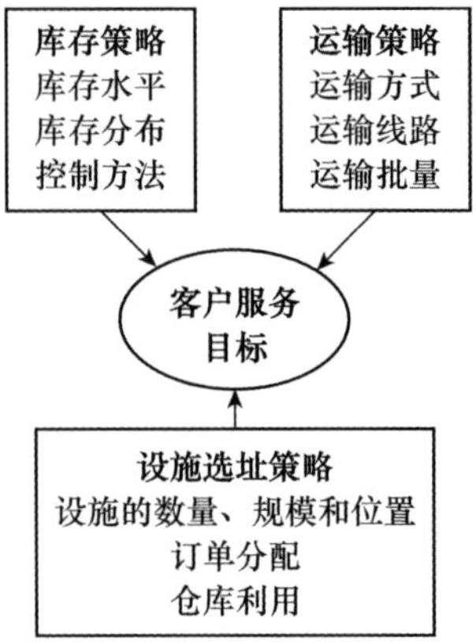


图 6-2　物流决策三角形

包括确定设施的数量、地理位置、规模，并分配各设施所服务的市场范围，这样就确定了产品到市场之间的线路。良好的设施选址应考虑所有的产品移动过程及相关成本，包括从工厂、供货商或港口经中途储存点，然后到达客户所在地的产品移动过程及成本。通过不同的渠道来满足客户需求，如直接由工厂供货、供货商或港口供货，或经选定的储存点供货等，都会影响总的分销成本。寻求成本最低的需求分配方案或利润最高的需求分配方案是物流设施规划的核心所在。

（3）库存策略。

库存策略，是指管理库存的方式。将库存分配（推动）到储存点与通过补货自发拉动库存，代表两种不同的策略。其他方面的决策内容还包括产品系列中的不同品种分别选在工厂、地区性仓库或基层仓库存放，以及运用各种方法来管理永久性存货的库存水平。不管企业采用哪一种库存政策都会影响设施选址策略，所以必须在物流战略规划中予以考虑。

（4）运输策略。

运输策略包括运输方式、运输批量、运输时间和运输线路的选择。这些决策受仓库与客户以及仓库与工厂之间距离的影响，反过来又会影响仓库选址决策。库存水平也会通过影响运输批量来影响运输决策。

由上可知，客户服务目标、设施选址策略、库存策略和运输策略是物流战略规划的主要内容，这些策略都会影响企业的营利能力、现金流量和投资回报率，其中每个策略都与其他的策略互相联系，物流战略规划当中必须对不同的策略彼此之间存在的悖反关系予以考虑。

### 6.5.5　企业物流战略的制定及实施

制定物流战略一般可以分为物流战略环境分析、制定企业物流战略目标、企业物流战略选择、评估并选定方案、物流战略的实施以及物流战略评价与控制。

1. 物流战略环境分析

制定企业物流战略应该对企业所处的环境进行充分分析。这里的环境指的是外部宏观环境、行业环境以及企业内部环境。

2. 制定企业物流战略目标

物流战略目标是将企业的战略思想具体转化为可以指导全体员工行动的、切合实际的、可考核的、可付诸实施的核心指标体系。一个战略目标通常应该有以下特征：第一，目标应该正确而明确，即明确表达在什么时间内，重点做什么，达到什么目的；第二，目标要简洁易记，即能够明确提高原有的目标感；第三，目标要有新意，有超前意识，同时还要实事求是、现实可行。战略目标既是管理层对全体员工的动员，又是管理层对全体员工的承诺，管理层应该带领员工达到这一目标。

战略目标一般包括三个要素。一是时间区间，一般为3～5年，也可以更长。二是主要进攻领域，即根据产业特点，是朝阳产业还是夕阳产业，决定企业是要扩张还是要收缩。三是具体目标，即主要做什么，要达到什么目的；为了在确定的时间内在某一个领域发动攻势就必须进行哪些工作，创造哪些条件，在此基础上希望攻占哪些“高地”等。

3. 企业物流战略选择

通常，企业可以根据自身的优势、劣势及战略目标的要求选择物流战略。企业物流战略的主要内容有企业物流国际化战略、企业物流信息化战略、企业物流一体化战略和企业物流专业化战略等。

4. 评估并选定方案

在选择战略目标的情况下企业要依据以下的原则来评估物流战略方案：

(1) 明确企业物流的经营领域；

(2) 物流战略必须要与企业的资源优势相适合；

(3) 最能保持企业整体战略目标绩效的最优化。

5. 物流战略的实施

物流战略的实施由实施主体、物流战略的实施对象、物流战略的实施过程和组织支持三个方面的内容构成。

(1) 实施主体。

物流战略实施的主体，是指负责组织和参与实施物流战略的全体人员，不仅包括企业的领导者，还包括广大的职能人员和中低层的领导者以及全体职工。

(2) 物流战略的实施对象。

物流战略的实施对象主要是指物流战略实施的具体工作内容，主要包括物流战略的实施计划、物流战略的预算、物流战略的执行程序。

(3) 物流战略的实施过程和组织支持。

物流战略实施的过程体现了企业的文化和管理风格，是在长期的实践中形成的一套准则。对于一个企业经营者而言，重要的不是只了解物流战略的内容，而是如何进行战略管理。在构建企业物流系统的过程中，应通过物流战略设计、战略选择、战略实施、战略评价和控制等环节，最终实现物流系统的宗旨和战略目标。物流战略实施中的组织支持包括物流战略层次系统和物流战略结构支持。

6. 物流战略评价与控制

物流战略评价与控制，是指对物流战略规划、物流计划实施的实际成效经过信息反馈与预定的战略目标进行对比评价，以检验两者的差别，并及时采取措施进行纠正以达到完成战略目标的目的。物流战略评价与控制主要包括物流战略绩效评价标准的确立、物流战略控制过程和对评估结果的反馈。

## 本章小结

企业物流是企业生产经营活动的组成部分，是物流理论与物流技术发展的基础和重要载体。现代企业物流管理水平的高低直接影响企业的经营效益，并可能间接影响社会物流的运作水平。本章以企业物流为研究对象，以企业采购物流、企业生产物流、企业销售物流、企业回收物流、企业物流的战略管理等为内容，重点介绍了企业物流运行和实际作业的全过程。

企业采购物流是企业物流的起始阶段，重点介绍了采购物流的概念、类型、作业流程以及供应商和库存控制的理论；生产物流重点介绍了不同模式下生产物流的概念、特点、类型以及生产物流的组织形式；销售物流重点讲述了销售物流的影响因素、流程，并重点介绍了企业销售渠道的相关理论知识；回收物流重点介绍了回收物流的来源；战略管理重点讲述了物流战略的制约因素、包含的要素、涵盖的领域以及制定战略的步骤。

## 案例赏析

### 基于产品分析的采购策略[①]

作为世界上最大的电气和电子公司之一，S集团在全球拥有的供应商超过10万家，其中约2万家被指定为首选供应商。供应商的信息和数据都被存储到了信息系统中。S集团的采购策略如下所述。

1. 供应商管理方面

S集团将所需的供应商的产品分为四类：(1) 高科技含量的高价值产品，如中央处理器(CPU)的冷却器等；(2) 用量大的标准化产品，如印刷电路板等；(3) 高技术含量的低价值产

① 资料来源：本案例根据西门子公司相关案例修改。

品，如需要加工的零件、继电器等；(4) 低价值的标准化产品，如金属、化学制品等。

S集团与供应商关系的性质和密切性程度由以上这四种分类来决定。

第一，技术合作型。针对高科技含量的高价值产品供应商采取技术合作型战略。其特点是：与供应商保持紧密关系，包括技术支持和共同负担研发经费等；长期合同；共同努力以实现标准化和技术诀窍的转让；集中于制造过程和质量保证程序；通过电子数据交换(EDI)和电子邮件实现通信最优化的信息交流；在处理获取基础材料的瓶颈方面给予可能的支持。

第二，优化市场潜力型。S集团对用量很大的标准化产品采取以下形式：全球寻找供应源；开发一个国际性的采购信息系统；全世界寻求合格供应商；列入第二位的资源政策；尽量安排接受过国际化培训的最有经验、最称职的采购人员承担采购。

第三，有效经营型。对高技术含量的低价值产品采取以下措施：严格审查质量；采用专用的仓储设施；保有存货和编制建有预警系统的安全库存计划；战略性存货(保险存货)；在供应商处寄售存货；尤其强调与供应商保持良好的合作关系。

第四，保证供应型。S集团低价值的标准化产品的采购战略的目的是实现供应的稳定性和可靠性。其特点是：通过电子信息系统减少采购加工成本；向接管常规物流工作的经销商或供应商外购产品；增加对数据处理和自动订单设置系统的运用；准时制生产；努力减少供应商和条款的数目。

除产品特点外，S集团还依据以下两个方面对供应商进行分类和评估。

一是评估供应风险，即按照供应商的部件的技术复杂性和实用性来衡量S集团对该供应商依赖程度的标准，即考虑“如果这家供应商不能够达到性能标准，那对S集团意味着什么？”

二是评估获利能力影响或采购价值，即影响S集团的供应商关系的底线是与该项目相关的采购支出的多少。

2. 采购管理方面

(1) 除完成采购职能的一般任务外，S集团还专设一个团队进行采购营销。这个团队的一项主要职能就是使S集团成为潜在供应商的一个最有吸力的客户。他们以这种身份涉足市场研究，找出新的供应商并进行评估，还会与现有的供应商研究新的合作领域。另外，供应商可能会应邀对S集团的产品设计和生产方法进行技术考察，目的是减少特殊部件的数量，同时增加标准部件的数量。

(2) 注意易被忽视的细节。如S集团会对它的采购经理们对时间的利用感兴趣，他们会监测采购员购买几种不同的分类目录下的供应品分别需要花费多少时间。这类分析也可能不会产生大的回报，但是它却能够促使适当地质疑采购资源的分配并使这些资源集中在正确的方向上。

S集团的采购战略不但对其自身有积极意义，任何一个有望成为S集团供应商的企业都必须认真地考虑S集团会如何对其产品进行归类。如上所述，对供应商而言，S集团公告的政策在维持双方关系的可能性方面具有相当大的暗示。发展协作伙伴关系取决于客户与供应商双方。因而必须以某种方式通过差别化使客户对产品的感知得到提高，进而促进S集团与其形成首选供应商的关系。这相当于给这些供应商们引入一个强有力的竞争机制，导致优胜劣汰，促进其科学发展。当然，这种合作的最终结果是形成高效运转的供应链，大家共同缩减成本，分享利润，并能将一部分实惠转移给消费者。

**案例思考题**

1. S集团对供应商分类的依据是什么？

2. S集团将供应商的产品分为哪几种？对提供不同产品的供应商如何进行分类管理？

3. 对供应商的分类和评估对双方来说有哪些好处？

## 复习思考题

1. 供应商管理的主要内容是什么？如何选择供应商？
2. 企业生产物流的组织形式有哪些？
3. 如何选择销售渠道？销售物流合理化的措施有哪些？
4. 如何进行企业物流战略的制定？
5. 制定企业物流战略有哪几个步骤？

# 第七章　物流企业与第三方物流

第三方物流是物流专业化的重要形式，而且第三方物流的占有率与物流业的水平之间有着非常密切的相关性。西方国家的物流业分析证明，当独立的第三方物流至少占社会物流的50%时，物流产业才能形成。所以，第三方物流的发展程度反映和体现了一个国家物流业发展的整体水平。

## 7.1　物流企业

物流企业是指“从事物流业活动的经济组织”，物流业是指物流企业的集合。作为物流业的独立于供方和需方的第三方物流，是社会化分工和现代化物流发展的方向，是现代物流的主体。

### 7.1.1　我国传统的物流企业

1. 我国传统物流企业的分类

我国传统的物流企业大致可以分为以下三类。

(1) 中央直属的专业性物流企业。

中央直属的专业性物流企业，如专营生产资料的物资储运总公司、商业储运总公司和外贸运输总公司等，这些专业性物流企业主要为本系统服务，受行业行政领导。

(2) 地方专业性物流企业。

地方专业性物流企业，如地方物资系统、商业系统的储运公司及粮食仓库系统，受当地行政领导。

(3) 兼营性物流企业。

兼营性物流企业是集商流与物流为一体的流通企业，比重大、数量多，多以商流来带动物流业务活动。

2. 我国传统物流业的结构组成

我国传统物流业的结构组成，从大行业的角度来看，可以分为交通运输业、储运业、配送业等。如果进一步进行行业细分，则可划分成以下十六个行业，即铁道运输业、汽车货运业、海洋货运业、内河船运业、航空货运业、集装箱联运业、仓库业、中转储运业、快递业、托运业、运输代办业、起重装卸业、拆船业、拆车业、集装箱租赁业、托盘联营业等。

3. 我国传统物流业的运营模式及其弊端

长期以来，由于受计划经济的影响，传统物流业采用的是单一的职能型运作模式，其特点是：储运分离；条块分割；机构多元化。原物资部、原商业部、原对外贸易经济合作部以及中央各部委等均有各自的物流系统，但提供综合物流服务的企业几乎没有。

除计划经济的影响外，造成物流业单一职能型运营的原因主要还有以下三个方面。

(1) 技术力量薄弱。计算机技术和定量化技术应用的水平较低，很难将物流的各项功能综合起来，即使是简单的综合，也难以提高整体效益。

(2) 传统物流的核心是企业的生产制造。传统物流企业从生产角度出发去考虑如何以最低的成本将商品送到消费者手中，生产是物流的推动力，企业以追求更高的利润为目标，这一时期，企业在管理上是降低和控制生产成本，对于总成本的控制还没有全面综合的认识。

(3) 难以对可能取得的投资报酬进行量化，收益具有不确定性。

由于以上三个原因，传统物流企业所进行的纯粹是建立在功能基础上的后勤工作，对综合物流尚缺乏概念和理论，其经营主要是停留在存储和运输的层面上，而不去考虑物流各项功能的整合问题。这种功能单一、分散的物流运作模式和多元化的物流格局，导致我国物流社会化程度低，物流适应社会化大生产、专业化流通的集约化优势难以发挥，规模经营、规模效益难以实现，设备利用率低，布局不合理，资金浪费严重。

### 7.1.2 我国当前物流企业的主要类型

1. 由传统的运输企业和仓储企业转型而来的物流服务企业

由传统的运输企业和仓储企业转型而来的物流服务企业，在中国的物流企业中占主导地位。20 世纪 80 年代以前这些传统的储运企业在物流中发挥了重要的作用，但在 90 年代以后，日益激烈的竞争使企业需要的是全套、高效的物流服务，这就迫使众多的传统储运企业纷纷向第三方物流服务转型。

传统储运企业提供的储存和运输服务是物流服务重要的一部分，这些大型的国有企业规模都比较大，资金实力较雄厚，物流设施相对先进，在各自行业中处于领先或垄断地位。这些转型的物流企业可以获得一定的政策倾斜和政府扶持，还可以利用以前的客户资源和良好的客户关系为客户继续提供服务。不过，这些企业也或多或少存在着一些弊端。因为有些企业只是在企业名称或是表面层次的转型，而其最基本的内部组织结构和运作机制并没有根本性的转变，所以这种物流企业的效率比较低下，冗余人员的比例较高。同时由于以前传统储运根深蒂固的经营思想和企业文化，对现在企业的思想转变和业务开展造成了一定的障碍。

2. 新兴民营物流企业

新兴民营物流企业成立的时间不长，是在第三方物流概念引入和发展的过程中诞生的。

此类公司大多是民营企业或者合资企业，其业务地域、服务和客户相对集中。由于这些企业的根基不深，经营规模不大，故只能在有限的区域内集中利用其资源，提供高质量的物流服务。另外，由于具有新型的组织结构，进取向上的企业文化，先进的管理理念，这类企业的效率相对较高，发展速度很快，一般都拥有先进的管理信息系统和经营理念，机制灵活，管理成本较低，是物流企业中最具活力的一种。

3. 企业内部物流公司

这些新办的国有或国有控股的新型物流企业，是现代企业改革的产物。由于担心将物流外包给其他的公司，可能会使企业自身失去对物流的部分控制，所以有许多企业都是自办物流。但由于现代企业制度的改革，以及市场竞争的加剧，企业要在市场生存，就必须进行资产重组和资产优化，将以前自办的物流部分从企业剥离出去，建立专业的物流企业或物流部门，发展自己的物流体系，逐步向第三方物流发展，如海尔、小天鹅、青岛啤酒、上海百联、上海宝钢以及国美、苏宁等连锁企业。由于历史的原因，这种类型的物流企业主要为内部客户服务，经过长时间的合作，熟悉原企业的业务，在为原企业提供物流方面具有优势。这些物流企业虽然一时难以适应市场激烈的竞争，但是可以利用原企业的客户资源来发展自己的客户网络，在为原企业服务的同时也向其他的企业提供物流服务。

4. 外资物流企业

由于受国内宏观政策的制约，目前我国的外资物流企业的绝对数量并不多，但其在物流行业中具有相当的影响力。外资物流企业拥有完善的海外网络，丰富的专业知识、物流运作经验和雄厚的资金实力，能够提供比较全面的、跨地区的高质量服务，在国内物流市场中有着很大的影响力。从地域角度看，这类企业主要集中在东部沿海的大城市，服务对象主要是三资企业。2005 年年底，中国依据加入 WTO 的承诺全面开放物流市场，取消对外商投资物流企业所有权的限制，以及 CEPA 的实施，中国香港和国外的物流企业加快了进入和扩张国内市场的步伐。外资物流企业主要通过收购、合资等方式涉足我国的物流市场，其进入对本土物流企业带来很大的冲击。

## 7.2 第三方物流

### 7.2.1 第三方物流的概念

第三方物流是随着物流业发展而发展的物流专业化的重要形式。“第三方物流”一词于 20 世纪 80 年代中后期开始盛行，当时主要是对物流环节的要素进行外包。1988 年，原美国物流管理委员会的一项顾客服务调查中首次提到“第三方物流提供者”，这种思维被纳入顾客服务职能中。物流业发展到一定阶段必然会出现第三方物流的发展，而且第三方物流的占有率与物流产业的水平之间有着非常规律的相关性。

第三方物流，是指生产经营企业为了集中精力搞好主业，把原来属于自己处理的物流活动，以合同方式委托给专业物流服务业，同时通过信息系统与物流服务企业保持密切联系，以实现对物流全程的管理和控制的一种物流运作与管理方式，因此第三方物流也称合同制物流（Contract Logistics）。《物流术语》对“第三方物流”的表述是：“第三方物流是指接受客户委托为其提供专项或全面的物流系统设计以及系统运营的物流服务模式。”第三方就是指提供物流交易双方的部分或全部物流功能的外部服务提供者。在某种意义上可以说，它是物流专业化的一种形式。

对第三方物流的概念有广义和狭义的理解，在不同的领域此概念涵盖的范围也有所不同。

广义的第三方物流是相对于自营物流而言的，凡是由社会化的专业物流企业按照货主的要求所从事的物流活动都可以包含在第三方物流的范围之内。至于第三方物流从事哪一个阶段的物流，提供何种物流服务的深度和服务水平，这就要看货主的要求。

狭义的第三方物流主要是指能够提供现代的、系统的物流服务的第三方的物流活动，其具体标志是：

（1）有提供现代化的、系统的物流服务的企业素质；

（2）可以向货主提供包括供应链物流在内的全程物流服务和特定服务的物流活动；

（3）货主向物流服务商购买的不是偶然的、一次性的物流服务活动，而是采取委托-承包形式的业务外包的长期物流活动；

（4）向货主提供的不是一般性物流服务，而是提供增值物流服务的现代化物流活动。

### 7.2.2 第三方物流产生的背景和现实条件

1. 第三方物流产生的背景

第三方物流是在物流演变过程中适应了新的经济环境及需求而出现的一种新的物流形态，是物流专业化、产业化的结果，它的产生有其深厚的理论背景及现实背景。第三方物流是供应链管理、虚拟经营等创新管理模式从生产领域延伸到流通领域而形成一体化概念后出现的，虚拟经营和供应链管理是第三方物流得以产生的重要理论基础。

（1）虚拟经营。

虚拟经营是一种企业管理模式，是企业在组织上突破有形的界限，虽有生产、行销、设计、财会等功能，但却没有完整地执行这些功能的组织。即企业在有限的资源下，为了取得竞争中的最大优势，仅保留企业中最关键的功能，而将其他的功能虚拟化——通过各种方式借助外力进行整合弥补。经济的迅速发展使得企业间的竞争日趋激烈，单个企业要具备支持竞争优势的所有要素变得越来越不可能，只有让有限的资源发挥最大的效益，才能获得竞争优势。因此，企业日益从自己负责运输和仓储走向把这些工作交给专业的第三方物流企业，而自己采取虚拟经营，集中主业，把有限的财力、人力、物力用于产品的研制、设备的更新、生产流程的再造、质量的控制、销售网络的广泛改善和品牌的创立等活动上。

(2) 供应链管理。

供应链管理是一种集成的管理思想和管理方法。在供应链管理环境下,企业成功与否不再是由"纵向一体化"程度的高低来衡量,而是由企业聚集和使用的知识为产品或服务增值的程度来衡量。企业在集中资源于自己的核心业务的同时,通过利用其他企业的资源来弥补自身的不足,从而变得更具有竞争优势。传统的企业组织中的采购、加工制造、销售等看似整体,但却是缺乏系统性和综合性的企业运作模式,已经无法适应新的制造模式发展的需要,而那种"大而全""小而全"的企业自我封闭的管理体制,更无法适应社会发展的需要。因此,作为物流供应链组织者的第三方物流企业应运而生,并得到了很大的发展空间。

2. 第三方物流产生的现实条件

全球经济一体化趋势以及以电子商务为代表的新经济的发展,给第三方物流提供了广阔的发展空间及运作空间。随着经济全球化进程的迅速发展和新兴市场的形成,企业不得不采取全球战略,以寻求它们的生产资源和产品市场。目前,越来越多的第三世界国家成为新兴工业国,并且已经参与到世界经济的贸易中,这些新兴国家不仅代表了新兴市场,而且意味着理想生产基地的出现。它们以低价生产产品来满足世界经济的增长要求,其最终结果就是形成了一个世界范围的、联合的工业生产地区。"全球产品"的数量将不断增长,也就是说出现了质量同一,并在几乎无差别的经济条件下,在全球各地销售的品牌产品。由于全球将出现多个经济中心,因此,国际运输量将大幅度增长,随之而来的将是世界经济的加速增长和运输流向的转变。

在这样的现实条件下,可以说,没有一个企业愿意依靠自身的力量独立完成物流活动,因为即使有条件,也将是不经济的。因此,越来越多的企业倾向于将内部物流作业外包。这无疑就给了第三方物流企业提供了广阔的发展空间,从而促进了第三方物流的发展。

### 7.2.3 第三方物流的特征

1. 契约化

第三方物流通过契约的形式来规范物流企业和货主企业之间的关系。物流企业根据契约规定的要求,提供多功能甚至是全方位的一体化服务,并以契约来管理所提供的物流服务活动及其过程。它不是偶然的、一次性的物流活动,而是通过契约的形式使物流供需双方结成稳定、明显、长期的合作关系和利益共同体,从而减少了不确定性所带来的风险,降低了交易成本。第三方物流有别于传统的外包,外包只限于一项或数项独立的物流功能。第三方物流企业则根据合同条款规定的要求,而不是临时需要,提供多功能,甚至是全方位的一体化服务。

2. 专业化

第三方物流企业所提供的是专业的物流服务。从物流设计、物流操作过程、物流技术工具、物流设施到物流管理,必须体现专门化和专业水平。这既是货主企业的需要,也是第三方物流企业自身发展的基本要求。

3. 规模化

规模化，是指通过对物流人才、物流技术、物流设施等物流资源的集成和整合，第三方物流企业具有较高的生产率和明显的规模经济，一定的规模是其生存和发展的必要条件。

4. 信息化

信息技术是第三方物流发展的基础。信息技术实现了数据的快速、准确传递，提高了仓库管理、装卸运输、采购、订货、配送发运、订单处理的自动化水平，使订货、仓储、流通加工实现一体化。货主企业可以更方便地使用信息技术与第三方物流企业进行交流与协作，企业之间的协调和合作有可能在短时间内迅速完成。

5. 个性化

首先，不同的货主企业存在不同的物流服务要求，第三方物流企业需要根据不同的货主企业在其企业形象、业务流程、产品特征、顾客需求特征、竞争需求等方面的不同要求，提供针对性强的个性化物流服务和增值服务。其次，从事第三方物流的物流企业也因为市场竞争、物流资源、物流能力的影响需要形成核心竞争业务，不断强化所提供物流服务的个性化和特色化，以增强其在物流市场的竞争能力。

6. 系统化

第三方物流是由全部功能要素组成的一个完整的物流系统，它以有效的整合运输、储存等资源要素，利用物流网络要素，提供运输、储存、包装、装卸搬运、流通加工、配送、物流信息处理、增值服务等部分或全部的物流功能。

## 7.3 第三方物流在物流一体化中的作用

### 7.3.1 物流一体化的含义

20 世纪 80 年代，西方发达国家（如美国、法国和德国等）都提出了“物流一体化”的现代理论，应用于指导其物流发展并取得了明显的效果，使它们的生产商、供应商和销售商均获得了显著的经济效益。美国十几年的经济繁荣期即与该国重视物流一体化的理论研究与实践，加强供应链管理，提高社会生产的物流效率和物流水平是分不开的。

物流一体化就是利用物流管理，使产品在有效的供应链内迅速移动，使参与各方的企业都能获益，使整个社会获得明显的经济效益。严格地说，所谓“物流一体化”就是以物流系统为核心的由生产企业、经由物流企业、销售企业直至消费者供应链的整体化和系统化。它是指物流业发展的一个高级和成熟的阶段。只有当物流业高度发达，物流系统日趋完善，物流业成为社会生产链条的协调者，才能够为社会提供全方位的物流服务。

物流一体化的发展可分以为三个层次，即物流自身一体化、微观物流一体化和宏观物流一体化。

1. 物流自身一体化

物流自身一体化，是指物流系统的观念逐渐确立，运输、仓储和其他物流要素趋向完备，子系统协调运作，系统化发展。

2. 微观物流一体化

微观物流一体化，是指市场主体企业将物流提高到企业战略的地位，并且出现了以物流战略作为纽带的企业联盟。

3. 宏观物流一体化

宏观物流一体化，是指物流业发展到这样的水平：物流业占到国家国民总收入的一定比例，处于社会经济生活的主导地位。它使跨国公司从内部职能专业化和国际分工程度的提高中获得规模经济效益。

### 7.3.2　第三方物流与物流一体化

物流一体化是物流产业化的发展形式，它必须以第三方物流的充分发育和完善为基础。物流一体化的实质是一个物流管理的问题，即专业化物流管理人员和技术人员，充分利用专业化物流设备、设施，发挥专业化物流运作的管理经验，以取得整体最佳的效果。同时，物流一体化的趋势为第三方物流的发展提供了良好的发展环境和巨大的市场需求。

随着专业分工细化，越来越多的企业更加专注于自己的核心竞争力，越来越多的业务正在被外包出去，企业愿意花在上游原材料采购及下游产品销售环节的精力也在减少，它们更加希望与其合作的物流企业能以专业公司的身份为自己提出一个一揽子解决问题的方案。在这种情况下，第三方物流企业为了提高自身的竞争力，就必须向供应链方向转型。在供应链管理模式下，要求第三方物流企业从面向企业内部发展到面向企业之间的集成物流服务，采用一体化的运作模式（如图 7-1 所示）。该模式超越了组织结构的界限，将供应商、生产商、批发商和零售商同时纳入物流管理的范围，力图从原材料到用户的每个过程来实现物流的管理，利用第三方物流企业自身的优势建立和发展与供应链其他企业的合作关系，形成一种联合力量赢得竞争优势。该模式突破了传统的供应商与生产商或生产商与批发商的合作关系，也不同于供应商或生产商、批发商同第三方物流企业的单个联盟关系，而是将供应链中所有环节的活动联系起来，实现物流功能的集成化，提高用户服务水平，从而赢得竞争优势。为了适应供应链管理对物流的要求，第三方物流企业可以从以下三个方面提高一体化物流服务的能力。

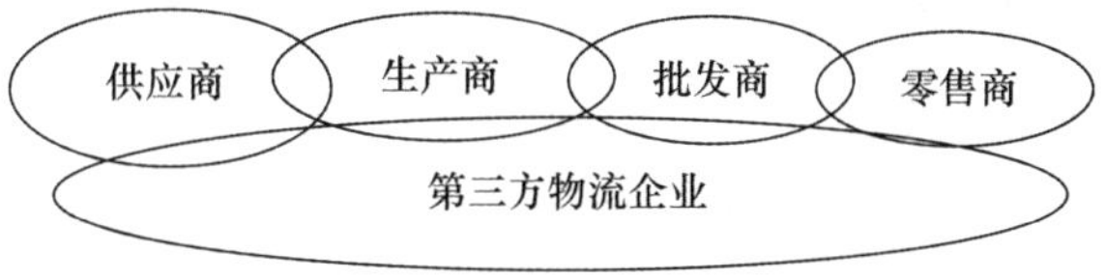


**图 7-1　第三方物流一体化运作模式**

1. 发展合作联盟

供应链管理需要集成物流提供商，但与生产企业集中核心能力一样，第三方物流企业不可能完全利用自有资源实现所有的物流功能，它也需要采用业务外包或虚拟经营方式，即联合外部组织利用现代技术和经济关系提供客户所需的全部或部分物流服务的运作模式。第三方物流供应商可以通过并购和战略联盟，与其他的物流经营者结成物流联盟(Logistics Alliance)，采取长期联合与合作的方针，从整体最优的系统观点出发，为整条供应链提供一站式的服务，内容包括物流战略和系统规划、设计、运营和管理。从长期的发展来看，第三方物流经营者只有以高水平的集成物流服务和供应链资源整合能力，才能够巩固第三方物流企业的地位，只拥有资源而不具有整合能力的物流经营者只可能成为资源整合的对象。

2. 加强信息技术建设

第三方物流企业设计、执行以及管理客户供应链中的物流需求，必须依据信息和物流专业知识，以最低的成本为客户提供需要的物流管理和服务。信息技术是第三方物流服务的技术保障，第三方物流企业利用信息技术和现代管理理论提升第三方物流服务水平。信息技术应用于第三方物流，表现在实现物流服务的信息化、网络化，提高物流服务的效率，从而提高第三方物流企业自身竞争能力上。第三方物流企业应用实现货物跟踪的条码、计算机网络、移动通信技术，实现信息快速交换的 EDI 技术、车辆跟踪的 GPS 技术、资金快速支付的 EFT(Electronic Funds Transfer，电子资金转账)技术和网上交易的电子商务技术等，对物流实行全程控制，提供查询功能，并且简化交易流程和结算流程。而当企业之间的竞争逐渐转化为供应链之间的竞争时，第三方物流企业有时候担任着生产商对外窗口的功能，它可以利用接近顾客信息源这一便利条件为生产商提供更多的高附加值服务，尤其是在有关顾客和竞争者的信息收集、挖掘和分析上，第三方物流企业将会发挥越来越重要作用。

3. 提高员工素质

第三方物流企业供应链管理模式下为客户提供的物流服务，不同于为单个企业提供的运输、仓储、配送等功能的物流服务，而是需要对整个供应链的物流活动做出整体规划，为客户提高整个供应链的物流系统的效率，提供一体化物流服务。因此，第三方物流企业需要提高员工素质，需要能对供应链物流系统进行整体设计的人才。而我国物流企业普遍缺乏物流管理人才，为了解决这一问题，第三方物流企业可以邀请专家加盟，充实物流规划方面的人员，加强对员工的培训，提高员工对供应链的认识。

## 7.4 第三方物流企业的分类及作用

### 7.4.1 第三方物流企业的分类

1. 按照所提供服务的种类划分

按照第三方物流企业所提供服务的种类可以将其划分为以资产为基础的第三方物流企

业、以管理为基础的第三方物流企业和综合的第三方物流企业。

(1) 以资产为基础的第三方物流企业。

以资产为基础的第三方物流企业一般拥有自己的车队、船舶、仓库等资产，主要通过运用自己的资产来提供专业化的服务。一些快运快递公司就属于这类企业，如 TNT、FedEx、UPS、DHL 等企业就是以提供运输服务为主的物流公司，在海运、陆运和空运方面突出其物流能力。

(2) 以管理为基础的第三方物流企业。

自 20 世纪 90 年代后，随着 IT 技术的发展和全球化的推进，以管理为基础的第三方物流企业开始快速发展起来。这类企业一般通过系统数据库和咨询服务来提供物流管理服务，它们与发货人合作，自身并不拥有运输和仓储设施，而只提供人力资源。

(3) 综合的第三方物流企业。

这类提供综合物流服务的企业一般拥有一定的资产，如卡车、仓库等，但它们提供的服务又不只限于使用自己的资产，如果有需要，它们会与其他的物流提供商签订合同进行合作，从而向顾客提供全面和系统的物流服务。

2. 按其对商品所有权的性质划分

根据第三方物流提供者对所处理的商品是否拥有所有权的性质来划分可以将其分为以下两类。

(1) 经营性质的第三方物流企业。

经营性质的第三方物流企业拥有商品的所有权，承担经营中的风险。

(2) 代理性质的第三方物流企业。

代理性质的第三方物流企业不拥有商品的所有权，赚取的是佣金。

第三方物流之所以日益受到政府和企业的关注和青睐，是因为它不论是在微观领域还是在宏观领域都有着巨大的价值。一方面它能帮助工商企业降低成本、提高服务质量、规避风险进而提升企业的竞争力；另一方面，它能从全社会的角度优化配置物流资源，提高全社会物流资源的利用率，为国民经济的可持续发展做出重要贡献。

### 7.4.2 第三方物流企业的作用

1. 提升核心竞争力

利用第三方物流，企业可以专注于提高核心竞争力。生产企业的核心能力是生产、制造产品，销售企业的核心能力是销售产品。随着外部市场环境的变化，企业的生产经营活动已变得越来越复杂。一方面，企业需要把更多的精力投入到自己的生产经营中去，另一方面企业交往的对象更多了，所要处理的关系更加复杂，在处理各种关系和提高自身核心能力上，企业的资源分配便会出现矛盾。如果将企业和顾客间的物流活动交由第三方物流企业来承担，便可以大大降低企业在关系处理上的复杂程度。企业采用第三方物流后，原来直接面对多个顾客的一对多的关系变成了直接面对第三方物流的一对一的关系，企业在物流作业处理上避免了直接与众多顾客打交道而带来的复杂性，简化了关系网，便于其将更多的精力投入自身的生产经营中，从而提升核心竞争力。

2. 降低经营成本

在激烈的竞争市场上，降低成本、提高利润往往是企业的首选目标。而物流成本通常被认为是企业经营中较高的成本之一，所以，降低物流成本便成为企业的“第三利润源泉”。

企业可以不再保有仓库、车辆等物流设施，对物流信息系统的投资可以转嫁给第三方物流企业来承担，从而可以减少投资和运营物流的成本；还可以减少直接从事物流的人员，从而减少工资支出；提高单证处理效率，从而减少单证处理费用；加强库存管理控制，从而降低存货水平，削减存储成本；通过第三方物流企业广泛的节点网络实施共同配送，可以大大提高运输效率，减少运输费用等。

3. 提高服务质量

在社会化生产日益扩大、专业化分工越来越细的今天，服务的重要性日益显现，顾客会将服务与产品同等看待，甚至超过产品本身。物流能力是企业服务的重点内容之一，它会制约企业的顾客服务水平，物流服务水平实际上已经成为企业实力的一种体现。以最小的成本提供预期的顾客服务已经成为企业努力的方向，帮助企业提高顾客服务水平和质量也是第三方物流企业所追求的目标。

第三方物流企业利用信息网络和节点网络，能够加快对顾客订货的反应能力，加快订单处理速度，缩短从订货到交货的时间，进行门到门运输，实现货物的快速交付，提高顾客满意度；通过其先进的信息和通信技术，可以加强对在途货物的监控，及时发现、处理配送过程中的意外事故，保证订货及时、安全送达目的地，尽可能实现对顾客的承诺。产品的售后服务、送货上门、退货处理、废品回收等也可以由第三方物流企业来完成，保证企业为顾客提供稳定、可靠的高水平服务。

4. 分散企业风险

企业如果自己运作物流会面临两大风险：一是投资风险；二是存货的风险。企业自营物流就要进行物流设施的投资，如建立仓库、购买车辆等。这样的投资往往很大，如果企业的物流管理能力很低，不能使自己拥有的物流资源尽量发挥作用，则会导致企业物流效率低下，那么企业在物流上的投资就会失败，这部分在物流固定资产上的投资就会面临无法回收的风险。通过第三方物流，企业可以规避这一风险。另外，企业由于配送能力和管理水平有限，为了及时地对顾客的订货做出反应，防止缺货和实现快速交货，往往采取高水平的库存策略。一般来说，企业防止缺货的期望越高，所需要的安全储备就会越多，平均存货数量也越多。存货越多，企业的流动资金被占压的就越多，随着时间的推移，存货有贬值的风险。企业如果通过第三方物流企业进行专业化配送，由于配送能力的提高，存货流动速度加快，企业可以减少内部的安全库存量，从而减少企业的资金风险。

5. 增强市场应变能力

将物流职能交与第三方管理可以增强企业对市场变化的应变能力。当需求变化和技术进步时,第三方物流企业能不断更新其设施、信息和管理技术,根据环境变化进行其他的调整,增强其灵活性,而这往往是非物流企业无法相比的。企业可以根据市场需求的灵活变动与第三方物流企业进行合作,减少了投资,增强了自身对市场的灵敏度。对于季节性生产而言,灵活性显得更为重要。因为需求的季节性,生产时间往往提前于消费季节,并要求企业根据市场的反馈能够及时进行生产调整,使生产计划具有很大的灵活性,这样对仓储等物流活动的需求也是季节性的,所以,使用第三方物流企业可以及时调整企业的生产和销售,具有季节方面的灵活性。

6. 加速产品和服务投放市场的进程

企业为了在时间上获得竞争力,必须要快速将产品和服务推向市场,第三方物流企业则可以利用其强大的物流网络帮助客户在速度上实现竞争优势。它通过加强信息交流,提高如仓储、运送等物流活动的速度,加快交货、发送和响应的时间,减少产品生产和交货的提前期,迅速将产品送到各生产基地或市场需求地,从而获得时间竞争的优势。

7. 增加社会效益

以上六个方面可以归结为第三方物流企业的经济价值,除此之外,第三方物流企业还具有一个容易被多数人忽视的价值,即社会效益。第三方物流企业可以将社会上众多闲散的物流资源有效地整合、利用起来。受过去计划经济体制的影响,受"大而全""小而全"思想的制约,我国很多的企业存在物流设备利用率低下、运输空载率高、成本高等问题,最终导致社会物流资源配置不合理,从而造成严重浪费。而通过第三方物流企业的专业管理控制能力和先进的信息系统,把企业原有的仓库、车队等物流资源进行统一管理运营,组织共同运输、共同配送,将企业的物流系统社会化,实现信息、资源共享,则可以从另一个高度上极大地促进社会物流资源的整合优化,提高全社会物流的整体效率。

## 7.5 第三方物流决策

企业物流模式主要有自营物流和采用第三方物流,采用第三方物流能降低成本,提高顾客服务水平。毫无疑问,在供应链构建中,一个不可避免的问题就是第三方物流决策,即哪些企业应该实施第三方物流,多大限度上使用第三方物流。企业在进行物流决策时,应根据自己的需要和资源条件综合考虑,做出慎重选择以提高企业的市场竞争力。

### 7.5.1 传统的第三方物流决策方法

传统的决策依据是企业是否有能力自营物流,如果企业有设施、有技术就自营物流,以方便控制;如果某项物流功能自营有一定的困难就外购。企业在进行这种外购与自营决策时，物流总成本与顾客服务水平的考虑是放在其次的，而且通常的物流外购是企业向运输企业购买运输服务或向仓储企业购买仓储服务，这些服务都只限于一次或一系列分散的物流功能，需求是临时性的，物流企业没有按照企业独特的业务流程提供独特的物流服务，即物流服务与企业价值链是松散的联系。采用这种决策标准的原因有以下几点。

1. 企业各职能部门的本位作风

库存管理部门为了避免缺货，希望拥有仓库；采购运输部门为了方便提货、配送，倾向于拥有运输设备；财务部门为了财务手续而偏向于企业自营物流；人事部门从员工稳定与和谐关系出发，更愿意企业不要把物流业务外部化。各部门都从局部利益出发，从本位出发，不希望给自身带来不必要的麻烦。

2. 出于对机会主义的担心

签订物流服务外购合同后，物流业务交由物流企业管理，双方的力量对比因此发生了变化。就物流企业来说，它们对非物流企业有依赖，但不强烈，充其量这笔交易是其众多交易中的一单；但对非物流企业而言，服务质量与效率将对企业正常的生产经营活动产生严重影响。因此，物流企业往往利用这种有利的地位在必要时会提高价格，并转向那些能满足它们利益的客户，产生种种机会主义行为，如不按合同规定的时间配送，装卸搬运过程中故意要挟等。面对这些情况，企业总是尽量采用自营的方式，然而这种方式却削弱了企业的竞争力，自营使企业把有限的资源浪费在与核心业务关系不大的物流上，制约了企业核心能力的培养和巩固。

3. 害怕丧失控制物流的能力

企业总是愿意把物流业务内部化，深层的原因就是担心把物流业务外包后，丧失了控制物流的能力。这种担忧是毫无道理的，因为最佳的物流设计方案是寻求自营与外购的平衡点。没有人会建议企业必须外购一切物流业务，外购策略对外是购买价格相对较低、顾客服务水平更高的物流功能，对内则是着眼于那些能支撑本企业核心能力的物流功能。然而，这种担忧本身却令人担忧，因为管理人员在对外购物流的理解上，缺乏对物流战略意义的认识，他们不清楚哪些物流功能的自营会对本企业的发展有战略影响，哪些则没有。

总之，管理人员面对的是未知的技术、不可控的经济环境、服务提供方的易变性等一系列未能确定的因素，对决策的偏见主要来自这些不确定性因素，管理人员不清楚哪些是核心物流功能，缺乏对物流做战略分析的打算和信心。

### 7.5.2 科学的第三方物流决策方法

企业在进行第三方物流决策时，应从物流在企业的战略地位出发，在考虑企业物流能力的基础上，进行成本评价。

在对第三方物流进行决策时，首先要考虑物流子系统的战略重要性。要确定物流子系统是否构成企业的核心能力，一般可以从以下三个方面进行判别：

(1) 它们是否高度影响企业的业务流程；

(2) 它们是否需要相对先进的技术，采用此种技术能否使企业在行业中领先；

(3) 它们在短期内是否不能为其他的企业所模仿。

若能得到肯定的回答，那么就可以断定物流子系统在战略上处于重要地位。由于物流系统是多功能的集合，各功能的重要性和相对能力水平在系统中是不平衡的，因此，还要对各功能进行分析。

某项功能是否具有战略意义，关键就是看它的替代性。若其替代性很弱，很少有物流企业能完成或物流企业很难完成，几乎只有本企业才具备这项能力，企业就应保护好、发展好该项功能，使其保持旺盛的竞争力；反之，若物流企业也能完成该项功能或物流子系统对企业而言并非很重要，那就需要从企业物流能力的角度决定是自营还是外购了。企业物流能力在这里指的是顾客服务水平。顾客是个泛指的概念，它既可以是消费者，也可以是下道工序。如果企业不具备提供一定顾客服务水平的能力，就要进行外购。在外购时采用何种服务，是租赁公共物流服务还是组建物流联盟，这就要由物流子系统对企业成功的重要性来决定。在物流子系统构成企业战略子系统的情况下，为了保证物流的连续性，就应该与物流企业签订长期的合同，由物流企业根据企业流程提供定制服务，即实施第三方物流；而在物流子系统不构成企业战略子系统的情况下，采用何种服务方式就要在顾客服务水平与成本之间寻找平衡点了。

具备了物流能力，并不意味着企业一定要自营物流，还要与物流企业比较在满足一定的顾客服务水平下，谁的成本更低。只有在企业的相对成本较低的情况下，选择自营的方式才有利；若不然，企业应把该项功能分化出去，实行物流外包。如果物流子系统是企业的非战略系统，企业还应寻找合作伙伴，向其出售物流服务，以免资源浪费。

## 7.6　我国第三方物流的发展对策

1. 规模经营，以求共赢

一个企业的迅速发展光靠自身的资源、力量是远远不够的，也未必最科学、最经济。随着入世后全球化市场竞争的加剧，现代企业制度的完善和现代企业管理理念的建立，越来越多的企业注重培养企业的核心竞争力，有意将全部或部分物流业务外包给新型物流企业。因此，企业必须寻找战略合作伙伴，通过联盟的力量获得竞争优势。第二方物流企业与第三方物流企业之间、第三方物流企业与客户之间、第三方物流企业与相关行业企业之间，将结成紧密的合作伙伴关系，运用信息技术，整合业务流程，逐步形成供应链上的物流节点，同时成为重要的战略联盟伙伴。“供应链的管理与优化”将成为第三方物流的核心服务内容，其业务与客户的原料采购、生产控制、库存管理、信息互动等过程紧密结合，形成重要的“双赢”战略联盟格局。

2. 完善服务功能，提供增值服务

21世纪是倡导个性化消费和个性化服务的世纪，“多品种、多批次、少批量的门到门服务”已经是21世纪物流服务的主导形态。而不同的制造企业或物流服务需求者对第三方物流服务也会有更加具体化、个性化的服务要求。因此，第三方物流企业之间的竞争更加突出表现为差异型、个性化的物流服务特色，而非单一的成本竞争。第三方物流企业首先应牢牢树立以客户为本的经营理念，提供优质的整合服务。一方面将储存、运输、包装、加工和信息收集等流程整合起来，供应链的管理与不断优化是第三方物流企业的核心服务内容；另一方面提供增值服务，从订单处理、仓储保管、运输配送、装卸包装、流通加工、信息反馈等一系列作业活动都能创造商品的附加值，从而使物流这个“第三利润源泉”更具丰富内涵。物流服务提供者不能仅仅依靠单纯地提供部分固定的服务项目，而要利用信息将其咨询能力与企业客户的实际相结合，创造新价值，将其自身的行业优势转化为新的生产力资源并融入企业客户之中，提供给顾客一种崭新的资源。这种资源是第三方物流企业为顾客所特别提供的，它无法从其自身内部获得，而只能借助于专业社会生产力资源提供者才可汲取。

3. 加强理论研究与人才培养

物流学是一门交叉学科，它涉及运输学、经济学、管理学、信息学、运筹学、系统学、工程学等多门学科。第三方物流在我国是新兴事物，发展第三方物流业需要懂网络技术、物流管理和信息管理等专业知识的复合型人才，加强物流从业人员的教育和培养，提高物流管理人才的素质是一项十分紧迫的任务。鼓励和允许有条件的院校按照市场对物流人才的需求，在开办和设置相关专业和课程的基础上，借鉴和引进国际上先进的物流教育方法，制定我国物流从业人员的教育规范和标准，并在此基础上引导企业、行业培训和教育工作。

4. 加强政府的指导协调

国家应充分发挥政策的导向作用，及早出台相应的政策，明确第三方物流企业的主管部门，设置专门的管理机构，制定统一的管理制度与立法，构建统一的物流大市场。为了使中国的第三方物流快速发展，政府有必要提供基本的制度环境。第一，尽快设置统一的物流管理机构，专门负责研究、制定、规划和协调物流产业发展的相关政策。第二，打破部门分割，进行合理有效的产业结构调整，将不同运输方式的管理职能纳入统一的部门，以提高政府的规划预测功能和协调效率，同时避免多头管理的弊端，以利于政府按照物流发展的要求制定统一的管理制度，以统一的立法规范统一的市场，提高国民经济整体运行的效率。第三，构建统一的物流大市场，政府有必要加强规划，具体可以制定国家的、地区的、口岸的物流发展规划，并根据政府的政策取向协调地区间、口岸间的物流发展规划，分期、分批投入使用。

## 本章小结

在网络经济时代，随着物流服务的发展，现代社会所产生的物流需求，已经可以不依靠企业本身去实现，而是依靠社会上的专业物流企业去实现。企业再也没有必要在“大而全”“小而全”上面去浪费宝贵的资源。从当前社会经济发展水平来看，能提供最高水平的物流服务的是能够为物流需求承担完整服务的物流服务商，现在一般称为第三方物流。第三方物流是现代物流社会化和专业化的先进形式。

第三方物流是一个起步不久的领域，从发达国家的经验来看，只有几十年的历史，但发展速度非常惊人。第三方物流在具有减少管理时间、减少投资、合理利用资产等优点的同时，也不可避免地具有一些负面效应或风险。这些都是企业在进行第三方物流决策时要考虑的因素。本章从广义和狭义两个角度对第三方物流做出全面的理解，在阐述第三方物流的概念的基础上分析了第三方物流产生的背景和第三方物流的优势及其在物流一体化中的关系，对第三方物流企业进行了合理的分类，对企业如何进行第三方物流决策作了深入的探讨。

## 案例赏析

### 中外运为摩托罗拉提供的第三方物流服务①

中外运空运发展股份有限公司(以下简称中外运空运公司)是中国外运长航集团有限公司所属的全资子公司。下面是中外运空运公司为摩托罗拉公司提供第三方物流服务的情况介绍。

1. 摩托罗拉公司对物流服务的要求

摩托罗拉公司对物流服务有高标准的要求，具体内容如下。

(1) 要提供24小时的全天候准时服务，主要包括：保证摩托罗拉公司中外业务人员，天津机场、北京机场两个办事处以及双方有关负责人通信联络24小时畅通，保证运输车辆24小时运转，保证天津机场与北京机场办事处24小时提货、交货。

(2) 要求服务速度快。摩托罗拉公司对提货、操作、航班、派送都有明确的规定，时间以小时计算。

(3) 要求服务的安全系数高。摩托罗拉公司要求物流服务提供商对运输的全过程负全责，要求航空公司及派送代理处理货物的各个环节都不能出问题，一旦某个环节出了问题，将由服务商承担责任、赔偿损失，而且当过失达到一定程度时，将取消其做业务的资格。

(4) 要求信息反馈快。摩托罗拉公司要求物流服务提供商的计算机与其联网，做到对

① 资料来源：http://news.56ye.net/show-996.html，有改动。

货物的随时跟踪、查询,以便其掌握货物运输的全过程。

(5) 要求服务项目多。根据摩托罗拉公司货物流转的需要,通过发挥中外运空运公司系统的网络综合服务优势,提供包括出口运输、进口运输、国内空运、国内陆运、国际快递、国际海运和国内提货的派送等全方位的物流服务。

2. 中外运空运公司的主要做法

(1) 制定科学、规范的操作流程。

摩托罗拉公司的货物具有科技含量高、货值高、产品更新换代快、运输风险大、货物周转以及仓储要求零库存的特点。为了满足摩托罗拉公司的服务要求,中外运空运公司一直在不断完善业务操作规范,并纳入了公司的程序化管理。公司对所有的业务操作都按照服务标准设定的工作程序和管理程序进行,先后制定了出口、进口、国内空运、陆运、仓储、运输、信息查询、反馈等工作程序,每位员工、每个工作环节都按照设定的工作程序来进行,使整个操作过程井然有序,提高了服务质量,减少了差错,杜绝了事故的发生。

(2) 提供 24 小时的全天服务。

针对客户 24 小时服务的需求,中外运空运公司实行全年 365 天的全天候工作制度,周六、周日(包括节假日)均视为正常工作日。对操作人员(包括天津机场、北京机场人员)进行必要的调整,合理安排车辆,确保全天候的运转。厂家随时出货,公司随时有专人、专车提货和操作。在通信方面,相关人员(从总经理到业务员)实行 24 小时的通信畅通,保证了对各种突发性情况的迅速处理。通过提供 24 小时的全天候服务,一方面有效地确保了摩托罗拉公司实现零库存,降低了生产成本;另一方面通过提高流通效率,为摩托罗拉公司的产品赢得市场,提供了时间上的保障。

(3) 提供门到门的延伸服务。

普通货物运输的标准一般是从机场到机场,由货主自己提货,而快件服务的标准是从门到门、桌到桌,而且货物运输的全程都在管理监控之中,因此收费也较高。中外运空运公司对摩托罗拉公司的普通货物虽然是按普货标准收费的,但提供的却是门到门、库到库的快件服务,这样既使摩托罗拉公司的货物能够及时运输,又保证了安全。

(4) 提供创新服务。

即从货主的角度出发,推出新的更周到的服务项目,最大限度地减少货损,维护货主的信誉。

为了减少摩托罗拉公司的货物在运输中被盗的风险,中外运空运公司在运输中增加了打包、加固的环节;为了防止货物被雨淋,又增加了一项塑料袋包装;为了保证急货按时送到货主手中,中外运空运公司还增加了手提货的运输方式,解决了客户急、难的问题,让客户感到在最需要的时候,中外运空运公司都能及时、快速地给予解决。

(5) 充分发挥中外运的网络优势。

经过多年的建设,中外运空运公司在全国拥有了比较齐全的海、陆、空运输与仓储、码头设施，实现了集团范围内的计算机联网，在重要口岸实现了和海关报关系统的联网，通过国际互联网为客户提供多种信息服务，形成了以高技术为基础的覆盖国内外的货运营销网络，这是中外运空运公司发展物流服务的最大优势。通过中外运网络，在国内为摩托罗拉公司提供服务的网点已达98个城市，实现了提货、发运、对方派送全过程的定点定人、信息跟踪反馈，满足了客户的要求。

(6) 对客户实行全程负责制。

作为摩托罗拉公司的主要货运代理之一，中外运空运公司对运输的每一个环节负全责，即对从货物由工厂提货到海、陆、空运输，以及国内外的异地配送等各个环节负全责。对于出现的问题，积极主动协助客户解决，并承担责任和赔偿损失，确保了货主的利益。

中外运空运公司为摩托罗拉公司提供的服务，从开始的几箱货发展到面向全国，双方在共同的合作与发展中，建立了相互信任和紧密的业务联系。在新的形势下，中外运空运公司和摩托罗拉公司正在探讨更加广泛和紧密的物流合作。

**案例思考题**

1. 摩托罗拉公司对物流服务有哪些要求？

2. 针对摩托罗拉公司的要求，中外运空运公司有怎样的应对服务？

3. 你认为中外运空运公司提供的第三方物流服务能令摩托罗拉公司感到满意吗？原因是什么？

## 复习思考题

1. 我国当前有哪些类型的物流企业？
2. 比较广义和狭义的第三方物流的含义。
3. 举例说明第三方物流企业的类型。
4. 第三方物流具有哪些鲜明的特征？
5. 完善我国第三方物流的发展对策有哪些？

# 第八章　绿色物流

## 8.1　绿色物流的概念和内涵

### 8.1.1　绿色物流的概念

绿色物流是继绿色制造、绿色消费之后，在国际上又一新兴的绿色热点概念。目前，在国际上对于“绿色物流”还没有形成一个统一的概念，但通常认为，所谓“绿色物流”(Environmental Logistics)又称环保物流，是指在物流过程中抑制物流对环境造成危害的同时，实现对物流环境的净化，使物流资源得到充分的利用。其目标是将环境管理导入物流业的各个系统，加强物流业中保管、运输、包装、装卸搬运、流通加工等各个作业环节的环境管理和监督，有效遏止物流发展造成的污染和能源浪费。具体来说，绿色物流的目标不同于一般的物流活动。一般的物流活动主要是为了实现物流企业的盈利、满足顾客需求、扩大市场占有率等，这些目标最终都是为了实现某一主体的经济利益，是单纯以经济利益为导向的，称之为“经济物流”；而绿色物流除追求经济利益目标外，还追求节约资源、保护环境这一既具有经济效益又具有社会效益的“双赢”目标。

### 8.1.2　绿色物流的内涵

企业物流包括原材料供应、产品生产和产品销售的全部活动，它由供应物流、生产物流、销售物流和逆向物流构成。绿色物流就是在闭环的物流的各个环节(包括运输、储藏、包装、装卸、流通加工和废弃物处理等物流活动)中，采用环保技术，提高资源利用率，最大程度地降低物流活动对环境的影响。因此，绿色物流的内涵一般可以分为以下五个方面。

1. 集约资源

物流的本质就是通过集约、优化各种资源，提高流通效率，压缩流通成本。这个过程同时也节约了资源消耗，提高了资源效率，简而言之就是一个节能环保的过程。从这个意义上说，绿色是物流的本色。

2. 绿色运输

原材料和产品的运输是物流活动中最重要的一部分，它贯穿于物流活动的始终。在原材料和产品的运输过程中，对环境可能造成四个方面的影响：一是交通工具大量的能源消耗；二是运输过程中排放的大量有害气体、产生的噪声污染；三是运输易燃、易爆、化学品等危险原材料或产品时可能引起的泄漏、爆炸等事故；四是大量的运输导致道路需求面积的增加。所以,运输环节是对环境造成污染的主要原因之一。绿色运输可以通过交通工具的搭配,有效利用车辆,提高配送效率,在合理规划网点及配送中心的基础上,努力优化配送路线,提倡共同配送和多式联运方式,提高往返载货率等;减少公路运输,尽量采用铁路运输或海洋运输;使用"绿色"运输工具,采用小型货车等低排放运输工具,保证运输车辆尾气排放量达到标准。

3. 绿色仓储

原材料和产品的保管和储存需要的主要设施就是仓库。仓储管理过程中的非绿色因素主要有三个方面:一是在原材料和产品的保管过程中需要对其进行一定的养护,如喷洒杀虫剂等一些化学药品会对周边的生态环境造成一定的污染;二是一些原材料或产品,如易燃、易爆、化学危险品,由于保管不当,泄漏或爆炸也会对周边环境造成污染和破坏;三是由于仓库布局的不合理,提高了车辆的重复运输率和空载率,从而造成资源浪费。

4. 绿色包装

包装可以保证产品的价值和形态以及起到美化产品的作用,但包装过程也会对环境造成很大的影响。一方面是包装材料对环境有污染,如白色塑料污染,这类材料在自然界中不易降解,滞留时间很长;另一方面是过度的包装或重复的包装,很多的包装材料在一次性使用后就被消费者遗弃,造成资源的大量浪费,不利于可持续发展,同时也无益于生态经济效益。绿色包装就是要求包装符合环保的要求,节省用料资源,尽量减少包装废弃物;同时利用可回收或可再生资源,如"绿色"的集装箱等。

5. 逆向物流

逆向物流,是指所有与资源循环、资源替代、资源回用和资源处置有关的物流活动,它能够充分利用现有资源,减少对原材料的需求,常被发达国家作为建设循环型经济的重要举措。实施逆向物流是一项系统的工程,需要有完善的商品召回制度、废物回收制度以及危险废物处理处置制度。

## 8.2　绿色物流产生的背景

自20世纪70年代始,环境问题受到越来越多的关注,几乎融入社会经济的每一个领域。这其中也包括环境问题对物流行业的影响,绿色物流由此应运而生。绿色物流可以追溯到20世纪90年代初人们对运输引起环境退化的关注:道路、码头和机场等交通基础设施的建设占用了大量的土地;汽车等交通工具的尾气排放成为城市空气的主要污染源之一。因此,一些专家学者建议把环境问题作为物流规划的一个影响因素,成为绿色物流的雏形。此后,绿色物流从运输逐渐扩展到包装、仓储等活动中,逐渐形成一个比较完整的概念和体系。

### 8.2.1 绿色物流在国外的发展

与很多与环保相关的问题一样，绿色物流首先从发达国家兴起。一方面，发达国家通过立法限制物流对环境的影响。如欧盟国家、美国和日本等国家都制定了严格的法规限制机动车尾气排放，日本在《新综合物流施策大纲》中明确提出“解决环境问题”的对策。另一方面，发达国家提出发展循环型经济的目标，积极扶持逆向物流的发展。很多的跨国公司都积极响应这一行动，施乐、柯达、美孚、惠普等大型跨国公司都实施了逆向物流的项目，并且收益显著。

1. 美国绿色物流的发展

美国的经济高度发达，是世界上最早发展物流业的国家之一。美国政府推行自由经济政策，其物流业务数量巨大，而且异常频繁，因而就决定了美国对绿色物流更加关注。美国政府在物流高度发达的经济社会环境下，不断通过政府宏观政策的引导，确立以现代物流发展来带动社会经济发展的战略目标，其近景目标和远景目标十分明确。美国在其到 2025 年的《国家运输科技发展战略》中规定交通产业结构或交通科技进步的总目标是“建立安全、高效、可靠和充足的运输系统，其范围是国际性的，形式是综合性的，特点是智能性的，性质是环境友善的。”一般企业在实际物流活动中，在物流的运输、配送、包装等方面应用诸多的先进技术，如电子数据交换、准时化生产、配送规划、绿色包装等，为物流活动的绿色化提供有力的技术支持和保障。

2. 欧洲绿色物流的发展

欧洲是引进物流概念较早的地区之一，而且也是将现代技术应用于物流管理，提高物流绿色化的先锋。如在 20 世纪 80 年代，欧洲就开始探索一种新的联盟型或合作型的物流新体系，即综合物流供应链管理。它的目的是实现最终消费者和最初供应商之间的物流和信息流的整合，即在商品流通的过程中加强企业间的合作，改变原来各企业分散的物流管理方式，通过合作关系实现原来不可能达到的物流效率，从而减少无序物流对环境的影响。欧洲的运输和物流业组织——欧洲货代组织（FFE）很重视绿色物流的推进和发展，对运输、装卸和管理过程制定出相应的绿色标准，加强政府和企业协会对绿色物流的引导和规划作用，同时鼓励企业拥有绿色物流的全新理念（重点在于规划和兴建物流设施时，应该与环境保护结合起来，要限制危害人类生态最强的公路运输的发展，大力推进铁路电气化的运输）来经营物流活动，加大对绿色物流新技术的研究和应用，如对运输规划进行研究，积极开发和试验绿色包装材料等。

欧盟组织所制定的可持续发展战略明确要求从 1990 年起到 2020 年年底交通运输废气排放量必须减少 20%。物流企业也制定了有关降低 $CO_2$ 等废气排放量的应对措施和保护生态平衡等解决方案。

3. 日本绿色物流的发展

日本自1956年从美国全面引进现代物流管理理念后，大力进行本国现代化物流建设，将物流运输改革作为国民经济中最为重要的核心课题予以研究和发展。把物流行业作为本国经济发展生命线的日本，从一开始就没有忽略物流绿色化的重要意义，除在传统的防止交通事故、抑制沿线的噪声和振动等问题方面加大政府部门的监管和控制作用外，还特别制定了一些实施绿色物流的具体目标值，如货物的托盘使用率及货物在停留场所的滞留时间等，以此来降低物流对环境造成的负荷。1989年，日本推出了10年内3项绿色物流推进目标，即含氮化合物排出标准降低3～6成，颗粒物排出降低6成以上，汽油中的硫成分降低1/10。1992年，日本政府公布了汽车二氧化氮限制法，并规定了允许企业使用的5种货车车型，同时在大都市特定区域内强制推行排污标准降低的货车才允许行驶的规则。1993年，除部分货车外，要求企业必须承担更新旧车辆，使用新式符合环境标准的货车的义务。另外，为了解决地球温室效应、大气污染等社会问题，日本政府与物流业界在控制污染排放方面，积极实施在干线运输方面推动模式转换(由汽车转向对环境负荷较小的铁路运输或海上运输)，在都市的运送方面推动共同配送系统的构建以及节省能源行驶等。

日本于1997年、2001年、2005年和2009年，由经济产业省和国土交通省共同制定了四个《综合物流施策大纲》，是内阁会议通过并颁布的关于日本物流事业的纲领性政策文件。这些文件把绿色物流作为整个经济的一个重要基础加以考虑。其重点之一就是要减少大气污染物的排放，加强地球环境保护，对可利用的资源进行再生利用，实现资源、生态和社会经济的良性循环，建立适应环保要求的新型物流系统。

### 8.2.2 绿色物流在我国的发展

目前，世界各国都把绿色物流作为物流业发展的重点，积极开展绿色环保物流的专项技术研究，促进新材料的广泛开发和应用，进行回收物流的理论和实践研讨，积极出台相应的绿色物流政策和法规，努力为物流绿色化和可持续发展奠定基础。

同发达国家相比，目前我国国内绿色物流的发展比较缓慢，主要表现在以下三个方面。

1. 绿色物流观念没有普及，甚至还十分陌生

观念模糊对绿色物流的发展产生的障碍存在于两个方面：第一，政策、决策部门不了解绿色物流，则难以制定出绿色物流整体发展策略；第二，经营者对绿色物流的认识不够，则只注重产品本身，即生产绿色产品，拥有绿色标志，实行绿色营销等，而忽略了绿色物流。

2. 相关法律制度缺失，导致绿色物流发展无章可循、无法可依

尽管我国自20世纪90年代以来，制定、颁布了不少的治理环境污染方面的政策和法规，但针对物流行业的还不是很多。另外，由于物流包含许多的流程，每个流程都由相应的职能部门进行管理，但我国现阶段各职能部门间部分权力划分不清楚，多方管理容易造成物流行业发展混乱。同时，各级政府在制定物流规划的时候只考虑本辖区的利益，容易短视，

只考虑短期利益,忽略了长期效益,从而导致物流行业无序发展,造成资源的巨大浪费,也为以后物流运作中的环境保护增加了过多的负担。

3. 物流行业发展滞后,没有形成规模

物流基础设施现代化程度有待提高。物流行业的发展离不开道路、信息化、码头、物流配送场所等一系列基础设施的建设,而设施的建设不是一朝一夕就能实现的,是一个渐进的过程。同时,物流业存在规模效益,数量多可以降低单个产品在物流中的费用。

但随着经济全球化的发展,一些传统的关税和非关税壁垒逐渐淡化,绿色壁垒逐渐兴起。尤其是我国加入WTO后,物流行业在经过合理过渡期后,从2005年1月1日起已取消大部分外国股权限制,外国的物流企业进入我国市场,势必给国内的物流企业带来巨大的冲击。我国的企业加紧发展绿色物流是应对未来挑战和在竞争中占得先机的重要机遇。

与此同时,目前我国的经济社会发展面临着环境污染等社会问题。第一,我国的城市大气环境污染相当严重,据73个城市的调查,超过限额的城市已占70%左右。第二,目前我国水资源匮乏及水污染问题日趋严重,全国有300多个城市缺水,每年因供水不足影响工业产值达1200亿元以上。第三,我国城市道路噪声十几年来居高不下,全国有47%的城市区域受到噪声的污染。第四,垃圾污染已成为当今社会的重要问题,据中国城市环境卫生协会提供的数据显示,目前我国人均生活垃圾年产量为440公斤,全国城市垃圾的年产量达1.5亿吨,且每年以8%~10%的速度增长,全国历年垃圾存量已超过60亿吨。环境污染问题非常严重并已引起政府和全社会的关注和重视。企业作为环境污染的主要制造者,必须在环保方面承担起社会责任。可持续发展战略的实施,就是要求企业在生产经营活动中承担社会责任,将物流活动同自然环境、社会环境的发展协调起来,使物流活动有利于环境的良性循环。

进入21世纪,物流必将把有效利用资源和维护地球环境放在发展的首位,建立全新的从生产到废弃全过程效率化的、资讯流与物质流循环化的绿色物流系统。

## 8.3 物流过程引发的环境问题与环境保护

### 8.3.1 物流过程引发的环境问题

物流对于经济发展所具有的重要作用,使得它从企业职能中脱离出来,形成了一个行业。物流在降低商品从生产企业到用户的费用、简化商品从出厂到消费的程序、便于生产企业集中精力提升竞争力以及更好地为顾客服务等方面的作用,使得其产生与发展成为经济发展的必然。同时,作为一种经济活动,物流也经历了从简单到复杂、从低级到高级的过程。随着物流产业的快速发展,人们发现物流活动的频繁化以及物流管理的变革会增加燃油消耗,加重空气污染和废弃物污染,浪费资源,引起城市交通堵塞等,对社会经济的可持续发展产生消极影响。日本物流成本计算的权威西泽修先生曾提出了“物流成本冰山”理论,其含义是说人们对物流费用的总体内容并不掌握，提起物流费用大家只看到露出海水上面的冰山的一角，而潜藏在海水里的整个冰山却看不见，实际上海水中的冰山才是物流费用的主体部分。“物流成本冰山”理论也同样揭示了企业物流结构的不合理对社会造成的成本，这个成本就是环境污染。任何形式的环境污染都根源于物质的不适当流动，且流动的量达到了一定规模就超过了环境的负载能力。因此，企业在进行物流管理时不能不考虑由此产生的环境污染而形成的巨大的社会成本。物流过程中引发的环境问题存在于物流活动的各个环节。

1. 运输造成的环境问题

运输是借助于运力，实现物品空间位置的物理性移动，体现了物流的基本概念与基本内容，所以运输是物流活动中最主要、最基本的活动。在运输活动中，汽车运输以其机动灵活、覆盖面广、可以实现“门到门”的运输优势而在物流运输中的地位不断上涨，然而汽车运输对环境的影响最为严重。

(1) 大气污染。

汽车在行驶过程中要排放大量的尾气和产生大量的扬尘。目前，已从汽车尾气中分离出 80 多种有害物质，其中主要的污染物是铅，同时还含有一氧化碳、氮的氧化物、碳氢化合物、臭氧等气体。在大中城市中，汽车尾气的污染占整个大气污染的 60%以上，这些气体混合在空气中，被人类(特别是儿童)吸入，会造成人体内部缺氧，危害中枢神经系统，轻者眩晕、恶心、虚脱，重者昏迷、呼吸变慢、意识丧失而死亡。汽车产生的扬尘覆盖在金属制品的表面上，遇到雨水的侵蚀，金属制品很容易锈蚀。在空气中飘浮时间较长的扬尘，不仅能吸附病菌，还能吸附大量的有害物，被人体吸入后，轻者可能导致呼吸道疾病，重者影响心脏。

(2) 噪声污染。

汽车所产生的噪声甚至已经占到了城市噪声的 85%。汽车行驶在道路上时，内燃机、喇叭、轮胎等都会发出大量的噪声，严重影响人的身体健康。科学家们认为 40 分贝是正常的环境声音，在此以上就是有害的噪声。一般来说，40 分贝的连续噪声可以使 10%的人受到影响；70 分贝可以影响 50%的人。而突发噪声在 40 分贝时，可以使 10%的人惊醒；到 60 分贝时，可以使 70%的人惊醒。噪声长期干扰睡眠会使人造成失眠、疲劳无力、记忆力衰退，以至于产生神经衰弱症等。在高噪声环境里，这种病的发病率可以达 60%以上。人短期处于噪声环境时，即使离开噪声环境，耳朵也会发生短期的听力下降，但当回到安静环境时，经过较短的时间即可以恢复。一般情况下，85 分贝以下的噪声不至于危害听觉，而 85 分贝以上的噪声则可能发生危险。实践表明，长期工作在 90 分贝以上的噪声环境中，人的耳聋发病率明显增加。噪声除了损伤听力以外，还会引起其他的人身损害，如噪声可以引起心绪不宁、心情紧张、心跳加快和血压增高。噪声还会使人的唾液、胃液分泌减少，胃酸降低，从而易患胃溃疡和十二指肠溃疡。在强噪声下，患高血压的人也会增多。不少人认为，生活中的噪声是造成心脏病的原因之一。

(3) 废弃物污染。

物流运输工具所引起的废弃物处理问题，如废旧轮胎、废弃机油和柴油等，若不采取措施及时处理，不仅是环境污染的潜在隐患，而且还有可能渗入土壤和水体中，造成土壤和地下水源的污染。

2. 储存保管造成的环境问题

储存保管过程对环境造成的影响主要有两个方面：一是在原材料和产品的储存保管过程中需要对其进行一定的养护，如喷洒杀虫剂等一些化学药品会对周边的生态环境造成一定的污染；二是一些原材料或产品(如易燃、易爆、化学危险品)，由于保管不当、泄漏或爆炸也会对周边环境造成污染和破坏。

3. 包装造成的环境问题

包装对环境造成的影响主要有以下两个方面。

(1) 所选材料本身对环境造成的危害。

如用作家用电器、工业仪器仪表等包装物的白色发泡聚苯乙烯塑料，其特点是体积大、重量轻、不易腐烂、不分解。其被人们用后抛弃，引起铁路沿线、江河航线、城市及风景点到处是白色泡沫，严重影响环境和市容卫生，被人们称为“白色污染”。据国家统计局最新统计，2015 年 1—11 月，中国塑料制品总产量为 6789.5 万吨，其中 1—11 月中国塑料薄膜的产量为 1194.6 万吨，这些塑料薄膜用后约有 600 万吨作为固体废物进入城市固废处理系统，另一部分则被用户随手乱扔，形成塑料垃圾。这些塑料垃圾乱弃于繁华城市、旅游景点的路旁、绿地或林荫树上，破坏城市风景，影响市容市貌。在很多的城市，乱弃的塑料包装袋随风起舞，对城市供电系统造成极大的威胁，2014 年山东电业部门因塑料包装袋缠绕架空供电线上造成短路事故就有 10 多起。此外，包装食物、饮料的塑料包装物是蚊、蝇和细菌赖以生存和繁殖的温床，极易引起病菌传播，影响环境卫生和城市公众的身体健康。

(2) 物流过程包装功能过剩或重复包装造成的资源浪费。

目前，我国每年仅衬衣包装盒用纸量就达 24 万吨，相当于砍掉了 168 万棵碗口粗的树，过度包装严重浪费了有限的资源。

4. 流通加工造成的环境问题

流通加工过程中会产生废水、废料、废弃物及噪声，从而对环境产生危害。而且流通加工中心一般规模较小，生成分散，技术简单，对废弃物的回收和利用难度大，如果处理不当，对城乡环境和居民生活会产生直接影响。

5. 物流信息造成的环境问题

在物流过程中，物流信息是现代物流重要的组成部分，它引导、调节物流的数量、方向和速度，使物品按预定的目标和方向流动。但是，虚假的、重复的、过时的信息造成的无效或低效的物流活动也会对环境造成一定的危害。如对于易霉变的物品，假如对气象信息掌握错误，就有可能使易霉变的物品由于储存、保管、运输和包装不当而引起霉变。这些霉变的物品不仅会造成经济损失，更重要的是还会对生态环境造成污染。

### 8.3.2 物流与环境保护

在物流过程中所造成的种种环境污染问题，不仅大大提高了企业的经济成本，严重影响了企业的经济效益，而且还影响了企业的社会形象和声誉。随着可持续发展观念不断地深入人心，消费者对企业的接受与认可不再仅仅取决于其是否能够提供质优价廉的产品与服务，同时越来越关注企业是否节约利用资源、企业是否对废旧产品的原料进行回收、企业是否注重环境保护等。所以，为了实现可持续发展，企业必须采取措施积极解决物流活动中的环境问题。哈佛大学纳兹利教授深刻阐述了对这一问题的认识："如果一个企业想要在竞争激烈的全球市场中有效发展，它就不能忽视日益明显的环境信号，继续像过去那样经营……对各个企业来说，接受这一责任并不意味着经济上的损失，因为符合并超过政府和环境组织对某一工业的要求，能使企业减少物料和操作成本，从而增强其竞争力。实际上，良好的环境行为恰似企业发展的马达而不是障碍。"

环境问题既然来源于物流活动的各个环节，那么作为企业而言，可以建立一套物流环保体系，保证物流活动各个环节的绿色化。例如，企业在运输环节采取的环保措施有：(1) 合理配置配送中心，制订配送计划，提高运输效率以降低货损量和货运量；(2) 合理采用不同的运输方式，不同的运输方式对环境的影响不同，尽量选择铁路、海运等环保运输方式；(3) 评价运输者的环境绩效，由专业运输企业使用专门运输工具负责危险品的运输，并制定应急保护措施。企业在废料处理环节中可以采取的环保措施有：(1) 加强进料和用料的运筹安排；(2) 在产品的设计阶段就要考虑资源可得性和回收性能，减少生产中的废弃物料的产生。

物流活动过程中造成的环境问题，不仅得到了企业的关注，同时许多的国际组织和国家也都开始对物流与环境保护问题进行研究和探讨，并相继制定出台了一系列与环境保护和资源保护相关的协议、法律体系作为制度保障，如《蒙特利尔议定书》《里约环境和发展宣言》《工业企业自愿参与生态管理和审核规则》《贸易与环境协定》《京都协议书》等；中国制定了《中华人民共和国环境保护法》等一系列法律法规。这些法律要求产品的生产商必须对自己所生产的产品造成的污染负相应的责任，并且采取相应的措施，否则将会受到严厉惩罚。美国于 1990 年颁布了《空气洁净法令》，对排放破坏臭氧层的有害物质和气体的厂商加以重罚。1997 年，许多国家在日本的京都缔结了《京都议定书》，其宗旨就是减少温室效应气体的排放量，改善全球环境，造福人类。欧盟规定轮胎生产商每卖出一条新的轮胎必须回收一条旧的轮胎进行处理或再利用。同时，一些国家的法律对一次性电池生产厂商也做出了类似的规定。由此可见对环境行为进行管制已经成为全世界的共识。2013 年，国务院发布《大气污染防治行动计划》10 条措施，力促空气质量改善。2015 年 2 月，中央政治局党委委员会会议审议通过《水污染防治行动计划》，在污水处理、工业废水、全面控制污染物排放等各方面进行强力监督并启动严格问责制。由此可见，对环境行为进行管制已经成为全世界的共识。

各国政府也都积极发挥了引领和导向作用，在宏观上对物流活动进行环境管理控制，具体主要体现在以下三个方面。

1. 控制物流活动中的污染发生源

物流活动引起环境污染的主要原因在于货车运输量的增加，政府应该采取有效措施，从源头上控制物流企业的发展造成的环境污染。如治理车辆的废气排放，限制城区货车行驶路线，发挥经济杠杆作用，收取车辆排污费、促进低公害车的普及等。

2. 限制交通量

通过政府指导作用，促进企业选择合适的运输方式，发展共同配送，统筹建立现代化的物流中心，最终通过有限的交通量来提高物流效率。

3. 控制交通流

通过道路与铁路的立体交叉发展，建立都市中心环状道路，制定道路停车规则以及实现交通管制系统的现代化等措施，以此来减少交通阻塞，提高配送效率。

## 本章小结

绿色物流，是指在物流过程中抑制物流对环境造成危害的同时，实现对物流环境的净化，使物流资源得到充分的利用。绿色物流的内涵包括集约资源、绿色运输、绿色仓储、绿色包装和逆向物流。

绿色物流首先从发达国家兴起。美国、欧洲、日本都是较早产生绿色物流的地区。我国的物流业发展较为缓慢，但随着经济全球化的发展，尤其是我国进入 WTO 以后，给我国绿色物流业的发展提供了机遇。

物流活动作为一种经济活动，在给社会带来经济利益的同时，在运输、储存、包装、加工流通和信息等各个环节也给人类的生态环境造成一定的影响。为此，许多的国际组织和政府都积极采取一系列的措施，如立法、宏观调控等解决物流活动对环境的污染问题；此外，各企业也为了自身的可持续发展，积极采取措施以减少物流对环境的污染。

## 案例赏析

### 日本的食品包装[①]

日本的食品包装已不只是要好看和实用，还要考虑环保，食品包装尽量采用不污染环境

① 资料来源：http://www.foods1.com/content/269200/，有改动。

的原则，如用纸袋取代塑料容器。日本90%的牛奶都是以有折痕线条的纸包装出售的。这种包装袋容易压扁，不但生产成本低，而且能够减少占用空间。日本最常见的饮料包装通过机械制作后是一种底部可撕开的特别设计的杯形容器，在撕开底部后，人们能够轻易地把容器压扁，以方便送去再循环。还有一种衬袋盒，其主要目的就是要让人们能够轻易地把纸盒和袋子分开，送去再循环时就比较容易处理了。目前，日本市场上的酒类饮料通过机械化包装后，大半是采用这类包装。被日本消费者接受的新包装设计是立式袋。由于开袋子比开瓶子更容易使内部液体溢出，因此这种袋子的开口都特别设计，方便打开。这类袋子取代了塑料瓶子，其塑料使用量只及塑料瓶的1/5。除酒和饮料，日本市面出售的食油很多也是以复合纸包装出售的，这样大大减少了塑料的使用。

日本碗碟清洁剂的包装也一样重视环保。消费者第一次用完清洁剂后，能够在市场上买到以立式袋出售的清洁剂，再把清洁剂倒入原有的塑料容器中继续使用，使塑料容器不用丢掉。

日本专家指出，许多没有包装必要的食品完全可以放弃包装。以蔬菜、水果为例，据日本连锁站商会的调查显示，除番茄、桃、草莓外，90%的蔬菜、水果都不需要包装，这样既省去了使用特种保鲜功能的保鲜纸，又有助于保持蔬菜、水果的营养与新鲜。

**案例思考题**

1. 日本企业的做法有什么现实意义？
2. 根据日本企业的做法，谈谈在物流活动过程中企业还可以在哪些方面重视环保？

## 复习思考题

1. 绿色物流的概念和内涵是什么？
2. 简述绿色物流在我国的发展情况。
3. 物流过程中能够引发哪些环境问题？

# 第九章　国际物流管理

## 9.1　国际物流与国际贸易

国际物流是现代物流系统的重要构成部分，近几十年有了很大的发展，是一种新型的物流形态。"冷战"结束以后，贸易的国际化势头越来越强盛。随着国际贸易壁垒的拆除，国际贸易合作的趋势不断增强，一些地区已经突破国界的限制形成统一市场。这使得国家贸易出现了新的情况，并带来了国际物流的新突破，形成了新的国际物流形式。国际贸易与国际物流之间的联系变得更加密切，国际物流成为国际贸易的一个必然组成部分。

### 9.1.1　国际物流的概念

随着国内企业参与国际商务活动的日益增多，企业在商品和劳务方面的对外输出越来越多，贸易往来也更加频繁。而国际商务和国内商务在运作规律和运行规则方面是存在较大差别的，它是跨越不同国家界限进行的，在时间和空间上形成的差距更大，这就使得物流的范围扩大了，物流的内容也相应地产生了巨大的变化。

从企业的角度来看，跨国公司近十几年来发展很快，不仅是已经国际化的企业，更多即便是具有一般实力的企业也走上了跨国发展的道路，开始在全球范围内进行资源的优化配置，寻求更加广阔的国际市场或是进行全球资源采购以获得更大的效益与市场。这就使企业的经济活动领域必然由地区、国家扩展到国际。这样一来，国际物流业被提上了企业的议事日程。企业必须为自己的全球化战略提供必要的物流保障，更新自身的物流观念，提高物流能力，并按照国际物流的需要对原来的物流体系进行全面改造。对于跨国公司而言，国际物流不仅是由于进行跨国贸易决定的，而且也是企业本身的生产发展需要的必然产物，企业的跨国化生产需要依靠国际物流来进行衔接。

由此可见，国际物流是国际贸易发展的必要条件，也是企业实施跨国化战略的必然产物。国际物流(International Logistics，IL)，是指跨越不同国家或地区之间的物流活动，其狭义理解是当供应和需求发生在不同的国家与地区之间时，为了克服供需在时间上和空间上的不平衡而发生的商品物质实体在不同国家之间进行跨越国境的流动。它伴随和支撑着国际经济交往、贸易活动和其他国际交流所产生的物流活动。国际物流是现代物流系统发展的重要领域。

### 9.1.2　国际物流的作用与特点

1. 国际物流的作用

国际物流就是物流活动跨越国界进行，是在不同的国家间进行的，所以国际物流的存在与发展可以促进世界范围内物资的合理流动，可以使国际物资或商品的流动路线最佳，流通成本最低，服务最优，效益最高；同时，由于国际化信息系统的支持和广大的世界各地域范围的物资交流，可以促进世界经济的发展，改善国际友好交往，并由此推进国际政治、经济格局的良性发展，推动国际合作的协调进步，从而促进整个人类的物质文化和精神文化朝着和平、稳定和更加文明的方向发展。

此外，跨国公司已经成为今天全球经济发展的一个重要环节，国际物流的发展能够推动跨国企业全球化战略的实施，使跨国企业可以在更加广阔的市场上进行资源的优化配置，进入国际市场的开拓和全球化采购，降低成本，增强核心竞争能力并提高效益。

2. 国际物流的特点

(1) 物流环境存在差异。

国际物流的一个非常重要的特点就是各国的物流环境存在差异，尤其是物流"软环境"的差异。物流"软环境"，是指物流活动所需适应的法律、文化、科技发展水平、国家相关行业标准等因素。不同国家的物流适用的不同法律使国际物流的复杂性远远高于一个国家的国内物流，甚至会阻碍国际物流的正常进行；不同的国家、不同的经济形式和不同科技发展水平会造成国际物流处于不同的科技条件的支撑下，甚至有些地区根本无法应用某些技术而导致国际物流系统水平下降；不同国家的不同标准也会造成国际物流活动的衔接环节难以顺利实现，"接轨"困难，因而使国际物流系统无法建立；不同国家的风俗文化和国家交往之间存在的禁忌也使国际物流受到较大的局限。由于物流环境的差异迫使一个国际物流系统需要在几个不同法律、人文、习俗、语言、科技的环境下运行，因而大大增加了物流活动进行的难度和物流系统的复杂性，加大了物流系统运行的成本。

(2) 物流系统范围广。

物流本身的功能要素、系统与外界的沟通十分复杂，而国际物流在这个复杂的系统上又增加了不同国家的要素，这不仅是地域的广阔和空间的广阔，而且涉及的内外因素更多，物流过程更长。广阔范围带来的直接后果就是难度增加、复杂性增强、风险增大。

(3) 国际物流必须有国际化信息系统的支持。

国际化信息系统是国际物流，尤其是国际联运非常重要的支持手段。建立技术先进的信息网络已成为发展现代国际物流的关键，国际上的物流中心城市本身就应该是一个发达的信息枢纽港。然而，国际化信息系统的建立难度非常大：一是管理困难；二是投资巨大；三是由于世界上有些地区的物流信息水平较高，而有些地区的物流信息水平极低，所以常常出现信息水平不平衡的现象，因而信息系统的建立更加困难。

(4) 国际物流的标准化要求高。

物流国际化使各国物流接轨，有一个需要从根本上解决的技术问题就是建立国际物流标准化体系的问题。国际物流能否统一标准是非常重要的，可以说，没有统一的标准，国际物流水平就无法提高，甚至没有办法进行衔接，从而导致国际物流活动的失败。在国际物流系统中，应进一步推行国际基础标准、安全标准、卫生标准、环保标准及贸易标准，并在此基础上制定并推行运输、包装、配送以及集装箱等技术标准。这是因为物流管理标准和作业标准是服从于物流技术标准的。不向国际标准靠拢的国家，必然在转运、换车等许多方面多耗费时间和费用，从而降低其国际竞争力。

(5) 国际物流的流量结构正在发生重大的调整和转移。

国际物流的流量结构是同国际产业结构调整相联系的，世界产业结构演变的共同趋势是劳动密集型→资本密集型→技术知识密集型。产业结构的这种演变规则使得世界各国商品进口的结构不断进行调整，因此国际物流的流量结构也相应地进行调整和转移。

(6) 国际物流的输送形式主要是以海运为主。

国内物流无论是企业物流还是城市物流，其输送方式主要是以公路运输、铁路运输、内河运输为主；而国际的物资流动，由于距离远、运量大，同时考虑运输成本，所以一般使用海运为主。

(7) 国际物流客观上要求缩减物流中转过程。

由于国际物流是在两个以上不同国家的物流企业相互提供的不同服务，因此，客观上要求缩短物流的中转过程，直达运输成为一种货物运输的有效途径。

### 9.1.3 国际贸易与国际物流之间的关系

国际物流是随着国际贸易的发展而产生和发展起来的，并已经成为影响和制约国际贸易进一步发展的重要因素。国际贸易与国际物流之间存在着密切的关系。

1. 国际物流是国际贸易的必要条件

世界范围内的社会化大生产必然会引起国际分工的细化，任何国家都不可能拥有生产所有产品需要的资源或是自行生产一切产品，这就需要国际合作。国际商品和劳务流动是由商流和物流组成的，前者由国际交易机构按照国际惯例进行，后者由物流企业按照各个国家的生产和市场结构完成。

为了克服它们之间存在的矛盾，就要求开展与国际贸易相适应的国际物流。只有物流工作做好了，才能够将国内外两个市场进行有效的衔接，将国外客户所需要的产品按时、按质、按量、低成本地送到，从而提高本国产品在国际市场上的竞争能力，并扩大对外贸易。

2. 国际贸易促进物流国际化

第二次世界大战结束以后，由于恢复重建工作的需要，世界各国都在积极研究和应用新技术、新方法，促进生产力的迅速发展，世界经济呈现出繁荣兴旺的景象，国际贸易也得到了迅速的发展。同时，由于一些国家和地区资本的积累达到了一定的程度，本国或本地市场已不能满足其进一步发展的需要，加上交通运输、信息处理及经营管理水平的提高，出现了为数众多的跨国公司。跨国经营与国际贸易的发展，促进了商品和信息在世界范围内的大量流动和广泛交换，物流国际化成为世界贸易和世界经济发展的必然趋势。

3. 国际贸易对物流提出了新的要求

随着世界经济的飞速发展和政治格局的风云变化，国际贸易表现出一些新的趋势和特点，从而对物流提出了更新、更高的要求。

(1) 质量要求。

国际贸易的结构正在发生着巨大的变化，传统的初级产品、原料等贸易品种正在逐步的让位于高附加值、精密加工的产品。由于高附加值、高精密度产品流量的增加，对物流工作质量提出了更高的要求。同时，由于国际贸易需求的多样化，造成物流多品种、小批量作业活动增多，这些都要求国际物流向优质服务和多样化发展。

(2) 效率需要。

国际贸易活动的集中表现就是合约的订立和履行，而国际贸易合约的履行是由国际物流活动来完成的，因而要求物流高效率。从输入方面的国际物流看，提高物流效率最重要的是如何高效率地组织所需商品的进口、储存和供应。也就是说，从订货、交货，直至运入国内进行保管、组织供应的整个过程，都应该加强物流管理。根据国际贸易商品的不同，采用与之相适应的巨型专用货船、专用泊位以及大型机械等专业运输设备等，这对于提高物流效率起到了主导作用。

(3) 安全要求。

由于国际分工和社会生产专业化的大发展，大多数商品都在世界范围内进行分配和生产。如美国福特公司某一牌号的汽车在全球 20 个国家中的 30 家不同的工厂进行联合生产，产品要销往 100 多个不同国家和地区。国际物流所涉及的国家多，地域辽阔，在途时间长，受气候条件、地理条件等诸多自然因素和政局(如罢工、战争、汇率、通货膨胀)等社会政治与经济因素的影响。这就要求物流管理者在组织国际物流的过程中，注意选择运输方式和运输路径，要密切注意所经过地域的气候条件、地理条件，还应该注意沿途所经过国家和地区的政治局势、经济状况等，以防止这些人为因素和不可抗的自然力量造成货物的灭失和贬值。

(4) 经济要求。

国际贸易的特点决定了国际物流存在多个环节，且备运期长。在国际物流领域，控制物流费用，从而降低物流成本具有巨大的潜力空间。对于国际物流企业来说，选择最佳物流方案，提高物流经济性，降低物流成本，保证服务水平，是全面提高竞争力的有效途径。

总而言之，国际物流必须适应国际贸易结构和商品流通形式的发展变化，向高效化、合理化方向发展。只有真正做好国际物流，才能够推动并扩大国际贸易。所以，国际物流是发展国际贸易的必要条件，而发展国际贸易又是发展国际物流的前提条件，国际贸易与国际物流相互促进又相互约束。

## 9.2 国际物流的业务流程

### 9.2.1 国际物流业务运作的流程

国际物流业务的核心是以实现国际贸易、国际物资交流大系统为总体目标。国际贸易合同签订后的履行过程，就是国际物流业务的实施过程，国际物流业务运作的流程如图 9-1 所示。

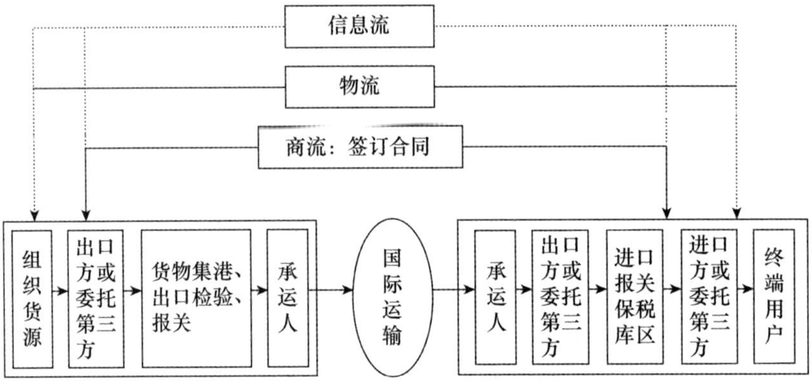


图 9-1 国际物流业务运作的流程

### 9.2.2 国际货物仓储业务管理实务

国际货物仓储业务管理程序如图 9-2 所示。

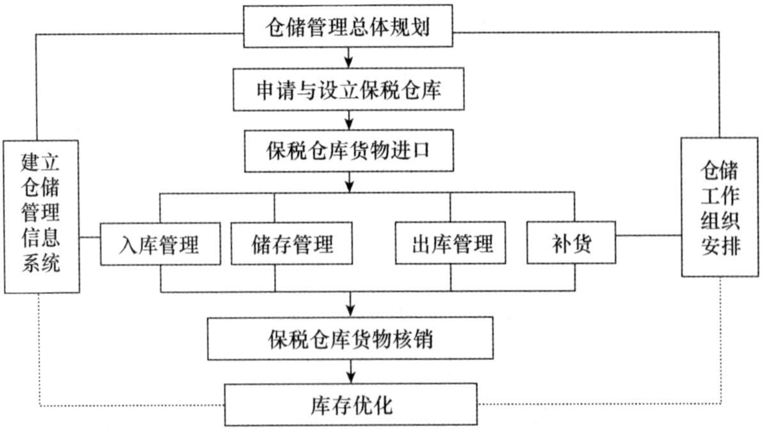


图 9-2 国际货物仓储业务管理程序

1. 仓储管理总体规划

仓储管理总体规划方案应能做到以尽可能低的成本，实现货物在仓库内快速、准确地流动。要实现这个目标，物流管理者就必须通过仓库的组织结构、设备机械、计划编制、成本控制、信息监控以及工作人员组织安排的一体化才能达到。

2. 建立仓储管理信息系统

仓储管理一般由入库管理、储存管理、出库管理和补货组成，信息管理是现代仓储管理的核心部分。仓储管理信息系统由条码技术、无线通信技术、计算机系统和其他附属设备四个部分组成，为仓库完成运输、配送、加工以及库存管理功能提供有力的保证和支持。

3. 仓储工作组织安排

仓储部分规划主要根据仓储的类型、规模的大小、经营的业务类型和范围，作业流程和作业方式，组织管理模式等进行具体设计。

4. 申请与设立保税仓库

物流企业按照申请与设立保税仓库的程序，向当地主管海关提出设立保税仓库的申请，提供相关的文件，并办理审批手续。

5. 保税仓库货物进口

物流企业根据实际情况，即是本地进货还是异地进货，办理进口申报及入库手续。

6. 入库管理

物流企业应按照入库管理的流程，即入库准备、确定货位、检验货物、入库交接和登记等进行入库。

7. 储存管理

货物入库后，便进入储存管理阶段，它是仓库业务的重要环节，其主要内容包括存放、保管、检查、盘点等。

8. 出库

对于存入保税仓库的货物，其出入库的流向较为复杂，一般可以分为储存后原状复出口、加工贸易提取后加工成品出口、在国内销售或使用三种情况。

9. 补货

补货是将货物从仓库保管区域移到拣货区域，并将补货作业做书面处理的过程。不管以什么为补货单位，其补货步骤基本一致。补货作业的目标是确保商品能保质保量按时送达指定的拣货区。

10. 保税仓库货物核销

保税仓库货物应按月向主管海关办理核销，主管海关对保税入库、出库报表与实际进口、出库报关单及领料单进行审核，核实无误后予以核销。

11. 库存优化

库存可以通过仓储管理部分的优化途径进行优化。

### 9.2.3 国际货物报检报关业务管理实务

1. 国际货物报检业务的基本程序

目前，我国进出口货物的检验程序主要包括报检、抽样、检验和领取证书四个环节。

(1) 报检。

进出口报检，是指对外贸易关系人向检验检疫机构申请检验。凡属检疫范围内的进出口商品都必须报检。

(2) 抽样。

检验检疫机构接受报检后，必须及时派人到货物堆存地点进行现场检验鉴定，其内容包括货物的数量、重量、包装、外观等项目。现场检验一般采取国际贸易中普遍使用的抽样法（个别特殊商品除外）。

(3) 检验。

根据我国商检法规的规定，内地省市的出口商品需要由内地检验机构进行检验，经内地检验机构检验合格后，签发“出口商品检验换证凭单”。当商品的装运条件确定后，外贸经营单位持内地检验机构签发的“出口商品检验换证凭单”向口岸检验机构申请查检后放行。

获准免检进出口商品的申请人，凭有效证书、合同、信用证及该批产品的厂检合格单和原始检验记录等，到当地检验机构办理放行手续，并缴纳放行手续费。对需要出具商检证书的免检商品，检验机构可以凭申请人的检验结果，核发商检证书。

(4) 领取证书。

对于出口商品，经检验部门检验合格后，报检员可以领取《中华人民共和国海关出境货物通关单》（以下简称《出口货物报关单》）并凭其进行通关。如果合同、信用证规定由检疫部门检验出证或国外要求签发检验证书的，应根据规定签发所需证书。

2. 国际货物报关的基本程序

国际货物报关业务的程序主要包括申报、配给查检、缴纳税费、提取或装运货物四个环节。

(1) 申报。

申报，是指进口货物的收货人、出口货物的发货人或其代理人在进出口货物时，在海关规定的期限内，以书面或者电子数据交换方式向海关报告其进出口货物的情况，并附有关货运和商业单据，申请海关审查放行，并对所报告内容的真实准确性承担法律责任的行为，即通常所说的“报关”。

(2) 配合查检。

海关查检，是指海关确定进出境货物的性质、价格、数量、原产地、货物状况等是否与报关单上已申报的内容相符，对货物进行实际检查的行政执法行为。

(3) 缴纳税费。

缴纳税费的一般步骤包括确立完税价格、计算关税、关税的申报、关税的缴纳以及关税的退还。

(4) 提取或装运货物。

在依法办理进口货物的申报、配合查检和缴纳税费(或办理担保)等手续，获得海关放行后，贷主或其代理人就可以向海关领取签盖海关“放行章”的进口货物提货单或运单，或特制的放行条，凭此单证到海关监管仓库或监管区提取进口货物。

## 9.3 保税仓库与保税区

### 9.3.1 保税仓库

保税仓库是保税制度中应用最为广泛的一种形式，其具有较强的服务功能和较大的灵活性，在促进国际贸易和开展加工贸易方面起到了非常重要的作用。海关在对保税仓库的管理上是依据海关总署颁布的《中华人民共和国海关对保税仓库及所存货物的管理方法》等。

1. 保税仓库的定义与类型

保税仓库，是指经海关核准的并在海关监管下，专门存放已入境但暂时未纳进口税或者未领进口许可证(能制造化学武器的和易制毒化学品除外)的货物，在海关规定的储存期内复运出境或办理正式进口手续的专用仓库。根据国际上通行的保税制度要求，进境存入保税仓库的货物可暂时免纳进口税款，免领进口许可证或其他进口批件，在海关规定的储存期内复运出境或办理正式进口手续。但对国家实行加工贸易项下进口事先申领许可证的商品，在存入保税仓库时，应事先申领进口许可证。一般情况下，货物在报税仓库中可以存放2年，若有特殊需要可以延长。

对于存放于保税仓库中的货物，根据实际情况，海关允许存放的货物有以下三类：供加工贸易(来料加工、进料加工)加工成品复出口的进口料件；外经贸主管部门批准开展外国商品寄售业务、外国产品维修业务、外汇免税商品业务及保税生产资料市场的进口货物；转口贸易货物以及外商寄存、暂存货物和国际航行船舶所需的燃料、物料和零配件等。

其中，前两类属于经海关核准暂免办理纳税手续的进口货物，第二类属于暂时进境储存后再复运出境的进境货物。

在国际上保税仓库通常可以分为公用型和自用型两种。公用型保税仓库是根据公共需求而设立的，可以供任何人存放货物。自用型保税仓库，是指只有仓库经营人才能存放货物的保税仓库，但所存货物并非必须属于仓库经营人所有。根据国际上的通行做法及我国的具体情况，按使用对象不同我国也把保税仓库分为公用型保税仓库和自用型保税仓库。

（1）公用型保税仓库。

公用型保税仓库可以供各类进口单位共同存放货物，如转口贸易货物、外商暂存货物等。公共型保税仓库一般由该仓库的经营单位申请设立。

（2）自用型保税仓库。

自用型保税仓库又可以分为以下两类。

① 加工贸易备料保税仓库。

这是一类为来料加工、进料加工等加工贸易储存进口原材料等物资提供服务的保税仓库，由常年从事加工贸易出口、鼓励产品加工的生产企业申请设立。经营单位为了加工产品出口的需要，不断地从国际市场上购进所需原材料、零部件等物资，储存在保税仓库以备随时加工成品出口。目前，加工贸易备料保税仓库是我国保税仓库中的主要类型。

② 寄售、维修、免税商品保税仓库。

这类保税仓库是为外国产品在我国寄售及维修进口机器设备所需要零部件和进口外汇免税商品服务的，外国商品进境时存放在保税仓库，待销售、维修或供应时，海关按规定予以征税或减免。

2. 货物进出保税仓库的程序

（1）保税仓库货物进库。

① 本地进货。

进口货物在保税仓库所在地进境时，应由货物所有人或其代理人向入境所在地海关申报，填写《中华人民共和国海关进口货物报关单》（以下简称《进口货物报关单》），在报关单上加盖“保税仓库货物”章并注明“存入××保税仓库”。经入境地海关审查后，货物所有人或其代理人应将有关货物存入保税仓库，并将2份“进出口报关单”随货运代理交保税仓库，保税仓库经营人应在核对报关单上申报进口货物与实际入库货物无误后，在有关报关单上签收，其中一份报关单交回海关存查（连同保税仓库货物入库单据），另一份留存仓库。

② 异地进货。

进口货物在保税仓库所在地以外其他口岸入境时，货物所有人或其代理人应按《中华人民共和国海关关于转关运输货物监管办法》办理转关运输手续。货物所有人或其代理人应先向保税仓库所在地主管海关提出将进口货物转运至保税仓库的申请，主管海关核实后，签发《进口转关运输货物联系单》，并注明货物转运存入××保税仓库。货物所有人或其代理人凭此联系单到入境地海关办理转关运输手续，入境地海关核准后，将进口货物监管运至保税仓库所在地，货物抵达目的地后，货物所有人或其代理人应按上述“本地进货”手续向主管海关办理申报及入库手续。

（2）保税仓库货物的出库。

进口货物存入保税仓库后，其出库的流向较为复杂，一般可分为储存后原状复出口、加工贸易提取后加工成品出口、向国内销售或使用三种情况，下面就分这三种流向介绍有关海关手续。

① 原状复出口。

存入保税仓库的货物在规定期限内复运出境时，货物所有人或其代理人应向保税仓库所在地主管海关申报，填写《出口货物报关单》，并提交货物进口时经海关签章确认的《进口货物报关单》，经主管海关核实后予以验放出境。复出境手续办理后，海关在一份《出口货物报关单》上加盖印章退还货物所有人或其代理人，作为保税仓库货物核销依据。

② 加工贸易提取后加工成品出口。

从保税仓库提取货物用于进料加工、来料加工项目加工生产成品复出口时，经营加工贸易的单位首先按进料加工或来料加工的程序办理，向外经贸部门申请加工贸易合同审批，再持有关批件到主管海关办理合同登记备案，并在指定银行开设加工贸易银行保证金台账后，由主管海关核发《加工装配和中小型补偿贸易进出口货物登记手册》（以下简称《登记手册》）。经营加工贸易单位持海关核发的《登记手册》，向保税仓库所在地主管海关办理保税仓库提货手续，填写"进料加工"或"来料加工"专用《进口货物报关单》（由于保税仓库进货时所填写的《进口货物报关单》并未确定何类贸易性质，因此，在以加工贸易提取使用时，其贸易性质已确定为"进料加工"或"来料加工"，需补填《进口货物报关单》）和"保税仓库领料核准单"，经海关核实后，在《保税仓库领料核准单》上加盖放行章，其中一份由经营加工贸易单位凭以向保税仓库提取货物；另一份由保税仓库留存，作为保税仓库货物的核销依据。

③ 向国内销售或使用。

存入保税仓库的货物需转为进入国内市场销售时，货物所有人或其代理人应报主管海关核准并办理正式进口手续，填写《进口货物报关单》（其贸易性质由"保税仓库货物"转变为"一般贸易进口"方式），对货物属于国家规定实行进口配额、进口许可证、机电产品进口管理、特定登记进口商品以及其他进口管理商品时，需向海关提交有关进口许可证或其他有关批件，并缴纳该货物的进口关税和进口环节增值税、消费税。上述进口手续办理后，海关在《进口货物报关单》上加盖"放行章"。其中一份用以向保税仓库提取货物，另一份由保税仓库留存，作为保税仓库货物的核销依据。

（3）海关对保税仓库的监管要求。

保税仓库所存货物的储存期限为 1 年。如因特殊情况需延长储存期限，应向主管海关申请延期，经海关核准的延期最长不能超过 1 年。所存货物储存期满仍未转为进口或复运出境的，按《中华人民共和国海关法》的有关规定，由海关将货物变卖处理，变卖所得价款在扣除运输、装卸、储存等费用和进口税款后，尚有余款的，自货物变卖之日起 1 年内，经货主申请予以发还，逾期无人申请的，余款上缴国库。

保税仓库所存货物，属于海关监管的保税货物，未经海关核准并按规定办理有关手续，任何人不得出售、提取、交付、调换、抵押、转让或移作他用。

货物在仓库储存期间发生短少或灭失，除不可抗力原因外，短少或灭失部分由保税仓库经营单位承担缴纳税款责任，并由海关按有关规定予以处理。

货物进口时已明确为一般进口的货物，不允许存入保税仓库。

保税仓库必须独立设置，专库专用，保税货物不得与非保税货物混放。加工贸易备料保税仓库的入库货物仅限本企业加工生产自用料件，不得存放本企业一般贸易进口货物或与加工生产无关的货物以及其他企业的货物。

公用型保税仓库储存的保税货物，一般不得跨关区提取和转库存取，只能供应本关区加工生产企业按规定提取使用。准许设立的专门储存不宜与其他物品混放的保税仓库原料（如化工原料、易燃易爆危险品），以及一个企业集团内设立专为供应本集团内若干分散在不同关区加工企业生产出口产品所需的企业备料保税料件，必须跨关区提取的，加工贸易企业应事先凭与保税货物所有人或外商签订的购货合同或协议、外经贸部门的批准文件等单证向海关办理加工贸易合同登记备案，领取《加工贸易登记手册》，并在该登记手册限定的原材料进口期限内分别向加工贸易企业主管海关、保税仓库主管海关办理分批从保税仓库提取货物的手续。在保税仓库中不得对所存货物进行加工，若需对货物进行改变包装、加刷唛码等整理工作，应向海关申请核准并在海关监管下进行。

保税仓库对所存货物应有专人负责管理，海关认为必要时，可以会同仓库双方共同加锁。海关可以随时派员进入保税仓库检查货物储存情况，查阅有关仓库账册，必要时可以派员驻库监管。保税仓库经营单位应给予协作配合并提供便利。

保税仓库经营单位进口供仓库自己使用的设备、装备和用品，如货架、搬运设备、起重设备、包装设备、运输车辆、办公用品及其他管理用具，均不属于保税货物，进口时应按一般贸易办理进口手续并缴纳进口税款。

### 9.3.2 保税区

保税区与经济特区、经济技术开发区等特殊区域一样，都是经国家批准设立的实行特殊政策的经济区域。我国为了更进一步扩大对外开放，吸引国外的资金和技术，借鉴了国际上的先进管理经验，从 20 世纪 90 年代在沿海地区陆续批准设立保税区。保税区具有政策特殊、经济功能强、封闭式管理的特点。下面本书将结合保税区的特点，介绍海关对保税区的有关政策、进出货物的手续和监管要求。

1. 保税区的定义及特点

（1）保税区的定义。

保税区，是指在境内的港口或邻近港口、国际机场等地区建立的在区内进行加工、贸易、仓储和展览由海关监管的特殊区域。我国最早设置的保税区是 1990 年建立的上海外高桥保税区。按照规定，建立保税区必须经国务院批准，保税区与中华人民共和国境内的其他地区（非保税区）之间，应设立符合海关监管要求的隔离设施，并由海关实施封闭式管理。目前，国务院已批准建立上海、天津、大连、张家港、宁波、福州、厦门、青岛、广州、珠海、深圳（沙头、福田、盐田港）、汕头、海口等 15 个保税区。

(2) 保税区的特点。

保税区一般建立在具有优良国际贸易条件和经济技术较为发达的港口地区,国家建立保税区的目的是通过对专门的区域实行特殊政策,吸引外资,发展国际贸易和加工工业,以促进本国经济。在国际上与保税区具有类似经济功能的有自由港、自由贸易区、出口加工区等,这些特殊区域尽管名称各异,各国对其实行的管理措施也各不相同,但其具有的两个基本特点是相同的,即关税豁免和自由进出。保税区作为这类特殊经济区域的一种形式,也具备这两个基本特点。

① 关税豁免。

关税豁免即对从境外进口到保税区的货物以及从保税区出口到境外的货物均免征进出口税收。这是世界各国对特殊经济区域都实行的优惠政策,目的是吸引国内外企业到区内开展贸易和加工生产。我国保税区的税收优惠政策也与国际上的通常做法基本一致。

② 自由进出。

自由进出即保税区与境外的进出口货物,海关不作惯常的监管。这里的"惯常监管"是指国家对进出口的管理规定和进出口的正常海关手续。由于国际上将进入特定区域的货物视为未进入关境,因此可以不办理海关手续,海关也不实行监管。我国的保税区根据本国情况,对进出保税区的货物参照国际惯例,从而大大简化了进出货物的管理及海关手续。

2. 保税区相关管理规定

(1) 进出口税收方面。

从境外进入保税区的货物,除法律、行政法规另有规定外,其进口关税和进口环节税的征免规定如下。

① 保税区内生产性的基础设施建设项目所需的机器、设备和其他基建物资,海关予以免税。

② 保税区内企业自用的生产、管理设备和自用合理数量的办公用品及其所需的维修零配件,生产用燃料,建设生产厂房、仓储设施所需的物资设备,予以免税。

③ 保税区内行政管理机构自用合理数量设备和办公用品及其所需的维修零配件,海关予以保税。

④ 保税区内企业为加工出口产品所需的原材料、零部件、元部件、包装物料,海关予以保税。

⑤ 上述第一项至第四项范围以外的货物、物品从境外进入保税区,海关依法征税。

⑥ 保税区内企业加工的制成品运往境外,除法律、行政法规另有规定外,免征出口关税。

⑦ 转口货物和在保税区内储存的货物,海关按保税货物管理。

(2) 进出口许可证方面。

① 从境外进口供保税区内使用的机器设备、基建物资等,免领进口许可证。

② 为加工出口产品所需进口的物料以及供储存的转口货物,免领进口许可证。

③ 保税区内加工产品出口，免领出口许可证。

（3）人员居住。

保税区内仅设立行政管理机构及有关企业，除安全保卫人员外，其他人员不得在保税区内居住。

在保税区内设立国家限制和控制的生产项目，必须经国家规定的主管部门批准。

（4）货物进出。

国家禁止进出口的货物、物品不得运入、运出保税区，其目的在于销往境内非保税区的货物不得运入保税区。

（5）汽车进口。

除国家指定的汽车进口口岸的保税区（截至 2015 年，全国已经有 17 个汽车进口口岸，包括北京、天津、上海、黄埔、饮州、福州、青岛、张家港、宁波、深圳、满洲里、新疆阿拉山口、霍尔果斯、重庆、郑州、岳阳）外，其他保税区均不得允许运进转口方式的进口汽车，对保税区内企业自用的汽车，也应由指定的口岸办理进口手续。

（6）特殊产品管理。

保税区内设立生产受被动配额许可证管理的纺织品和可生产化学武器的化学品、化学武器关键前体、化学武器原料及易制毒化学品等商品的企业时，应报国家主管部门批准。产品出境时，海关一律凭出口许可证验收。

（7）激光光盘管理。

保税区内设立生产激光光盘的企业，应报国家主管部门批准，海关按现行对该行业的监管规定管理。

3. 保税区货物的进出口

（1）保税区单位注册和运输工具备案。

① 保税区内设立的企业（包括生产企业、外贸企业、仓储企业等）及行政管理机构，必须经所在地人民政府或其指定的主管部门批准，并持有关批准文件、工商营业执照等有关资料向保税区海关办理注册登记手续。

② 进出保税区的运输工具（指专门承运保税区进出口货物的运输工具和区内企业自备的运输工具）必须经所在地人民政府或其指定的主管部门批准，并由运输工具负责人、所有人或其代理人持有关批准证件及列明运输工具名称、数量、牌照号码和驾驶员姓名的清单，向保税区海关机构办理登记备案手续。海关核准后，发给“准运证”。保税区其他运输工具进出保税区时，应向海关办理临时进出核准手续。

（2）保税区与境外之间进出货物的申报。

① 保税区与境外之间进出的货物，改变传统的单一报关方式，海关实行备案制与报关制相结合的申报方式。

② 对保税区内加工贸易企业所需进境的料件、进境的转口货物、仓储货物，以及保税区

运往境外的出境货物，进出境时实行备案制。由货主或其代理人填写“进(出)境货物备案清单”，向保税区海关机构备案。

③ 对保税区内进口自用合理数量的机器设备、管理设备及办公用品，以及工作人员所需自用合理数量的应税物品，实行报关制。由货主或其代理人填写“中华人民共和国海关进(出)口货物报关单”，向保税区海关机构申报。

(3) 保税区与非保税区进出货物。

海关对保税区与非保税区之间进出的货物，按国家有关进出口管理规定实行监管。从保税区进入非保税区的货物，按进口货物办理手续；从非保税区进入保税区的货物，按出口货物办理手续，出口退税按国家有关规定办理。

① 从非保税区(指我国境内的保税区以外的其他地区)运入保税区的供加工生产产品用的货物(原材料、零部件、元器件、包装物料等)，视同出口。有关发运企业或其代理人应向保税区海关机构或其主管海关办理申报出口手续，填写《出口货物报关单》，提供有关单证，缴纳出口关税。海关审核无误后，验放有关货物运入保税区。

② 从非保税区运入保税区供区内企业、机构自用的机器设备、管理设备及其他物资，由使用企业或机构向保税区海关机构申报，填写清单，经海关核准验收后运入保税区。

③ 从非保税区运入保税区的已办妥进口手续的进口货物，原已征进口税款不予退税。

④ 从非保税区运入保税区委托区生产企业加工产品的货物，生产企业应事先签订委托加工合同向保税区海关机构申报运入区内。委托加工货物需在合同期限内加工产品返回非保税区，并在海关规定期限内向保税区海关机构办理委托加工合同核销手续。

⑤ 从保税区运出销往非保税区的货物，视同进口。由发货人或其代理人向保税区海关机构办理进口申报手续，填写《进口货物报关单》；属国家实行配额、许可证、特定登记进口、机电产品管理及其他进口管理的商品，应提供配额证明、进口许可证或其他有关批件，并缴纳进口关税和进口环节增值税、消费税，海关审核无误后，验放有关货物运出保税区。

⑥ 保税区内生产用作进口料件加工产品运出销往非保税区时，企业或其代理人应向保税区海关机构办理进口申报手续，填写《进口货物报关单》，提供有关许可证等进口批件，补交所使用的进口料件的进口关税和进口环节增值税、消费税。如对产品的进口料件品名、数量、价值申报不清，则应按制成品补缴税款。

⑦ 保税区内生产企业将进口料件运往非保税区委托加工产品时，生产企业应事先持委托加工合同向保税区海关机构办理登记备案手续，凭海关核准的登记备案手续向保税区海关机构申报运出区外。委托非保税区企业加工的期限为 6 个月，因特殊情况向海关申请延期的，延期期限不得超过 6 个月。在非保税区加工完毕的产品应运回保税区，并在海关规定期限内向保税区海关机构办理委托加工合同核销手续。

4. 海关对保税区的监管要求

海关对保税区的监管要求如下。

(1) 海关依法在保税区执行监管任务，进出保税区的货物、运输工具、人员，应当经由海关指定的专用通道，并接受海关检查。

(2) 保税区内企业应依照国家有关法律、法规设置账簿，编制报表，凭合法、有效的凭证记账并进行核算，记录有关进出保税区货物和物品的库存、转让、转移、销售、加工、使用和损耗等情况。

(3) 保税区实行海关稽查制度。区内企业应与海关实行电子计算机联网，进行电子数据交换。

(4) 海关对进出保税区的货物、物品、运输工具、人员及区内有关场所，有权依海关法规定进行检查、查验。

(5) 保税区内的转口货物可以在区内仓库或区内转让、转移，双方当事人应就转让、转移事项向海关备案。

(6) 保税区内的转口货物可以在区内仓库或区内其他场所进行分级、挑选、刷贴标志、改换包装形式等简单加工。

(7) 保税区内加工企业开展进料加工、来料加工业务，海关不实行加工贸易银行保证金台账制度。但区内企业委托非保税区企业进行加工业务的，非保税区企业应向当地海关办理合同登记备案、手续，并实行加工贸易保证金台账制度。

(8) 进出保税区的运输工具负责人，应持保税区主管机关批准的证件连同运输工具名称、数量、牌照号及驾驶员姓名等清单，向保税区海关机构办理登记备案手续。

## 9.4 国际物流运输的基本方式

国际物流运输即国际货物运输，是指在国家与国家之间进行商品（或者货物）的运输，表明物流运输活动在两个或者两个以上的国家进行的国际物流活动。其主要功能是实现国际物品转移，产生空间效益和时间效益，使货物在需要的时候运到需要的地点，从而提高国际物流运输的质量和经济效益。我国常用的国际物流运输方式有国际海洋货物运输、国际铁路货物运输、国际航空货物运输、国际公路货物运输和国际多式联运等多种方式。

### 9.4.1 国际海洋货物运输

由于国际货物运输是在全世界范围内进行产品交换，地理位置和地理条件决定了海洋运输是最主要的手段。国际海洋货物运输简称海洋运输，是利用天然海洋航道进行的国际物流运输方式。国际货物运输总量的80%以上、中国进出口货运量的90%左右，都是通过海洋运输完成的。按照海洋运输船舶营运方式的不同，海洋运输可以分为班轮运输和租船运输。

1. 班轮运输

班轮运输又称定期船运输，是指船舶在固定的航线上，以既定的港口顺序，按照事先公布的船期表航行的水上运输方式。班轮运输是在不定期船运输的基础上逐渐发展起来的，是当今国际海洋运输中不可缺少的运输方式之一。

（1）班轮运输的特点。

班轮运输除有固定航线、固定费率、固定港口及固定船期表四个特点外，还具有以下特点。

① 承运人和货主之间不签订租船合同，仅按船公司签发的订有详细的有关承运人、托运人或收货人的权利和义务条款的提单，上有详细的义务和责任豁免，以此为依据处理运输中的有关问题。

② 除承运批量大的货物，且根据协议可以允许发货人或收货人在船边交货或提货外，通常要求托运人将货物送至承运人指定的码头仓库交货，或将货物卸至承运人指定的码头仓库，收货人在这一仓库提货。

③ 班轮承运人负责包括装卸货物、理舱、平舱在内的作业，并负责全部的费用，即所有的装卸费、理舱费、平舱费等均记入货物费率表中所规定的数额内。

④ 班轮运输一般不规定固定的装卸定额，也不计滞期、速遣费。

⑤ 班轮运输费费率相对比较稳定，受国际航运市场行市的变化影响小，核算运费在货价中的比重较容易。

（2）班轮运费。

班轮承运人根据运输契约完成货物运输后，从托运人那里取得的报酬，由基本运费和附加费两个部分构成。基本运费是班轮公司为一般货物在航线上各基本港口进行运输所规定的运价；附加费是班轮公司承运一些需要特殊处理的货物或者由于燃油、货币及港口等原因收取的附加运费，如超重附加费、超长附加费、选卸附加费、直航附加费、转船附加费、港口附加费及燃油附加费等。

### 2. 租船运输

租船运输又称不定期运输，是指货主或其代理人租赁其他人的船舶，将货物送达目的地的货物运输经营方式。与班轮运输不同，租船运输没有船期表，航线和停靠港口也不固定。船舶航行的航线、运输货物的种类、航行时间等都按承运人的要求，由船舶所有人制定，运费和租金也由双方根据租船市场行情在租船合同中加以约定。

在世界海运总运输量中，租船运输的比例在80%以上。租船运输最适合运输大宗货物，如工业原料矿石、石油、煤炭、水泥、食糖、化肥和各种饲料等。由于租船运输量大，货种相对单一，装卸港口少，船舶周转快，因而单位运输成本较低。这种运输方式灵活，根据需要和可能，船舶可以抵达世界上任何港口。一旦国际贸易量迅速增加，而船舶吨位又不足时，则可以用租船运输的方式满足进出口贸易的需要。

租船运输分为以下三种方式。

（1）定程租船。

定程租船又称航次租船或承租船，即由船舶所有人负责提供一艘船舶，在指定港口之间进行一个航次或数个航次运输，因此又称为连续航次租船。

（2）定期租船。

定期租船又称期租船，即船舶所有人将船舶出租给承租人，供其使用一定时期的租船运输。在租期内，承运人既可以将租船充作班轮使用，又可以充作承租船使用。

（3）光船租船。

光船租船是船舶所有人将船舶出租给承运人使用一定时期，但船舶所有人所提供的船舶是一艘空船，既无船长，又未配备船员，承租人自己要任命船长、配备船员、负责船员的给养和船舶营运管理所需要的一切费用。这种租船方式与定程租船和定期租船不同，实际上属于财产租赁。

与定程租船不同，有些承租人以定期租船或光船租船的方式租入一些船舶后，在租期内将租用的船舶看作是自有的船舶，从事班轮运输的经营或者再以定程租船方式转租。

### 9.4.2 国际陆路货物运输

陆地相邻国家通常采用陆路运输货物的方式来实现国际货物运输，使用火车或汽车完成进出口货物的物流方式。有时在多式联运过程中，托运人分别与铁路公司、汽车公司或是支线轮船公司签订的运输合同中的陆路运输部分也可以称为陆路货物运输。

1. 国际铁路货物联运

我国对外贸易货物的铁路运输包括国际铁路联运和对香港地区的铁路运输，其中最主要的就是国际铁路联运。

国际铁路联运，是指使用一份统一的国际铁路联运票据，由跨国铁路联运人办理两国或两国以上铁路的全程运输业务，并承担运输责任的一种连贯运输方式。

国际铁路货物联运并非仅限于约定国之间。按照《国际铁路货物联运协定》(以下简称《国际货协》)的有关规定，从参加国向非参加国或相反方向运输货物，也可以办理联运。具体做法是：从参加国向非参加国发货，使用《国际货协》的联运运单，当货物运到离开参加国的最终出口国过境站时，由铁路边境站负责改换适当的联运票据继续转运至最终到站。从非参加国向参加国铁路发货，其继续转运事宜，由参加《国际货协》的第一国境铁路的进口国过境站负责办理。

铁路运单和运单副本是发货人、收货人与铁路之间缔结的运输契约，对双方都具有法律效力。运单随同货物自始发站到终点站发行。铁路运单一律以目的地收货人作记名抬头，一式两份。正本随货物同行，到目的地交收货人作为提货通知；副本交托运人作为收到托运货物的收据。当货到终点站时，运单作为通知、清点和交付货物的凭证连同货物一并交给收货人。运单副本在始发站经铁路加盖承运日期戳后，退回给发货人。它是发货人连同其他的单位向银行办理结汇的主要单据之一。铁路运单不同于海运提单，不是代表货物所有权的凭证。

目前,中国对朝鲜的大部分进出口货物,以及对东欧一些国家的小部分进出口货物都是采用国际铁路货物联运方式运送的。

2. 国际公路货物运输

国际公路货物运输,是指国际货物借助一定的运载工具,沿着公路做跨及两个或两个以上国家或地区的移动过程。目前,世界各国的国际公路货物运输一般以汽车作为运输工具,所以它实际上就是国际汽车货物运输。这是一个独立的运输体系,同时也是车站、港口和机场集散物资的重要手段。正因为其具有灵活性,同时由于国际多式联运的发展,国际公路货物运输成为国际货物运输中一个重要的衔接环节,加入到国际货物运输的体系中。

3. 大陆桥运输

大陆桥运输,是指用横贯大陆的铁路或公路作为中间桥梁,将大陆两端的海洋运输连接起来的连贯运输方式。典型的大陆桥运输是横跨欧亚大陆的俄罗斯大陆桥,该大陆桥以西伯利亚铁路为干线,连接欧洲与远东之间(运程大约 1.3 万千米),比海运经苏伊士运河(运程大约 2.1 万千米)和经非洲好望角(运程为 2.7 万千米)大大缩短。我国积极开发的国内沿海港口(如连云港、丹东等)通过我国的铁路,再连接西伯利亚铁路达到欧洲的新大陆桥(荷兰鹿特丹港),与原有的大陆桥相比较,运程和货物到达日期大为缩短,运输成本进一步降低。

4. 微桥运输

微桥运输,是指在内陆某地装箱的集装箱货物,不是直接运往最近的港口装船,而是通过陆路运输运往对整个运输系统来说最为便捷、经济的港口。如北京的托运人需要将集装箱货物运往新加坡时,发现通过铁路或公路运输运往福建泉州装船要比从天津港直接装船更加经济。

### 9.4.3 国际航空货物运输

国际航空货物运输,是指由跨国航空承运人办理两国之间空运的全程运输,并承担运输责任的一种运输方式。

1. 经营方式

(1) 班机运输方式。

班机运输,是指在固定时间、固定航线、固定始发站和目的站所进行的航空运输方式。

一般航空公司的班机都是客货混合型班机,只有大的航空公司才有权获取货运航班服务。由于班机运输具有定时、定航线等特点,因此适用于运送急需物品、鲜活商品以及季节性商品。

(2) 包机运输方式。

包机运输,是指当货物量较大,而班机不能满足需要时,包租整架飞机或由几个发货人

（或航空公司货运代理人）联合包租一架飞机来运送货物的航空运输方式。包机运输分为整机包机和部分包机。

① 整机包机。

整机包机，是指航空公司和包机代理公司，按照与租机人双方事先约定的条件和运价，将整架飞机租给租机人，从一个或几个航空站装运商品至指定目的地的配送方式。它适合于配送大批商品。

② 部分包机。

部分包机是几十家航空公司货运代理人（或发货人）联合包租一架飞机或者由包机公司把一架飞机的舱位分别卖给几家航空公司货运代理人，这种包机适合于1吨以上但是不足整机商品的运输。

2. 组织方法

(1) 集中托运方式。

集中托运方式，是指航空公司货运代理人把若干单独发行的货物组成一整批，向航空公司办理托运，采用一份总运单集中发运到统一到站，或者运到某一预定的到站；由航空公司货运代理人到目的地指定的代理点收货，然后再报关并分拨给各实际收货人。

集中托运的运价比国际航空运输协会公布的班机运价低7%～10%，因此在国际航空中使用较为普遍。

(2) 联合运输方式。

联合运输方式，是指一次委托，由使用两种或两种以上运输方式，或不同的运输企业将一批货物运送到目的地的运输。其具体的做法有陆空配送、陆空陆配送等。

(3) 送交业务。

在国际贸易中，通常出口商为了推销商品，扩大贸易，往往向顾客赠送样品、目录、宣传资料、刊物及印刷品等。这些商品空运至到达国之后，委托当地的航空公司货运代理人办理报关、提取、转运的工作，最后送交给收货人。在到达时发生的手续费、税金、运费及劳务费等一些费用，均由航空公司货运代理人先行垫付后再向委托人收取。由于这一业务十分方便，装运许多的零散消费物品也逐渐采用这种配送方式。

(4) 货到付款。

货到付款，是指发货人或其代理人与承运人之间达成协议，由承运人在货物到达后交于收货人的同时，代收航空运单上记载的货款，然后寄给发货人或其代理人。承运人在办理一批货到付款时，按货到付款总额的一定百分比提取劳务费。

(5) 航空急件传送。

这是目前国际航空货物运输中最快捷的运输方式，由专门经营航空货物快运业务的机构和航空公司合作，设专人用最快的速度在发货人、机场和收货人之间传送急需的药品、医疗器械、贵重物品、图纸资料、货样及单证等物品，因此又称桌到桌快递服务。

航空运输的运价，是指从启运机场运至目的机场的运价，一般是按重量(公斤)计算。每公斤货物体积超过 6000 立方厘米时为轻泡货物，轻泡货物以每 6000 立方厘米折算 1 公斤计重，不包括提货、仓储费等其他额外费用。航空运价分为普通货物运价、特征货物运价和等级运价三类。

近年来，随着国际贸易的迅速发展以及国际货物运输技术的不断现代化，采用航空运输的方式日趋普遍。据相关资料显示，我国民航运输总周转量在国际民航组织缔约国中的排名，从 1978 年的第 37 位上升至第 2 位，成为仅次于美国的民航运输大国。

中国的国际航空运输正处在成长和发展阶段。根据民航局的信息统计，截至 2014 年 11 月，运输航空公司达 51 家，通用航空公司 238 家；运输飞机 2334 架，通用航空器 1621 架。运输颁证机场数量增至 202 个，其中千万级机场达 24 个，3000 万级机场达 7 个。2014 年 1—11 月，全国日均航班飞行量同比增长 9.61%，北京、上海和广州等八大机场之间航班正常率同比提高 6.1%，国内航空公司航班延误投诉率下降 20%，航班取消投诉率下降 41.7%。中国民航业务发展速度低于中东，盈利水平低于北美。中国是全球第二大航空市场，未来十年内中国会超过美国成为全球最大的航空市场。①

### 9.4.4　国际多式联运

国际多式联运，是指按照多式联运合同，以至少两种不同的运输方式，由多式联运经营人将货物从一国国境内的接管地点运至另一国境内指定交付地点的货物运输。国际多式联运又被称为国际联合一贯制运输，是在集装箱运输的基础上产生并发展起来的一种新型运输方式，也是近年来在国际货物运输方面发展较快的一种综合运输方式，如陆空运输、陆海运输、海空运输等。

1. 国际多式联运的必备条件

按照《联合国国际货物多式联运公约》第一条的规定，构成国际多式联运必须具备以下相应条件。

(1) 必须是至少两种不同运输方式的连贯运输。

(2) 必须是国际的货物运输。

(3) 必须由一个多式联运经营人对全程运输负总责。多式联运经营人是与托运人签订多式联运合同的当事人，也是签发联运单据的人。

(4) 必须有一个多式联运合同，明确规定多式联运经营人(承运人)和托运人之间的权利、义务、责任、豁免的合同关系和多式联运的性质。

(5) 必须使用一份全程多式联运单据。多式联运单据是证明多式联运合同以及证明多式联运经营人已接受货物并负责按照合同条款交付货物所签发的单据。

---

① 资料来源：http://news.carnoc.com/list/308/308156.html，有改动。

（6）必须是全程单一的运费费率。

2. 国际多式联运的优越性

国际多式联运是国际货物运输的一种较高的组织形式，它集中了各种运输方式的优点，组成连贯运输，达到了简化货运环节、加速国际货物周转、减少货损货差、降低运输成本、实现合理运输的目的。与传统的单一运输方式相比，国际多式联运具有更大的优越性。

（1）责任单一，手续简便。

国际多式联运与单一运输方式的分段托运和多头负责相比，不仅手续简便，而且责任明确。一切运输事宜都由多式联运经营人统一负责办理，而货主只要取得一份联运单据，多式联运经营人就履行全部的责任。

（2）减少中间环节。

国际多式联运可以有效地减少中间环节，缩短货运时间，降低货损货差，提高货运质量。

（3）降低运输成本。

国际多式联运由于中间环节减少，故能够有效地降低运输成本，节省运杂费，有利于对外贸易的开展。

（4）实现“门到门”运输的有效途径。

采用国际多式联运，可以把货物从发货人所在地仓库直接运至收货人所在地仓库，为实现门到门的直达连贯运输奠定了基础。

（5）综合优势明显。

国际多式联运具有参加国多、要求高、运输时间短及成本低的特点；且国际多式联运具有手续简单、责任单一、安全准确、运送迅速、节省费用及提早收汇等一系列优点，是实现“门到门”运输的有效途径，因此在国际货物运输中越来越受到人们的欢迎。

## 本章小结

本章主要涉及了国际物流与国际贸易的一些基本知识，并针对国际贸易与国际物流的关系、国际物流的业务流程、国际物流中涉及的保税仓库与保税区、国际物流运输的基本方式等知识进行了介绍。通过本章的学习，我们应该掌握：国际物流的作用与特点；国际贸易与国际物流之间的关系；国际物流业务的流程；国际物流中的保税仓库与保税区；国际物流运输的基本方式等内容。

通过对本章的学习，我们应该掌握国际物流这一现代物流发展的重要组成部分的基本知识体系，了解国际物流对国际贸易的重要促进作用，从而对国际物流有一个更加全面的认识。对于国际物流的知识体系和技能体系的学习，可以帮助我们进一步了解国际物流在经济全球化趋势日益加强、国际市场竞争日益激烈的局势下的巨大作用；同时认清企业在参与国际市场竞争、实行全球资源采购和全球市场资源合理化利用中的重要作用。随着知识经济和信息化时代的来临，物流业必然向着国际化的方向发展。我国要在日趋激烈的国际经济竞争中站稳脚跟，必须大力培养一支高素质的物流人才队伍，打造一批物流精英，建立一套完善健全的物流体系，为我国参与国际经济的竞争提供优质、高效的服务，促进我国经济的快速增长，增强我国的综合势力，从而提高我国的国际地位。只有更好地利用国际物流体系，我们才能在参与国际竞争中进一步降低物流成本，增强企业的国际市场竞争力，从而推动世界经济发展，并推动国家间、地区间经济、政治、文化的交流，形成高效、稳定、发展的世界经济新格局。

## 案例赏析

### 美国 UPS 快递①

UPS 是起源于 1907 年在美国西雅图成立的一家信差公司。现在它已成长为一家跨国大企业，以全球商务为其明确目标。如今的 UPS 是一家全球性的公司，其商标是世界上最知名、最值得景仰的商标之一。它作为世界上最大的快递承运商与包裹递送公司，同时也是专业的运输、物流、资本与电子商务服务的领导性的提供者。UPS 的业务收入按照地区和运输方式来划分呈现出不同的分布特点。从地区来看，其美国国内业务占总收入的 89%，欧洲及亚洲业务占 11%。从运输方式来看，国内陆上运输占 54%，国内空运占 19%，国内延迟运输占 10%，对外运输占 9%，非包裹业务占 4%。

每个工作日，UPS 为 180 万家客户送邮包，收件人数目高达 600 万。该公司的主要业务是在美国国内并遍及其他 200 多个国家和地区。UPS 除自身拥有几百架货物运输飞机外，还租用了几百架货物运输飞机，每天运输量达 1000 多万件。UPS 在全世界建立了 10 多个航空运输的中转中心，在 200 多个国家和地区建立了几万个快递中心。UPS 的员工达到几十万，年营额可以达到几百亿美元，在世界快递公司中享有较高的声誉。UPS 在世界各国和地区均取得了进出的航空权，并且已经建立规模庞大、可信度高的全球运输基础设施，开发出全面、富有竞争力并且有担保的服务组合，并不断地利用先进技术支持这些服务。

在中国，UPS 建立了许多的快递中心，其优势在于以下四个方面。

(1) 先进的电脑联网和快速的免费查询：无论是文件、合同、样品、信用账等物件，客户均可以随时通过电话或网络进行物件行踪的查询，即使是特殊情况被耽误，也会立即查出耽

① 资料来源：http://info.service.hc360.com/2010/12/091416332590.shtml，有改动。

搁的原因及耽搁的地点,并查询出什么人于什么时候在什么地方收到了包裹。

(2) 运费到付:发件人在征得收件人同意的前提下,通过 UPS 将物件送到收件人的手上,由收件人交付运送费用。

(3) 包裹运送:UPS 的业务中 70%是包裹,飞机载重量大,一般包裹重量可以是 70 千克。

(4) 价格公道:目前,UPS 在中国的业务价格取市场价格的中高位,不算高也不算低,但为了开拓市场、争取客户,它总是把服务质量放在第一位。

UPS 在北京和上海的海关使用了 EDI 系统,将所有的电脑资料联网,以加快清关速度,提高效率。目前,UPS 在中国的业务已经扩大到 100 多个城市。企业充分利用高科技手段,树立了迅速、安全、物流服务内容广泛的良好形象。

**案例思考题**

1. UPS 作为一家国际物流企业,对中国的物流快递有什么影响?
2. 请你描述一下国际快递物流企业的发展前景。

## 复习思考题

1. 国际物流与国际贸易之间是什么关系?
2. 国际物流业务运作的流程包括哪些?
3. 国际货物仓储业务的管理程序包括哪些?
4. 国际物流运输的基本方式有哪些?
5. 国际多式联运的优越性表现在哪些方面?

# 第十章　物流质量管理

“质量是企业的生命线”，这已经成为企业管理者的共识。质量，也是物流运作的生命。现代物流概念，应当是数量与质量并重，两者也有一定的互补关系，一定的质量可以代替一定的数量，一定的数量也可以代替一定的质量。但是，在现代物流领域中，质量显得更为重要，经常出现的质量事故往往使物流本身和企业经营活动两个方面都受到挫折。所以，做好物流质量管理显得尤为重要。

物流质量管理是保持商品质量的前提和保证，是提高物流管理水平的有效手段，是企业赢得市场占有率的重要武器。因此，现代物流管理强调“质量第一”的观念，要求加强物流质量管理。

## 10.1　物流质量管理的基本概念及主要指标

### 10.1.1　质量管理的基本概念

质量、成本、交货期、服务及响应速度，是决定市场竞争成败的几个关键因素，而质量更是居首位的要素，是企业参与市场竞争的必备条件。质量低劣的产品，成本再低也无人问津。如果企业的产品和服务的质量不能满足顾客的要求，就不能在市场上实现其价值，就是一种无效的或低效率的劳动。企业要想跻身国际市场，首先要有优质的产品和完美的服务。因此，质量是一切活动追求的东西，也是影响活动成功与否的关键因素。

1. 质量

质量，是指反映实体满足明确需要和隐含需要的能力的特性总和。这是一个非常广义的概念。一般来说，质量是通过均衡适用性、技术性能、安全性及可靠性等技术因素和包含价格与可用性等在内的经济因素来决定的。在实际中应当寻求是最适度的质量而非最高质量，为的是不增加不必要的成本开支，以获得更多的利润。

对“质量”定义的具体理解如下。

（1）“实体”是指可以单独描述和研究的事物，可以是活动、过程或者是产品，也可以是组织、体系、个人等。

（2）“明确需要”是指在文件中阐述的要求或顾客明确提出的要求，如规范、图样、报告、标准等；“隐含需要”是指不言而喻的要求，包括超前需求的引导，是指组织、顾客和其他相关方面的惯例或一般做法，所考虑的需求或期望是不言而喻的，包括将潜在需求开发为现实需求、预测的未来需求。

(3)“特性”是指实体所特有的性质,反映实体满足需要的能力。硬件类别的产品的质量特性可以归纳为性能、可信性、安全性、适应性、经济性、时间性等,软件类别的产品的质量特性可以归纳为性能、可靠性、便于操作、效率、可维修性、可移植性、保密性、经济性等。

(4)质量特性要由过程和活动来保证。

(5)“满足需要”不仅仅要满足顾客的需要,而且要考虑社会的需要,符合法律、法规、环境、安全等方面的要求。

“质量”概念的关键是满足需要,这些要求必须转化为有指标的特性,作为评价、检验和考核的依据。由于顾客需求的多样性,所以反应实体质量的特性也是多样的,如性能、可信性、时间性、安全性、经济性、寿命、美观等都是质量特性的具体反映。这些质量特性有可测量的,也有不可测量的,在实际工作中,必须把不可测量的特性转化为可测量的代用特性定量表示,即质量特性参数,以此来落实客户的实用性要求。

质量要求是动态的,即质量的要求不是固定不变的。随着技术的发展变化,生活水平的提高,人们对产品、过程或体系提出新的质量要求,组织应定期进行评审,不断进行修订并开发新产品,以满足组织、供方、客户和社会的要求。这也反映了质量的发展性。

2. 质量管理

质量管理,是指质量方面指挥和控制组织协调的活动,通常包括制定并实施质量方针、质量目标和质量职责,以及质量策划、质量控制、质量保证和质量改进等活动。

对“质量管理”定义的具体理解如下。

(1)质量管理的实施涉及组织中所有的成员,必须由最高层管理者进行领导。

(2)质量管理的职责是制定并实施质量方针、质量目标和质量职责,质量管理应与经营活动相结合,不能简单地只进行管理而忽视经营活动。

(3)质量管理是有计划的系统活动,为了实施质量管理,需要建立相应的质量体系。

(4)质量管理是以质量体系为基础,通过质量策划、质量控制、质量保证和质量改进等活动发挥其职能。

3. 质量管理体系

质量管理体系,是指在质量方面指挥和控制组织的管理体系。

管理体系,是指建立方针和目标并实现这些目标的体系。一个组织的管理体系可以包括若干个不同的管理体系,如质量管理体系、财务管理体系、环境管理体系等。这些体系各自有自己的方针和目标,它们相互作用共同构成了组织全面的目标。因此,管理者必须对这些不同的管理体系进行整合,尽量使用相同的资料,将大大有利于组织的整体策划、资源配置,提高组织的运作效率。

质量管理体系的建立在于获得资源(人员、设备、资金、技术、信息和方法等),按过程方法的基本思路来识别质量管理体系涉及的过程,并管理这些过程及过程的相互关系,建立过程活动的准则和评价方法,并按准则要求展开和评价来保证体系的运行和改进,满足最终用户的要求。

4. 质量策划

质量策划是质量管理的一部分,致力于制定质量管理目标并规定必要的运行过程和相关资料以实现质量目标。

质量策划是质量管理的前期工作,是对整个质量管理活动的策划和准备,对质量活动的影响很关键,目的在于制定并采取措施,从而实现质量目标。

5. 质量控制

质量控制是质量管理的一部分,致力于满足质量要求。

质量控制主要是针对组织内部而言,组织用科学的方法对产品的形成过程进行控制,预防不合格品的产生,达到质量要求的过程。凡是为了达到组织内部质量要求的各种活动都是质量控制的对象。

质量控制的关键在于要有控制的标准,就是将质量要求具体化,并将这些特性用定性或定量的规范来表示,便于质量控制的执行和检查。

6. 质量保证

质量保证是在组织内部主要是向内部的顾客(管理者、下道工序)提供信任,但质量保证的重点在组织外部,目的是提供证据或证明,建立一种信任感,表明组织有能力向顾客提供符合法律法规的产品的能力,这是质量保证的核心。

7. 质量改进

要求是任何方面的,因此质量改进对象会涉及质量管理体系、过程和产品。质量改进与质量管理体系覆盖范围内的所有产品、部门、场所、活动和人员均有关系。顾客、相关方面以及组织自身都会对组织的质量管理体系、过程和产品提出不同的要求,如有效性、可信性、安全性、准时性等,组织应能识别需求改进的关键的质量要求,考虑改进所需要的过程,以增强组织满足客户要求的能力。

### 10.1.2 物流质量管理的概念及内容

1. 物流质量的概念

物流质量应该是一个整体的概念,包含“符合规格”和“符合期望”两类典型的质量内涵。方面,物流活动过程中需要的各类资源和技术是完全可以控制的,很容易确定质量规格和操作标准;另一方面,物流是为客户提供时间效益和空间效益的物流服务,需要根据客户的不同需要提供不同的服务。因此,物流质量是可以根据这两个方面来评价的。

2. 物流质量管理的概念

物流质量管理就是通过制定科学合理的基本标准,对物流活动实施的全对象、全过程、全员参与的质量控制过程。

物流质量管理必须包含两个方面的内容：一方面是满足生产者的要求，必须保证生产者的产品保质保量地转移给用户；另一方面是满足用户的要求，按照用户的要求将其所需要的商品送至用户手中。

3. 物流质量管理的内容

(1) 商品的质量保证。

物流的对象是具有一定质量的实体，具有合乎要求的等级、尺寸、规格、性质、外观。这些质量是在生产过程中形成的，物流过程在于转移和保护这些质量，最后实现对用户的质量保证。在当代实行的质量保证体系中，对用户的质量保证不可能完全依赖于生产，而且也依赖于流通。如家电类产品，产品出厂时要进行质量检验，保证其符合生产的质量要求；通过流通到达消费者手中，即物流活动面向最终用户提供服务，承担保护商品质量的任务，用户根据自己的要求对其性能、外观等进行检验并签收，因此物流中的质量管理对客户满意度有着重要的影响。

(2) 商品的质量改善。

物流过程不仅是消极的保护质量及转移质量，现代物流由于采用流通加工、包装等手段，还可以改善和提高商品的质量，因此，物流过程在一定意义上也是商品质量的形成过程。在物流过程中通过组合、分割、贴标签等作业可以满足用户的需求，大大提升产品的价值。

(3) 物流服务质量。

物流活动具有极强的服务性质，属于第三产业范围。物流活动的性质主要在于服务，所以，整个物流质量的目标就是提高其服务质量。服务质量因用户不同而要求各异。这就需要掌握和了解用户要求，如商品质量的保持程度，流通加工对商品质量的提高程度，批量及数量的满足程度，配送额度，间隔期及交货期的保证程度，配送、运输方式的满足程度，成本水平及物流费用的满足程度，相关服务(如情报提供、索赔及纠纷处理)的满足程度等。另外，现代物流的质量是发展变化的，将社会发展中依据客户的需要提出的绿色物流、柔性物流、精益化物流等新的服务概念，形成新的物流质量。同时，物流服务提供商需要适应经济全球化发展，引进国际物流服务标准，不断提高物流服务质量，积极开展国际化物流活动。

一般来讲，物流服务普遍体现在满足用户的需求方面，这一点要求的难度是很大的，每个用户的要求不同，这些要求往往超出组织的能力，要实现这些服务要求，就需要组织有很强的适应性及柔性，而这些又需要以强大的硬件系统和有效的管理系统支撑。当然，对服务的满足不能是消极被动的，因为有时候用户提出的某些服务要求，由于“交替损益”的作用，会增大成本或出现别的问题，这对用户实际上是有害的，盲目地满足用户的这种要求不是高服务质量的表现。物流承担者的责任是积极、能动地推进服务质量。

(4) 物流工作质量。

物流工作质量是物流各环节、各工种、各岗位具体工作的质量。为了实现总的服务质量，要确定具体的工作要求，以质量指标形式确定下来的工作要求则为工作质量目标。这是将物流服务总的目标质量分解成各个工作岗位可以具体实现的质量。

物流工作质量和物流服务质量是两个相互关联但又不同的概念。物流服务质量水平取决于各个工作质量的总和。所以，在一定程度上讲，物流工作质量是物流服务质量的保证和基础，重点抓好物流工作质量，物流服务质量也就有了一定的保证。

物流工作质量是具体表现和反映在各环节、各工序的质量。由于物流系统的庞杂，工作质量内容也十分庞杂。例如，仅以仓储工作的物流工作质量为例，就可以归纳为以下许多内容：商品损坏、变质、挥发等影响商品质量因素的控制及管理；商品丢失、错发、报损等影响商品数量的控制及管理；商品维护、保养；商品入库、储库检查及验收；商品入库、出库计划管理，计划完成及兑现的控制；商品标签、标示、货位、账目管理，建立正常的规章制度；库存量的控制；质量成本的管理及控制；库房工作制度，温度、湿度控制制度；工作标准化管理；各工序设备正常运转；完好的程度管理；上、下道工序（货主、用户）服务。只有做好各环节、各工序的工作，才能保证仓储作业的质量，满足客户的要求，体现物流活动高水平的服务质量。

（5）物流工程质量。

物流质量不但取决于工作质量，而且还取决于工程质量。在物流过程中，将对产品质量发生影响的各因素（人的因素、设备因素、工艺方法因素、计量与测试因素、环境因素等）统称为“工程”。由此可见，提高工程质量是进行物流质量管理的基础工作，能提高工程质量，就能做到“以预防为主”的质量管理。

### 10.1.3 物流质量的主要指标

1. 物流质量体系指标类别

衡量物流质量的主要指标应根据物流服务的最终目标确定。围绕这些指标，在工作环节中，各项工程又可以制定一系列的“分目标”，这就形成了物流质量指标体系。一般而言，物流质量指标应包括以下六类指标。

（1）衡量数量正确性的指标。

数量正确性，是指物流过程中物流业务的实际数量与要求数量的符合程度，常见指标有仓储物品盈亏率、采购计划完成率、供应计划完成率等。

（2）衡量质量正确性的指标。

质量正确性，是指物流过程中物品流动的实际质量与要求质量的符合程度，常见指标有仓储物品完好率、进货质量合格率等。

（3）衡量时间正确性的指标。

时间正确性，是指物流过程中物品流动的实际时间与要求时间的符合程度，常见指标有采购周期、供货周期、及时进货率、及时供货率、发货故障平均处理时间等。

（4）衡量地点正确性的指标。

地点正确性，是指物流过程中物品流向的实际地点与要求的地点的符合程度，常见指标有错误送货率等。

(5) 衡量工作完善性的指标。

工作完善性，是指物流过程中物流业务工作的完善程度，常见的指标有对用户问询的响应率、用户特殊送货要求的满足率、售后服务的完善性等。

(6) 衡量工作安全性的指标。

工作安全性，是指物流过程中人员和商品的安全程度，常见指标有事故等级、事故次数等。

2. 常用的物流指标

(1) 物流服务水平指标。

① 服务水平指标($F$)。

$$F = \text{满足要求次数}/\text{用户要求次数}$$

② 满足程度指标($M$)。

$$M = \text{满足要求数量}/\text{用户要求数量}$$

③ 交货水平指标($J$)。

$$J = \text{按交货期交货次数}/\text{总交货次数}$$

④ 交货期质量指标($J_{\text{天}}$)。以实际交货期与规定交货期相差日(时)数表示，正号为提前交货，负号为延迟交货。

$$J_{\text{天}} = \text{规定交货期} - \text{实际交货期}$$

⑤ 商品完好率指标($W$)。

$$W = (\text{交货时完好商品量}/\text{物流商品总量}) \times 100\%$$

⑥ 物流吨费用指标($C$)。

$$C = \text{物流费用}/\text{物流总量}(\text{元}/\text{吨})$$

(2) 仓库质量指标。

① 仓库吞吐能力实现率($T$)。

$$T = (\text{期内实际吞吐量}/\text{仓库设计吞吐量}) \times 100\%$$

② 商品收发正确率($S$)。

$$S = (\text{某批吞吐量} - \text{出现差错量})/\text{同批吞吐量} \times 100\%$$

③ 商品完好率($W_{\text{库}}$)。

$$W_{\text{库}} = (\text{某批商品库存量} - \text{出现缺损商品量})/\text{某批商品库存量} \times 100\%$$

④ 库存商品缺损率($Q_{\text{库}}$)。

$$Q_{\text{库}} = (\text{某批商品缺损量}/\text{该批商品总量}) \times 100\%$$

⑤ 仓库面积利用率($M_{\text{总}}$)。

$$M_{\text{总}} = (\text{库房、货棚、货场占地面积之和}/\text{仓库总面积}) \times 100\%$$

⑥ 仓库利用率($R$)。

$$R=(\text{储存商品实际数量或容积}/\text{设计库存数量或容积})\times 100\%$$

⑦ 设备完好率($W_{\text{设}}$)。

$$W_{\text{设}}=(\text{期内设备完好总数}/\text{同期设备总数})\times 100\%$$

⑧ 设备利用率($L$)。

$$L=(\text{全部设备实际工作时数}/\text{设备工作总能量})\times 100\%$$

⑨ 仓储吨成本($C$)。

$$C=\text{仓储费用}/\text{库存量}(\text{元}/\text{吨})$$

(3) 运输作业质量质量指标。

① 正点运输率($Z$)。

$$Z=(\text{正点运输次数}/\text{运输总次数})\times 100\%$$

② 满载率($M$)。

$$M=(\text{车辆实际装载量}/\text{车辆装载能力})\times 100\%$$

③ 运力利用率($Y$)。

$$Y=[\text{实际运输能力}(\text{吨}/\text{公里})/\text{往返运输总能力数}(\text{吨}/\text{公里})]\times 100\%$$

## 10.2 物流质量管理工作

### 10.2.1 物流质量管理与全面质量管理

物流质量管理与全面质量管理的关系是：物流质量管理是全面质量管理的一个环节；同时，物流质量管理也应当运用全面质量管理的方法，采纳全面质量管理的概念。

1. 全面质量管理的概念

全面质量管理(Total Quality Management，TQM)就是指通过组织机构内所有层次和所有职能部门的积极参与，组织机构所提供的产品和服务的质量能得到持续不断的改进和提高的综合管理理念。

全面质量管理是一个以质量为中心，以全员参与为基础，目的在于让顾客满意和企业所有的成员及社会受益而达到长期成功的一种管理途径。全面质量管理是一种全新的方法和观念，代表了质量管理发展的一个新阶段。其中心思想是扩大质量职能范围，突破传统的把质量管理局限于少数的专职人员、局部职能部门和生产现场的狭隘的观念。全面质量管理正是通过组织以满足顾客不断提高的要求为宗旨，以最高管理者为龙头，以全员参与为基础，以系统的方法为主要手段，以定量的方法为工具，以提升质量为目标，实现有效和高效的质量管理。

全面质量管理的核心内涵体现在“全面”两个字上。

(1) 全面的质量管理，包括产品的质量、成本质量、服务质量。

（2）全过程的质量管理，质量贯穿于生产的全过程，意味着全面质量管理“始于识别顾客的需求，终于满足顾客的需要”。顾客就是接受产品的组织或个人，可以分为内部顾客和外部顾客。在企业内部，面临的下道工序就是顾客。

（3）全员参与的质量管理，对员工进行质量教育，强调全员把关，组成质量管理小组。

（4）全企业的质量管理，目的是建立企业质量保证体系。

（5）全社会的质量管理，符合现今生产与质量管理的要求。

全面质量管理强调动态质量管理，始终不断寻求改进，但是它没有规范化，没有统一的标准。因此，全面质量管理的实施能否成功，关键是要深刻领悟全面质量管理的内涵，根据实际情况，制订切实可行的质量管理计划。

2. 与物流全面质量管理相关的重要观念

推行物流的全面质量管理，必须树立以下三个重要观念。

（1）物流质量管理的目的。

和一般商品的质量管理有区别的是，物流质量管理必须满足两个方面的要求：一方面是满足生产者的要求，物流结果必须保护生产者生产的产品能保质保量地转移给用户；另一方面是满足用户的要求，即按用户的要求将其需要的商品送交。

这两个方面的要求基本上是一致的，但有时也有矛盾。如过分强调满足生产者的要求，使商品以非常高的质量保证程度送交用户，有时会出现用户难以负担的过高的成本。物流质量管理的目的，就是在“向用户提供满足要求的质量服务”和“以最经济的手段来提供”两者之间找到一条优化的途径。

为此，物流管理者必须全面了解生产者、消费者、流通者等各方面所提出的要求，从中分析出真正合理的、各方面都能接受的要求，作为物流质量管理的具体目标。

（2）预防为主的观念。

物流质量管理必须强调“预防为主”，明确“事前管理”的重要性，即在上一道物流过程就要预防下一道物流过程可能出现的问题。

（3）质量第一的观念。

以往的物流管理重物流数量而轻物流质量，其结果是反过来又影响物流的数量。如物流中大量的损失、变质，直接影响物流的数量。实践证明，没有高质量的物流，不把质量放在第一位，原来要追求的数量也是不可能的。

3. 物流全面质量管理的特点

结合全面质量管理的重要特点，我们可以归纳出物流全面质量管理的特点为“三全一多样”。“三全”就是全面的质量管理、全过程的质量管理和全员参与的质量管理，“一多样”是指物流全面质量管理的方法是多种多样的。

（1）全面的质量管理。

影响物流质量的因素具有综合性、复杂性、多变性，加强物流质量管理就必须全面分析各种相关因素，把握内在的规律。物流管理质量不仅管理物流对象本身，而且还管理工作质量和工程质量，最终对成本及交货期起到管理作用。因此，管理对象是广泛的涉及物流的各个方面，具有很强的全面性。

(2) 全过程的质量管理。

物流质量管理对流通对象的包装、装卸、运输、储存、搬运、配送、流通加工等若干过程进行全过程的质量管理，同时又是产品在社会再生产过程中进行全面质量管理的重要环节。在这个过程中，必须环环相扣地进行全过程管理才能保证最终的物流质量，以达到目标质量。

(3) 全员参与的质量管理。

要保证物流质量，就涉及有关环节的所有部门和所有人员。因此，物流质量绝不是依靠哪个部门和少数人能搞好的，必须依靠各环节中各部门和广大员工的共同努力。物流质量的全员性正是物流的综合性、物流质量问题的重要性和复杂性所决定的，反映了质量管理的客观要求。

要实行全员管理，最重要的是充分地调动起广大员工参与质量管理的积极性，为此，企业要向广大员工反复进行质量管理的教育，确立“质量第一”“为用户服务”“预防为主”等思想和观念，同时，要有恰当的组织体系来支持和保证。

(4) 方法多样性。

物流全面质量管理的方法是多种多样的，应综合运用多种适用的管理技术和科学方法，吸收相关学科的知识，博采众长，形成具有多样化的质量管理方法体系。这其中不仅包括工程技术和统计技术，而且还包括市场营销、经济学、会计学、运筹学等相应知识在内的围绕质量管理的需要而构成的一套全面、系统的方法。

### 10.2.2 物流质量管理主要的基础工作

物流过程有别于产品生产过程。生产者是独立的承担责任的领导机构，而物流全过程没有统一的、权威的领导机构，因此物流质量管理有别于单一结构的生产过程，其主要质量管理方法和措施如下。

1. 建立必要的管理组织

质量管理工作是在物流的每一个过程中体现的，但是，正因为各个过程都有其独特的功能，往往在操作时只注重实现这一独特的功能，如完成装卸搬运等任务，而忽视质量管理。另外，物流过程的连续性又很难明确区分质量状况和质量责任。所以，建立一个统筹的质量管理组织，实行质量管理的规划、协调、组织、监督是十分必要的。此外，在各个过程中建立质量管理小组带动全员、全过程的质量管理也是很重要的方式。

2. 标准化工作

标准化是开展物流质量管理的依据之一。标准化，是指在经济、技术、科学及管理等社会实践中，对重要性事物和概念通过制定、颁布和实施标准达到统一，以获得最佳秩序和社会效益的活动。在物流活动中实施标准化，是健全和完善物流质量管理体系的需要，是提高物流质量、增加经济效益的需要，也是实行全面质量管理的需要。在物流标准化工作中，要具体制定各项工作的质量要求、工作规范、质量检查方法，各项工作的结果都要符合标准，限定在产品质量的规定范围内。

3. 制度化

制度是要求大家共同遵守的办事规程或行为准则。将质量管理作为物流的一项永久性工作，必须有制度的保证，建立协作体制和质量管理小组都是制度化的一部分。制度制定者要使制度程序化，以便于理解、执行、检查。

4. 建立差错预防体系

物流过程的差错问题是影响物流质量的主要因素。由于物流数量大，操作程序多，差错发生的可能性很大，因此，建立差错预防体系也是物流质量管理的基础工作。根据国内外已有的实践经验来看，差错预防体系的建立有以下三个方面的工作。

（1）库存货物的调整。

对库区进行整体规划，将货物有序放置，以便能准确、方便地进行存取。我国的四号定位①等方式便是有效的方式；在国外常用不同的颜色进行标识，以便有序放置和有效区分。灵活地利用不同的货架货仓等放置是一个很有效的办法，我国提出的“五五化”②方法也是行之有效的。

（2）运用新技术。

如采用条码技术，配合便携式扫描仪可以准确无误地确认商品。采用电子计算机控制的拣选系统和储存系统都是避免差错的有效方式。

（3）建立仓库监测系统。

建立能对仓库的全部活动进行核对、监测的监测系统，就能及时地发现问题，从而防止差错持续或差错发展，进而寻找差错产生地，并予以解决。

5. 重视提高物流人员的素质

物流工作是一项十分烦琐的工作，涉及内容和业务较为复杂，这就要求物流人员不但要有高度的责任心，遵纪守法、坚持原则、秉公办事，而且要熟悉物流业务，掌握一定的商品学、包装等方面的知识，树立质量管理的意识，全方位地进行质量控制和保证，满足顾客的需要，达到质量管理的目标。

---

① 用库房号、货架号、货架层次号和货位号表明货物储存的位置，以便查找和作业的货物定位法。

② “五五化”堆码方式是我国仓储管理中常用的一种方法。储存商品时，以“五”为基本单位，堆成总量为“五”的倍数的垛形，如梅花五、重叠五等。

## 10.3　ISO9000 系列标准与物流质量管理

加入 WTO 为我国企业的发展创造了良好的国际环境，解决了我国企业对世界经济贸易一体化市场的准入和互惠问题。加入 WTO 后，我国的物流企业可以平等地参与国内外物流市场的角逐和竞争。如果说加入 WTO 为包括物流企业在内的我国企业解决了市场准入问题，那么，ISO9000 标准则为物流企业的服务提供了质量保证，解决了物流企业如何在国内外物流市场站稳脚跟和进一步发展的问题。因此，加入 WTO 后物流企业的当务之急是尽快地实施标准和认证，提高服务质量，增强竞争能力。较之其他的行业而言，物流企业的认证显得尤为迫切和重要。

### 10.3.1　ISO9000 标准产生的历史背景

第二次世界大战期间，军事工业迅速发展，美国等工业发达国家在采购军品时，开始对供应商提出了质量保证的要求。

20 世纪 50 年代末，美国发布了 MIL-Q-9858A《质量大纲要求》，这是国际上最早的质量保证标准。随着国际贸易的迅速扩大，产品和资本流动日趋国际化，相伴而生的是国际产品质量保证和产品责任问题。1973 年，海牙司法会议上通过了《关于产品责任适用法律公约》。之后，欧洲理事会在法国斯特拉斯堡缔结了《关于造成人身伤害与死亡的产品责任欧洲公约》。同时，旨在消除非关税壁垒，经缔约国谈判通过的《技术标准守则》对商品质量检验合格评定、技术法规等方面作了详尽的规定。1973 年，英国制定了国家质量管理标准 BS 5750，将军方合同环境下使用的质量保证方法引入市场，这标志质量保证标准不仅对军事物资装备的生产，而且对整个工业界产生影响。

一些工业发达国家（如英国、美国、法国和加拿大等）在 20 世纪 70 年代末先后发布了质量管理和质量保证标准。由于许多国家和地方性组织相继发布了一系列质量管理和质量保证标准，各国实施的标准不一致，给国际贸易带来了壁垒，故而制定质量管理标准和质量保证的国际标准成为当时世界各国迫切的需要。为此，经理事会成员国多年的酝酿，国际标准化组织于 1979 年单独建立质量管理和质量保证技术委员会（TC 176），负责制定质量管理的国际标准。

1980 年，“质量”一词被定义为企业动作及绩效中所展现的组织能力，导致一些行业标准与国家标准的产生。由于跨国贸易的形成，跨行业、跨国度的新标准也呼之欲出。1986 年，国际标准化组织发布了 ISO8402《质量术语》。质量管理和质量保证技术委员会联合 53 个国家于 1987 年 3 月正式发布 ISO9000 至 ISO9004《质量管理和质量保证》系列标准，它很大程度上基于 BS5750 并总结了各先进国家的管理经验，将之归纳、规范。该标准发布后，引起世界各国的广泛关注，并予以贯彻，适应了国际贸易发展的需要。1994 年，ISO/TC 176 对 ISO9000 系列标准进行了修订并提出了 ISO9000 族标准的概念，发布了 1994 版的

ISO8042、ISO9000.1、ISO9001、ISO9002、ISO9003 和 ISO9004.1 等六项标准。1996 年，在广泛征求各国的意见后，ISO/TC 176 提出了《ISO9001 修订草案》，进一步明确了对 1994 版修订的要求。经过专家多年的努力，于 2000 年 12 月 15 日，ISO/TC 176 发布了 2008 版的 ISO9000 标准。

新的 ISO9000 标准更加完善，为世界绝大多数国家所采用。第三方质量认证普遍开展，有力地促进了质量管理的普及和管理水平的提高。美国著名的质量管理专家朱兰博士提出："即将到来的世纪是质量的世纪。"

### 10.3.2 物流企业实施 ISO9000 标准和认证的重要性

1. 物流企业要融入世界经济贸易一体化市场，必须实施 ISO9000 质量标准

ISO9000 系列标准的制定和发布，使世界上不同国家、不同企业之间的经济交流、贸易往来和技术合作在质量方面有了共同语言、统一的认识和共同遵守的规范。到目前为止，世界上已有 100 多个国家和地区相应采用了这一标准。我国企业于 1992 年正式采用这一标准，已有上万家企业和 10 万多种产品获得了质量认证，还有一大批企业和产品在认证当中。由此可见，按照 ISO9000 标准进行质量体系认证，已成为当今国际服务贸易领域的发展趋势。物流企业属于服务贸易的范畴，要把企业融入世界贸易一体化市场就必须实施ISO9000 标准认证。这就是认证工作的重要性之一。

2. 物流企业获得 ISO9000 认证，就获得了通往一体化市场的通行证

现在，国内市场将进一步向世界开放，引进外资的步伐还在加快，更多的外资企业进入中国市场，国内市场与世界市场进一步接轨。国内外市场的一体化，需要物流企业尽快实施 ISO9000 标准和认证。有了认证，就有了通往一体化市场的通行证；有了认证，企业的服务就会受到青睐。同欧洲统一市场进行贸易往来，产品和服务质量首先要达到 ISO9000 质量体系认证的企业往往会引来不少陌生的客户，有的外商在价格上宁可高一些也要找到通过认证的合作伙伴，他们要求的是服务质量的保证。相反，没有通过认证的企业就会失去很多的客户和机会。实践证明，凡属注册认证的企业，都会在服务质量和业务开拓上取得优势；而没有认证的企业，在激烈的市场竞争中将失去本来已经微弱的优势，最终被市场淘汰。

3. 物流企业实施 ISO9000 标准，有利于提高管理水平，增强企业竞争能力

我国现有的物流企业有相当一部分是由传统的仓库、车队改制而来的，在内部机制和运作方式上还存在着"人治"的痕迹，对内缺少凝聚力，对外缺少竞争力。ISO9000 标准是对世界主要发达国家几十年实施质量管理和质量保证经验的总结，具有严谨的科学性、广泛的适用性，其核心是"以法治企"。实施 ISO9000 标准，将把企业的管理机制和管理程序纳入法制轨道，进行计算机程序管理，实施一套现代化管理方法。这是物流企业在一体化市场的情况下，管理好企业并不断发展的有效途径。

### 10.3.3 物流企业质量保证模式和质量体系要素的选择

在ISO9000族标准中，ISO9001、ISO9002、ISO9003为质量保证模式，它们各自的内容不同，认证的范围、质量体系要素也不同，是分别代表三种不同供方质量的质量保证模式。物流企业在实施ISO9000标准时，应在了解各种保证模式的内容的基础上，从企业实际出发，对质量保证模式和质量体系要素进行恰当的选择，通过实施和认证，达到提高物流企业服务质量的目的。

1. 物流企业应选择的质量保证模式

从目前已经获得质量体系认证或正在实施质量体系认证的物流企业的情况看，选择的质量保证模式标准一般都是ISO9002。这是因为ISO9002适宜于服务性企业。物流企业一般不从事产品的设计和生产，而是为生产工厂、销售商、代理商提供全过程物流服务的行业，因此选择ISO9002比较合适。

2. 物流企业质量体系质量要素的选择

质量体系从属于质量保证模式，如ISO9002这一质量保证模式中有19个要素。这19个要素构成质量保证体系，质量保证体系各要素在实施中可以全部采用。质量体系要素的选用一般以企业选定的质量保证模式为前提，根据企业的实际情况，经与第三方认证机构协商，确定全部采用或增加删减。质量保证模式中缺少但与物流服务质量保证有关的要素应增加，增加的总体要求是对质量体系的有效性有影响的因素、法规规定必须执行的要素、合同中所规定的要素等。质量保证模式中不适用于物流企业的要素或对物流服务质量保证无关紧要的要素不必采用。

3. 物流企业实施质量体系正式方式的选择

物流企业在选择了质量保证模式和质量体系要素之后，有责任向客户证实质量体系的适用性和有效性。证实的程度大致可以分为三种：第一级是证实程度较低的“存在声明”，即物流企业将实施质量体系要素及实施结果，向客户做出口头说明或文字说明；第二级是“文件证据”，即物流企业可以获认证机构提供有关质量体系的文件，并附以情况说明；第三级是“执行见证”，这是级别程度最高的证实，物流企业向客户和认证机构提供相关体系的文件，并提供相关实施过程记录材料。

证实程度等级的选择，应根据质量体系要素在质量保证中的重要程度和证实的难度，以及不同证实程度对服务双方的风险、费用情况而定。尤其是需要第三方认证时，大多数要素都要求“执行见证”来证实。

### 10.3.4 物流企业质量保证模式标准实施的基本方法

物流企业实施质量保证标准是要使全体员工在熟悉ISO9000标准内容的基础上，建立与其管理运作相适应的质量体系，一步一个脚印地推进，最后通过第三方认证。这是一项系统的工程，应有计划、有组织、有步骤地进行。通常情况下，整个认证工作大致需要经过五个阶段，即前期准备、确立质量体系、编制质量体系的文件、质量体系的运行和质量体系的认证注册。

1. 前期准备

该阶段的工作主要包括：领导层统一思想，做出实施认证的决策；选择合适的咨询机构；组织企业高层领导、中层干部学习培训，动员全体员工投入认证工作；成立贯标小组或贯标办公室等。

2. 确立质量体系

该阶段的主要工作包括：贯标办公室和文件编写人员深入学习 ISO9000 标准的内容，了解和收集企业现行服务的运行方法、规章制度、组织机构、职责职权及相关法令、法规、条例、规定；制订贯彻工作计划，确定质量目标，分解到各职能部门去具体实施。

3. 编制质量体系的文件

编制质量体系的文件主要包括质量手册、质量体系程序以及其他的质量文件。编制的质量体系文件应具有系统性、可操作性。

4. 质量体系的运行

在该阶段，物流企业把质量体系文件中规定的内容分配到各部门、各岗位进行运作，发现问题应及时纠正、修改、完善体系文件。

5. 质量体系的认证注册

物流企业在确认自身的质量体系达到了质量保证模式标准的要求后，向认证机构提出申请，对企业质量体系的运转情况进行预审，发现问题应采取对策予以纠正，然后向认证机构提出正式的认证申请。经认证机构审查合格，就获得了该机构颁发的质量体系认证证书，其有效期一般为 3 年，每年要进行 1 或 2 次监督式审核，若发现重大问题，则有可能被暂停或取消认证资格。因此，物流企业应定期开展质量审核和管理评审，保持质量体系正常运转，不断提高服务质量。

### 10.3.5 物流企业实施认证应注意解决的问题

实施 ISO9000 质量标准和认证工作是物流企业的一件大事，要求高、难度大、涉及面广、持续时间长，而且又是在企业经营活动正常运转的情况下进行的，其中会遇到许多的问题、矛盾和困难，需要引起足够的重视和妥善处理，以确保认证的一步到位、一举成功。根据一些已经取得认证的物流企业的经验教训，认证工作应主要解决好以下五个问题。

1. 认清形势，变“要我认证”为“我要认证”，提高自觉性

在认证的过程中，由于宣传工作不够广泛、不够深入，领导和员工容易产生“上级和领导

要我搞认证”的消极思想。若不加以引导和解决,质量体系要素推行起来就很困难,就不容易真正得到落实。因此,在准备阶段的学习动员中,物流企业对认证工作的重要性要讲深讲透,让领导和员工真正懂得不进行质量认证就会被市场淘汰、就无法生存发展的道理,从而增强危机感和迫切感。只有让领导和员工树立起“认证工作非搞不可”的思想,认证工作才能步步推进、步步深入。

2. 端正态度,提倡和坚持“认真”二字,增强严谨性

如企业选择 ISO9002 质量保证模式,其中涉及 19 个要素。这些要素要贯穿和落实到每笔业务的运作中,要建立和落实合同,要对服务质量进行过程控制,做出质量记录,对此员工会嫌啰嗦、怕麻烦,因此认真贯彻极为重要。既然要实施认证工作,企业就必须树立认真的态度,按标准去做,扎实有效地做好各项工作。

3. 既要坚持标准,又要从实际出发,发挥灵活性

ISO9000 标准必须落实,这是一条原则,不然就失去了认证工作的意义。但是,从实际出发,增加、删减、修改一些要素,使质量标准要素更有针对性、实用性,这也是一条原则。要对物流企业现行的规章制度进行一番梳理、汇总、分类,按照 ISO9000 标准进行改造完善,成为科学化、规范化的质量体系要素。加入 WTO 以后,物流企业面临新情况、新问题,必须进行一系列改革,改革的根本目的还是提高服务质量和竞争力。因此在选择和确定质量体系要素时,物流企业应充实一些对保证服务质量有重要作用、有鲜明时代特征的要素,以求进一步提高认证的效果。

4. 言简意赅,简便易行,有可操作性

实施 ISO9000 标准是个系统工程,需要编写的文件、规定很多,员工一时难以接受,可能会记不住,操作起来就困难。文件写得再多、写得再好,如果不便操作员工就难以坚持下去。因此,编写文件应着眼于全体员工的理解能力和接受能力,在不影响执行效果的前提下,尽量简化操作程序,减少文字条目,力求条理清楚、文字精练、好记易行。物流企业可以采用表格来代替文字叙述,还可以将固定程序格式化,用字幕或符号表示近来工作进度或质量合格与否。在不增加员工的工作量、不影响业务正常进行的前提下,确保贯标工作有条不紊地进行。

5. 持之以恒,不松懈,保持连续性

实施 ISO9000 标准和认证的整个过程长达 10 个月左右,容易产生抓一阵紧一阵、时紧时松的现象,使贯标工作达不到预期的效果。解决这一问题应从加强检查督促入手,掌握进度,加强控制,发现问题并及时解决,使计划一步一步地得到落实。同时,物流企业要教育员工懂得认证工作不是一劳永逸的,获得认证后,认证机构每年还会进行监督审核,发现重大问题随时可能暂停或取消认证资格。所以,物流企业必须保持贯标过程中的工作劲头,继续按照质量体系要求推进企业经营和各项业务,巩固认证成果,使企业的服务质量不断提升,

竞争能力不断增强，始终处在行业的领先地位。

## 10.4 物流质量管理的统计方法

在物流的许多环节中，常要利用检测方法对物流质量进行判断。同时，检测也是为顺利进行质量管理进行提供数据参考。

在采用协作方式进行质量管理时，企业管理者必须了解协作企业质量管理水平及质量保证能力，这就需要知道对方在管理过程中对物流对象的监测结果，要求协作企业相互之间对检测都有所了解。

但是，在物流工作中，使用检测方法较多的还是进货环节，进货检查是进货验收的一项主要内容，其检验方法的主要内容如下。

### 10.4.1 抽样方法

1. 决定是否进行质量检查

是否对到货的质量或仓库存货的质量进行检查，是必须慎重决定的事。进行检查要付出相应的费用并要花费一定的时间；不进行检查，则要冒一定的风险。所以，物流企业要按以下情况做出是否检查的判断。

(1) 上一环节有可靠的质量管理系统和符合要求的工程能力，则可以决定完全信赖而免检。这样既对到货的质量有充分把握，又可以节省检查费用、人力和时间，简化验收程序。

(2) 到货中有不合格品存在，使用时可能造成一定的损失。这时，在对损失的程度和费用有充分了解的前提下，如果检查的费用大大高于使用不合格品所造成损失的费用，则可以决定免检。但是，如果检查的费用不是大大高于损失的费用，而只是高一些的话，则以检查为好。

2. 决定检查方式

(1) 全检。

当混入的不合格品会对使用造成极大的危害时，当物资异常贵重时，当检查的费用很低时，当货物批量较小、没有抽检的价值时，物流企业应决定全检。

(2) 抽检。

需要破坏被检查物或降低其使用价值时；检查费用高，耗费太大时；时间紧迫，力量不足时；到货批量太大，无法进行全检时；检查项目太多，不可能全部实施检查时；全数检查的结果会形成供货单位的依赖情绪，不利于促进供货单位质量系统的改进时，物流企业可以决定抽检。

3. 决定抽样方式

确定进行抽样检查后，还要决定如何抽样、采取何种抽取层次和数量等问题。一般采用随机抽样的方式，根据具体情况采用一次、二次、多次和连续抽样方式。

所谓抽样检验，是指从批量为 $N$ 的一批产品中随机抽取其中一部分单位产品组成样本，然后对样本中所有的单位产品按照产品质量特性逐个进行检验，根据样本的检验结果判断产品批合格与否的过程。抽样检验大大节约了检验工作量和检验费用，缩短了检验时间，但是也存在一定的误判风险。

(1) 抽样检验的基本术语。

① 批。

相同条件下制造出来的一定数量的产品称为批。在各种条件基本相同的生产过程中连续生产的一系列批称为连续批，不能称为连续批的批则称为孤立批。

② 单位产品。

单位产品，是指为了实施抽样检验而对产品划分的基本单位。如一批灯泡中的每个灯泡称为一个单位产品。

③ 批量和样本大小。

批量，是指批中包含的单位产品个数，以 $N$ 表示。样本大小，是指随机抽取的样本中单位产品的个数，以 $n$ 表示。

④ 抽样检验方案。

抽样检验方案，是指规定样本大小和一系列接受准则的一个具体方案。

(2) 抽样方案的分类。

① 按产品质量特性分类。

A. 计数抽样方案，即单位产品质量特性值为计点值(缺陷数)或计件值(不合格品数)的抽样方案。

B. 计量抽样方案，即单位产品质量特性值为计量值(强度、尺寸等)的抽样方案。

② 按抽样的程序分类。

A. 一次抽样方案，即仅需要从批中抽取一个大小为 $n$ 的样本，便可判断该批接受与否。

B. 二次抽样方案，即抽样可能要进行两次，对第一个样本检验后，可能有三种结果：接受、拒收、继续抽样。若得出“继续抽样”的结论，则抽取第二个样本进行检验，最终做出是接受还是拒收的判断。

C. 多次抽样方案，即该方案可能需要抽取两个或两个以上具有相同大小的样本，最终才能对批量做出接受还是拒绝的决定。是否需要进行第 $i$ 次抽样要根据第($i-1$ 次)抽样的结果而定。

(3) 检查结果的处理。

对合格与否进行判定后，物流企业需对到货进行批处理。其中的主要方法是预先确定不合格率界限或不合格率的范围，进行整批验收或整批退货。

### 10.4.2 排列图

1. 排列图的概念

排列图，是指为寻找主要问题或影响质量的主要原因所使用的图。它是由两个纵坐标、一个横坐标、几个按高低顺序依次排列的长方形和一条累计百分比曲线所组成的图。

排列图又叫帕累托图，它是由意大利经济学家帕累托提出的。他在分析社会财富分布状况时，发现少数人占有绝大多数财富，而绝大多数人却占有少量财富。在资本主义社会这种少数人占有绝大多数财富并左右社会经济发展的现象即所谓“关键的少数，次要的多数”。后来由美国质量管理专家朱兰引入质量管理中，成为一种简单可行、一目了然的质量管理的重要工具。排列图中横坐标表示影响产品质量的因素或项目，按其影响程度从左到右依次排列。左纵坐标表示频数，右纵坐标表示累计频率（累计百分比）。

2. 排列图的应用程序

（1）确定所要调查的问题和收集的数据。

（2）将记录的数据进行分类。分类的方法有多种，可以按工艺过程分、按缺陷项目分、按品种分、按尺寸分等。

（3）计算各类项目的累积频数、累计频率。

（4）按数量从大到小的顺序，将数据填入数据表中。“其他”项的数据由许多数据很小的项目合并在一起，将其列在最后，而不必考虑“其他”项的数据有多大。

（5）画两根纵轴和一根横轴。左边纵轴标上件数（频数）的刻度，最大刻度为总件数（总频数）；右边纵轴标上比率（频率）的刻度，最大刻度为100%。右边的纵坐标应与左边的纵坐标等高。

（6）在横轴上按频数大小从大到小依次画出直方块，其高度表示该项目的件数（频数），写在直方块的上方。

（7）按右纵坐标的比例，找出各项目的累计百分比，从原点 $O$ 开始连接各点，画出帕累托曲线。

（8）在排列图的下方要注明排列图的名称、收集数据的时间以及可供绘图者参考的其他事项。

（9）利用排列图确定对质量改进最为重要的项目。

3. 排列图的分析

绘制排列图的目的在于从诸多的问题中寻找主要问题并以图形的方法直观地表示出来。通常把问题分成A类、B类、C类。A类属于主要问题或关键问题，在累计百分比0～80%左右；B类属于次要问题，在累计百分比80%～95%左右；C类属于更次要问题，在累计百分比95%～100%左右。但在实际应用中切不可机械地按80%来确定主要问题。它只是根据“关键的少数、次要的多数”的原则，给以一定的划分范围。A、B、C三类应结合具体情况来选定。

排列图把影响产品质量的主要问题直观地表现出来，使人们明确该从哪里着手来改进产品质量，集中力量解决主要问题收效。排列图不仅解决产品质量问题，其他的工作（如节约能源、减少消耗、安全生产等）都可以用排列图来改进工作，从而提高工作质量。

在物流质量管理中，物流企业可以利用排列图的直观性，将质量问题中的主要问题表现出来，以利于问题的解决。

### 10.4.3　因果图

1. 因果图的概念

因果图是描述、整理、分析质量问题（结果）与影响质量的因素（原因）之间关系的图。因其形状如鱼刺，又称鱼刺图。物流企业通过对影响质量的因素进行全面、系统的整理和分析，可以明确影响质量的因素与质量问题之间的因果关系，最终为找出解决问题的途径提供有力的支持。在物流过程中，影响物流质量的问题是多种多样的，因果图可以帮助人们分析和寻找影响产生质量问题的各种原因及原因之间的关系，从而有效地解决问题的所在。

2. 因果图的构成及画法

(1) 因果图的构成。

因果图由质量问题和影响因素两个部分组成（如图 10-1 所示）。图中主干箭头所指的为质量问题，主干上的大枝表示大原因，中枝、小枝、细枝等表示原因的依次展开。

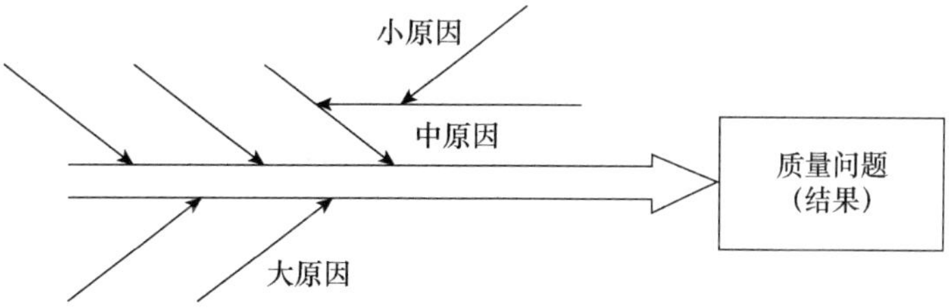


**图 10-1　因果图**

(2) 因果图的画法。

① 确定待分析的质量问题并将其写在右侧的方框内，画出主干，箭头指向右端。

② 确定该问题中影响质量原因的分类方法：一般分析工序质量问题，常按其影响因素——人、设备、原材料、方法、环境等分类；也有按加工工序分类的。作图时，依次画出大枝，箭头方向从左到右指向主干，在箭头尾端写上原因分类项目。

③ 将各原因分类项目分别展开，每个中枝表示各项目中造成质量问题的一个原因。作图时，中枝平行于主干，箭头指向大枝，将原因记在中枝上下方。

④ 将原因再展开，分别画小枝，小枝是造成中枝的原因，依次展开，直至细到能采取措施为止。

⑤ 分析图上标出的原因是否有遗漏,找出主要原因,画上方框,作为质量改进的重点。

⑥ 注明因果图的名称、绘图者、绘图时间、参加分析人员等。

(3) 注意事项。

① 分析大原因时应根据具体情况,适当增减或另立名目,除人、设备、原材料、方法、环境等因素外有时还包括其他如动力、管理、计算机软件等因素。

② 发扬民主,集思广益,畅所欲言,结合别人的见解改进自己的想法。

③ 主要原因可以用排列图、投票或试验验证等方法确定,然后加以标记。

④ 画出因果图后,就要针对主要原因列出对策表,包括原因、改进目标、措施、负责人、进度要求、效果检查和存在的问题等。

在质量管理中排列图和因果图用得最普遍,成为质量管理中最常用的方法。这两种方法在物流质量管理中也是常用的统计方法,对于改善和提高物流质量起到了重要的作用。

## 本章小结

本章介绍了物流质量和物流质量管理的概念;物流质量管理的内容;物流质量的常用指标;与物流全面质量管理相关的重要观念和特点,重点分析物流质量管理主要的基础工作;ISO9000 标准在物流质量管理中的应用时应注意的问题;物流质量管理的统计方法。

## 案例赏析

### 宝供物流企业集团的物流质量管理①

宝供物流企业集团(以下简称宝供集团)是国内第一家注册成立的物流企业集团公司。从 1994 年开始,宝供集团的前身就开始与美国宝洁公司合作,将宝洁公司的产品快速、准确、及时地送往全国各地的销售点。

宝供集团有一套完整而严格的运作管理系统和质量保证体系,确保为客户提供优质高效的专业化物流服务,即 SOP(Standard Operation Procedure,标准作业程序)标准作业程序及 GMP(Good Manufacturing Practices,药品生产质量管理规范)标准质量保证体系。为了规划业务部门的运作标准,宝供集团建立了系统化、规范化、标准化的各类标准操作程序,即 SOP。任何岗位上的任何事,SOP 都有详细的规定。通过 SOP 的正确执行,确保业务运作不会因为个人的因素造成服务上品质的不同,确保了 GMP 标准质量保证体系的实施和实现。

GMP 标准是由美国食品药品监督管理局颁布的有关产品生产质量控制的法规性条例。

① 资料来源:http://www.bioon.com/master/company/345141.shtml,有改动。

宝洁公司采用的就是GMP质量管理体系，它要求所有的运作过程中必须严格执行GMP标准。在宝供集团与宝洁公司的合作中，以GMP为蓝本，根据GMP的13个关键要求，制定了一套相应的系列化质量管理标准体系，将每项要素的具体标准及要求汇编成《质量管理手册》，并全面执行。同时，在公司总部专门设立了质量管理部，具体落实贯彻《质量管理手册》，从而使每一项业务运作从作业开始就有质量控制和跟踪，充分保证了业务质量稳定可靠。此外，宝供集团在公司内部还大力宣传“重质量、讲管理”的风气，要求每位员工都要树立明确的质量意识，人人都有质量职责，使GMP标准成为宝供集团的服务标准和品质保证，成为宝供集团的品牌和形象。

几年来，宝供集团的铁路运输货物缺损率控制在0.01%左右，公路运输和仓储缺损率为0；铁路运输时间达标率在95%以上，公路运输达标率在98%以上，获得了客户的一致赞许。

**案例思考题**

1. 宝供集团实行物流质量解决了哪些问题？
2. 宝供集团如何实现物流质量管理？
3. 宝供集团实行物流质量管理给我们带来了哪些启示？

## 复习思考题

1. 如何理解物流质量的含义？
2. 物流质量管理的内容有哪些？
3. 物流企业如何建立质量管理体系？
4. 物流质量管理常用的统计方法有哪些？

# 第十一章　物流标准化

## 11.1　物流标准化概述

### 11.1.1　物流标准化的概念

1. 标准的一般含义

标准，是指在一定条件内为了获得最大效果，而对活动的过程和结果所规定的、重复使用的制度、条款，这些制度和条款是经过共同制定的，并经权威部门或大众认可的。

2. 标准化的一般含义

标准化，是指在社会各行业中，对各种活动进行规定，统一实施标准的过程。标准化是国民经济的一项重要技术基础，它对合理组织生产、提高产品质量和服务质量、促进技术合作具有重要的意义。

目前，标准化工作开展最为普遍的是产品标准这个领域，这也是标准化的核心，其他的如工程标准、环境标准、服务标准近年来的发展也很快。

标准化的内容也就是标准，是共同认可的规定。为了推行标准化，各国都设有标准化协会，如我国的国家质量监督检验检疫总局、英国的标准化协会，具体的标准有 ISO 系列等。

3. 物流标准化的一般含义

物流标准化是把物流系统作为考虑对象，对物流的七大功能如运输、储存、装卸、搬运、包装、流通加工、配送、信息处理进行相关制度的制定、实施，并统一标准的过程。

简单地说，物流标准化是在物流大系统下，分为技术标准和工作标准。技术标准是用来规定系统内部设备设施等各种专用工具的应用，工作标准是用来规定系统内各分领域(如包装、运输、仓储、装卸等方面)的工作。各分领域之间的技术标准与工作标准的配合性，是指按配合性要求，统一整个物流系统的标准，研究物流系统与其他相关系统的配合性，进而达到物流大系统的标准统一。

物流标准化有其特性，表现为以下五个方面。

(1) 物流标准化的复杂性。

与一般的标准化系统不一样，物流标准化涉及的面更为广泛，并且对象更加多样，包括机电、工具、建筑等许多种类，显然这些标准虽共处于物流大系统下，但由于缺乏共性，从而造成物流系统内的标准数目多、内容复杂，给各种标准的统一和配合带来较大的困难。

(2) 物流标准化的协调适应性。

由于物流管理的理论诞生较晚，组成物流大系统的各个分系统在没有归入物流系统之前就有了自己的标准，实现了本系统的标准化，并经过了多年的实践巩固，所以如果要改变则需要面对较大的困难。因此，在推行物流标准化时，需要在各个不同的基础上进行协调，以此来统一建立新的物流系统。

(3) 物流标准化的"三性"。

任何标准的建立都要求具有科学性、民主性和经济性，物流领域也不例外。物流标准化的科学性，主要是反映现代科技综合成果，要求与物流的现代化相适应，能与物流大系统相适应。物流标准化的民主性，是指物流标准的制定要采取协商的办法，广泛考虑各种现实条件，广泛听取相关部门的意见，使标准易于贯彻实施。物流标准化的经济性，是标准化的主要目的之一，也是决定物流标准的关键。由于物流活动中增值部分不多，增值幅度也不大，但又必须消耗大量的资源，所以如果不注重标准的经济性，片面强调科学现代化，过分顺从物流现状及习惯，就会引起物流成本的增加，自然会使标准失去生命力。

(4) 物流标准化的国际性。

由于全球经济一体化的加速，我国与国际日渐接轨，国际贸易大幅增长，而贸易的完成需要物流来支撑，所以，各个国家都很重视本国物流标准与国际物流标准的一致，否则，就会加大国际贸易的难度。

(5) 物流标准化的安全性。

在物流行业中，安全性是非常值得关注的，如运输中的交通事故、货物的倒塌、物流机械的故障等，对人身和货物安全都有很大的伤害，所以，物流企业在制定标准时，一定要注意安全性标准的制定。

### 11.1.2　物流标准化的意义

1. 有利于物流水平的提高

物流水平的提高需要物流管理(特别是大系统物流管理)各内部环节有机联系，保证统一性。如我国的商品编码尚未健全，各个领域、各个地方制定了自己的物资编码，导致商品信息无法顺畅传递，妨碍了物流水平的提升。

2. 有利于降低物流成本

这可以体现在物流设备(如运输车辆、集装容器)实现统一化、标准化后，加强了物流各个环节的联系，既可以实现"门到门"的服务，又可以实现联运，如我国铁路与公路的集装箱实现统一标准后，消除"倒箱"这个环节，降低了成本。

3. 物流标准化是实现现代物流系统化管理的重要手段之一

随着物流技术的进步和市场竞争的需要,现代物流越来越强调对物流过程的系统化管理,以通过物流系统的优化降低物流成本。现代物流的系统化管理体现在两个方面:一是对企业经营活动的商流、资金流、物流、信息流统一进行系统化管理,即物流的系统化不仅仅是对物流本身的管理,而是以企业经营管理为中心追求企业价值最大化的综合一体化管理;二是社会物流资源的系统化管理。随着供应链管理模式的产生,物流的管理范围由企业内部向企业外部延伸扩展,将不同企业(包括生产企业、商业企业、物流企业)中的物流资源进行系统化管理,这是跨企业的社会物流资源的系统化管理,也是物流服务的社会化。要实现物流的系统化管理,保证物流系统的统一协调以及系统内各环节的有机联系,需要采取多种方法和手段,物流标准化是实现现代物流系统化管理的很重要的手段。

## 11.2 物流标准化的内容

### 11.2.1 物流模数标准

1. 物流基础模数尺寸标准

物流基础模数尺寸标准,是指标准化的共同单位尺寸或系统各标准尺寸的最小公约尺寸,各个具体的尺寸标准都必须以基础模数尺寸为依据,选取其倍数为规定的尺寸标准,这样就大大减少了尺寸的复杂性。

2. 物流建筑基础模数尺寸

物流建筑基础模数尺寸,是指物流系统中各种建筑物所使用的基础模数,是设计建筑物的长宽高尺寸,门窗尺寸,建筑物的间距、跨度及进深尺寸的依据。

3. 集装模数尺寸

集装模数尺寸是最小的集装尺寸,它是在物流基础模数尺寸的基础上按倍数推导出来的各种集装设备的基础尺寸,是集装设备尺寸的基础。在实际应用中,集装尺寸必须与各环节物流设施相配合,所以,通常以集装尺寸为核心进行设计,它决定和影响其他物流环节的标准化。

### 11.2.2 物流计量计算标准

1. 物流专业计量单位标准

物流专业计量单位标准是建立在国家公布的统一计量标准之外的,具有独特性、专业性,有利于物流作业的定量,如托盘、集装箱、木箱等。

2. 物流核算统计的标准

物流核算统计的标准是对物流系统各种信息数据的掌握，是对物流系统统一管理的主要前提，如各分系统的核算项目、核算方法、核算的计量单位。

### 11.2.3　物流专业名词、标识标准

1. 物流专业名词

物流专业名词，是指对物流专业名词的统一化，包括专业名词定义的统一解释和专业名词的统一编码，以免因理解不同而造成工作上的混乱。

2. 物流标志、图示与识别标准

在物流过程中，物品处于不同的状态，如中转、暂存、运输等，这些可以通过直观分辨的图示表示，或是用较为复杂的需要机器识别的条码等表示，此外还有显示货物特性的标识，如危险品、易碎品等。

### 11.2.4　物流分系统技术标准

1. 运输车船标准

运输车船标准主要是对各种运输，如货车、火车、挂车、集装箱车，货船的车厢，载重能力，船舱尺寸，运输环境条件的标准。

2. 内部作业车辆标准

内部作业车辆标准，是指物流设施内部使用的各种小型车辆，如大型仓库内的叉车、台车、堆垛机的尺寸、运行方式、作业范围、作业重量、作业速度等方面的标准。

3. 仓库技术标准

仓库技术标准主要是指仓库的尺寸、建筑面积、过道比例、单位储存能力、温(湿)度、照明等技术标准。

4. 包装技术标准

包装技术标准主要是指对各种包装物(如托盘、集装箱等)的包装尺寸、包装材料、包装强度、包装荷重等的技术标准。

### 11.2.5　物流工作标准

物流工作标准，是指对工作内容、方法、程序及质量要求所制定的统一要求及规范化规定，主要内容包括：明确各岗位的职责、权利与义务；各项任务的流程、方法及相关岗位之间的配合程序；岗位交接程序；工作人员的考核和奖惩办法；物流设施设备的检查和使用规范；异常情况的紧急机制等。

## 11.3 物流标准化的方法

### 11.3.1 确定物流的基础模数尺寸

物流基础模数，是指物流设施与设备的尺寸基准。物流基础模数是为了物流的合理化和标准化，以数值关系表示的物流系统各种因素尺寸的标准尺度。

物流基础模数尺寸为 600 mm×400 mm。

集装模数尺寸是在物流基础模数尺寸的基础上推导出的各种集装设备的基础尺寸，以此尺寸作为设计集装设备长、宽、高的依据。在物流系统中，由于集装是起到贯穿作用的，所以集装模数尺寸必须与各环节物流设施、设备、机具相配合。

集装模数尺寸以 1200 mm×1000 mm 为主，也允许 1200 mm×800 mm 及 1100 mm×1100 mm 存在。

### 11.3.2 确定物流模数

物流模数即物流基础模数尺寸。集装模数尺寸是物流标准化的基点，它影响与其有关的其他环节的标准化。

物流基础模数尺寸可以从 600mm×400mm 按倍数推导，也可以在满足 600mm×400mm 的前提下，从卡车或大型集装箱的分割系列推导出来（如图 11-1 所示）。

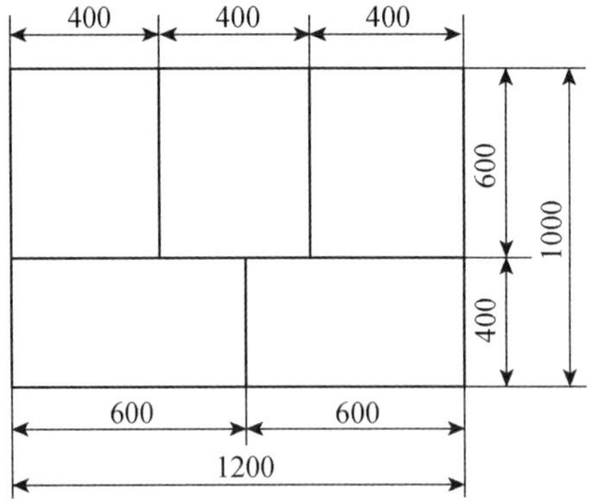


图 11-1 物流基础模数与集装基础模数之间的关系（单位：mm）

### 11.3.3 以分割及组合的方式确定系列尺寸

物流基础模数是物流系统各环节的标准化的核心，是形成系列的基础，物流某一环节的标准系列的确定过程是依据物流基础模数确定有关系列的大小及尺寸，再从中选择全部或部分作为定型的生产制造尺寸。

## 11.4 我国物流标准化的发展现状及对策

### 11.4.1 我国物流标准化的发展现状

在2015年7月国家标准化管理委员会、国家发改委、工业和信息化部、公安部、交通运输部、农业部、商务部、海关总署、国家质量监督检验检疫总局、国家粮食局、国家铁路局、国家邮政局、中国物流与采购联合会、中华全国供销合作总社、中国铁路总公司联合印发《物流标准化中长期发展规划(2015—2020年)》中阐述了我国标准化现状及发展目标如下。

1. 我国物流标准化发展现状

"十二五"以来，我国物流标准体系逐步完善，物流标准制(修)订工作顺利推进，物流标准实施成效显著，物流标准化机制不断完善，为物流业健康发展发挥了重要作用。

(1) 物流标准体系逐步完善。

在《全国物流标准2005年—2010年发展规划》的基础上，根据《物流业调整和振兴规划》，国家标准化管理委员会同国家发改委等10部门联合印发了《全国物流标准专项规划》，确立了以物流基础通用类、公共类和专业类物流标准为主体结构的物流标准体系总体框架。交通运输、仓储配送、快递物流、商贸物流、设施设备等物流领域的标准化工作快速发展，物流标准体系进一步完善。

(2) 物流标准制(修)订工作顺利推进。

"十二五"以来，我国新发布物流国家标准152项，物流国家标准总数已达466项，其中基础通用类国家标准47项、公共类国家标准252项、专业类国家标准167项。行业和地方也积极推动物流标准制(修)订工作。截至2014年6月底，我国已发布各类物流标准达794项。冷链物流、医药物流、应急物流、汽车物流等专业类物流标准的制(修)订工作深入推进，专业类物流标准数量和水平大幅提升，有力地推动了专业物流的快速发展。物流全流程、各领域逐步实现"有标准可依"。

(3) 物流标准实施取得成效。

近年来，政府部门、行业组织、相关企业积极推进物流标准实施。国家标准化管理委员会组织开展了"服务业标准化试点"工作，已下达物流标准化试点43个，有效提高了物流企业参与和实施标准的能力和水平，促进了物流服务质量提升。各部门和行业组织的物流标准宣贯工作稳步推进，各领域物流服务的规范性和协同性逐步提高。物流企业分类与评估、快递服务等一批重点标准的实施工作取得了明显成效，在加强物流企业规范自律、诚信经营、健康发展等方面发挥了重要作用，得到了政府、市场和社会各界的广泛认可。

(4) 物流标准化工作机制不断改善。

物流标准制(修)订全过程管理机制进一步完善，标准化技术组织和人才队伍建设不断加强，标准制(修)订的前期研究逐步夯实，物流标准实施监督管理机制初步建立，企业参与物流标准化工作的积极性显著提高，有效推动了物流标准的实施应用。上海、北京、广东、重庆等地相继成立了地方物流标准化技术组织，形成了国家、地方、企业协同推进物流标准化工作的良好局面。

(5) 物流领域国际标准化工作顺利开展。

密切跟踪物流领域国际标准化发展动态，主动参与国际标准制（修）订，积极采用国际先进的物流标准。企业参与物流领域国际标准制（修）订的积极性明显增强，由我国企业参与制定的《集装箱 RFID 货运标签系统》等国际标准，对引导物流业健康发展发挥了重要作用。总体上看，我国物流标准化工作取得了长足进展。但是，由于我国物流标准化工作起步较晚，尚存在标准与物流业发展不相适应、标准实施存在着“用”得不到位、使用效果差等突出问题，具体表现在：一是物流标准化工作协同推进机制有待进一步完善；二是部分领域间标准协调性有待提高；三是重点领域、新兴领域物流标准尚不能满足技术创新、产业转型和社会事业快速发展的需求；四是物流标准的实施缺乏相应的配套措施；五是实质性参与国际标准化工作的能力和水平有待提升。

2. 我国物流标准化面临的形势

当前，经济全球化深入发展，新一轮供应链下的资源全球配置使得物流市场竞争日趋激烈，“互联网＋”、高新技术的不断创新加速了产业融合步伐；伴随着改革全面深化、经济转型持续升级、产业结构不断调整、物流市场快速发展、企业对物流标准需求日益增加等变化，特别是《物流业发展中长期规划（2014—2020 年）》进一步明确了物流在国民经济发展中的基础性、战略性产业地位，物流业发展对标准化工作提出了新的要求，我国物流标准化工作面临新的形势。

(1) 全面深化改革为物流标准化提供新动力。

十八届三中全会提出发挥市场在资源配置中的决定性作用、加快转变政府职能的要求；《深化标准化工作改革方案》也提出要健全统一协调、运行高效、政府与市场共治的标准化管理体制。上述要求均需要在物流各类标准中区分政府与市场的关系定位，充分发挥政府、社会组织、产业技术联盟、企业等各方在物流标准化工作中的作用。

(2) 科技进步对物流标准化提出新要求。

科技进步促进生产工艺不断变革、产品更新速度持续加快，并催生了一系列新兴产业、物流新技术、新服务与新模式，亟须在相关领域制（修）订一批物流标准，以提高采购、生产、销售、回收等供应链各环节标准的协调性，保障物流服务优质、高效、稳定、便捷，推动产业融合发展。

(3) 关注公共利益成为物流标准化新重点。

经济社会的快速发展和人民生活水平的不断提高，促使公共利益维护意识不断增强，对资源节约、环境保护、市场秩序稳定、诚信建设、消费者权益保护等方面提出更高要求，亟须在相关领域开展物流标准制（修）订工作，并不断提高标准的执行力与监管力，保证公共利益不受侵害。

(4) 统一开放市场需要物流标准化提供新支撑。

在国家简政放权的大背景下，物流市场的统一开放、深入发展，要求打破行业间、地区间的技术封锁和交流障碍，需要依托标准构建统一市场秩序，营造公平竞争环境，为物流市场运行提质增效提供规范化支撑。

(5) 经济全球化标示物流标准化新方向。

随着国际产业转移进程加速和我国"走出去"战略的实施，与采购、生产、销售、回收全球化相适应的物流模式正在形成，我国物流企业参与国际竞争的程度不断加深，迫切需要从服务质量、设施设备、术语标识等方面与国际标准对接，支撑构建国际物流服务网络，打造具有国际竞争力的跨国物流企业。

3. 我国物流标准化发展目标

到 2020 年，我国物流标准化工作主要实现以下目标。

(1) 物流标准体系进一步优化。建成适应物流业发展的层次分明、结构合理、重点突出、衔接配套、科学适用，强制性标准与推荐性标准相互协调，国家标准、行业标准、团体标准协同有序发展的物流标准体系，物流安全、诚信、绿色以及模式创新、设施设备等关键技术标准有所突破，制定 100 余项物流标准，满足新常态下物流业全面健康可持续发展的需求。

(2) 物流标准化机制更加完善。初步建立分工明确、协调有序、高效运作的物流标准化管理机制。物流标准化基础研究、标准制(修)订、实施推广、评估监督、人才培养等工作机制进一步完善，对物流业科学发展的支撑作用明显增强。

(3) 物流标准水平明显提高。物流标准科学性、有效性和实用性显著增强，科学研究与标准研制的结合更加紧密，标准在国际竞争中的影响力显著提升。

(4) 物流标准实施效果显著增强。物流标准的宣传推广渠道和手段不断拓展，物流标准实施信息反馈机制进一步完善，在重点领域开展 100 个物流标准化试点，物流标准化示范项目成效显著，在促进物流运行效率提高方面的作用进一步显现。

### 11.4.2 我国物流标准化的发展对策

从物流标准化所包含的三个层次的内容可以看出，物流标准化的目的就是协调和理顺物流各分系统之间，以及物流系统与其他相关系统之间的关系，保障物流环节畅通，最终达到降低物流成本，提高经济效益，提高我国物流业国际竞争力的目标。具体来说，我国物流标准化的发展对策主要有以下四个方面。

1. 充分发挥政府部门的组织和引导作用

政府部门是国家标准的组织制定者和推广者，在国家标准的制定中扮演重要角色。我国已经成立了中国物品编码中心、全国物流信息管理标准化技术委员会和全国物流标准化技术委员会等全国物流标准化组织，其委员单位包括有关的科研机构、专业技术标委会、行业协会、物流企业，涵盖交通、铁路、民航、机械、贸易、邮政、出版、粮食、医药、信息产业、军事后勤等多个行业。接下来的工作就是要协调好不同部门和不同行业的利益和观点，统一组织，最大限度地统一标准，结束各自为政的局面。

2. 制定物流产业发展政策，创造产业发展机遇

国家有关部门已从全局和战略的高度，加快了培育流通领域大公司大集团的步伐，并针对当前培育大型流通企业工作中存在的突出问题，继续认真研究和制定相应的政策措施，消除流通企业改革和发展的体制性障碍，为流通企业的改革创造良好的环境。如通过制定政策和措施，鼓励物流企业采取整合、并购、联盟、合资或上市融资等方式快速扩大企业的规模和实力，鼓励物流企业发展综合业务、塑造品牌形象、参与国际竞争。由政府创造产业发展机遇，随着产业不断成熟，物流企业实力增强，集中度提高，对标准化的需求就会增加，物流标准也将会在市场推动下逐步实现。

3. 了解企业需求，保证标准切实可行

许多的企业确实需要标准，但起草的标准未必符合企业的需求。如果没有实际用处，企业自然不会采纳。因此，要调查企业对于标准的需求，可以采用典型调查的方法，对涉及的各类企业选取典型进行调查，然后进行综合和统一；也可以让更多的企业直接参与到标准的研究与制定中，并且把一些企业应用较好的标准加以推广，这样标准的应用率就会提高。

4. 与信息化结合，与国际化接轨

现代物流的核心技术是物流系统的信息化，即借助计算机网络和信息技术，将原本分离的采购、运输、仓储、代理、配送等物流环节，以及物流、信息流和资金流进行统一协调控制，实现完整的供应链管理。因此，软件标准中的物流信息标准尤其重要，是现代物流标准化的关键。随着信息化水平的提高，在业务流程得到合理化、标准化的基础上，要融合先进的管理理念，开发先进的、符合实际的企业资源计划、配送需求计划、供应链管理系统，在企业内推广，从而将物流的标准化固化在企业的营运管理中。随着全球经济一体化进程的加快，国际标准的采用已经十分普遍，是否采用国际标准已经成为企业能否参与国际竞争以及能否获得竞争优势的必要条件。物流标准必须与国际标准接轨才能促进中国企业参与到全球供应链竞争中。

## 本章小结

目前，我国现代物流业的发展虽然进步很快，但是与发达国家还是有差距的，而物流标准化的发展更是远远落后于物流业，严重影响我国现代物流业的发展。尤其是现在我国已加入世界贸易组织，为了建立高效率的物流体系，实现我国物流与国际物流的顺利接轨，增强我国物流业的国际竞争力，必须把物流标准化工作提到前所未有的高度上来，从战略的高度看待物流标准化工作，对物流标准化进行深入的研究，推动我国物流业的发展。

## 案例赏析

### 天津市启动物流标准化专项行动　加快京津冀物流一体化[1]

天津市物流标准化培训暨研讨会于2015年11月19日举行。作为全国第二批物流标准化试点城市，天津市将通过物流标准化专项行动提升物流效率和智能水平，吸引、带动电商物流等相关企业在天津聚集，加速京津冀物流一体化进程。

来自新加坡的叶水福集团天津分公司，从事电子元器件、药品食品等高端物流配送。以往物流靠人力控制，难免出现疏漏，自从公司使用了1.2m×1m的国际通用标准化托盘后，效率大幅提升。总经理助理董凤来介绍，2015年，他们又在武清区投资建设了4万平方米的物流中心。

董凤来介绍，这个物流中心服务西北地区的40家家乐福的店，12月2日正式运转发货。所有的供应商来料他们都是用托盘，托盘来了之后进行托盘上的签收，然后直接托盘上架。减少了转移就减少了破损，减少了不必要风险的发生。

以这种标准化托盘的循环共用为切入点，天津市将在商贸连锁、电商物流、快消品生产、商贸批发、第三方物流等五大领域，加快物流标准化体系建设。到2017年，全市试点企业标准化托盘的使用率将达到八成以上，天津市商务委流通处副处长王小龙介绍，配送中心的货物周转量提升30%，人工成本下降15%。对于市民来讲，收到包裹的货损率会大大下降，按照他们的标准到2017年降低50%。

物流标准化还将提升物流的智能化、信息化水平。东杰智能物流设备股份有限公司与大冢制药等多家天津企业合作，实现从生产到仓储运输的全自动化，总经理吕漫时介绍，整个从生产那边的流水线下来之后就对接他们的物流设备，完了对接他们的自动码垛机器人，之后如何进到仓库也全部是堆垛机。双十一电商货物堆积如山，高速分拣机他们一个小时能分两万件。

继北京被列为第一批物流标准化试点城市之后，天津和河北省也在2015年最新发布的第二批试点中榜上有名。下一步，天津市将借助国家给予试点的1亿元政策资金，扶持试点企业成长，并加强与北京、河北的对接。天津市商务委流通处副处长王小龙表示："支持的方面主要有四个方面，第一个制修订物流的标准，第二个就是物流标准化相关的设施设备的提升改造，第三个就是物流的公共信息平台建设，第四个就是按照冷链物流储运销天津标准，建设高标准全温带的冷库以及物流园区。能不能把我们的试点示范企业和他们的尽量对接，形成一种区域性，也是京津冀物流一体化的重要切入点。"

[1] 资料来源：http://info.jctrans.com/news/synthetic_trans/201511202193557.shtml，有改动。

**案例思考题**

1. 追求物流标准化的原因是什么？
2. 物流标准化实现后会为企业带来什么影响？

## 复习思考题

1. 什么是物流标准化？
2. 你认为物流标准化对物流管理有哪些影响？
3. 如何理解我国物流标准化工作面临新的形势？

# 第十二章　物流服务管理

"服务中心"理论代表了美国和欧洲一些国家的学者对物流的认识，该理论认为物流活动最大的作用并不在于为企业节约了消耗，降低了成本或增加了利润，而在于提高了企业对用户的服务水平，进而提高了企业在市场上的竞争能力。该理论特别强调物流的服务职能，通过物流的服务保障，企业以其整体能力来压缩成本、增加利润。

企业的任何业务，其产生和发展的基础都是向顾客提供服务并尽力满足顾客的需要。物流服务水平是衡量物流系统为顾客创造时间效用和空间效用能力的尺度；物流服务水平决定了企业能否留住现有的顾客并吸引新顾客；物流服务水平直接影响企业的市场份额，并最终影响其竞争能力。

## 12.1　物流服务概述

### 12.1.1　物流服务的含义

物流服务的定义是随企业服务内容的变化而不断变化的，不同的企业对"物流服务"这一概念往往有不同的理解。一般来说，物流服务可以理解为为了满足客户需求所实施的一系列物流活动所产生的结果。这包括从接受顾客订单开始到完成服务为止而发生的所有服务活动。

对于大多数企业来说，物流服务可以从以下三个角度来理解：

(1) 它是一项管理活动或管理职能，如订单处理、客户投诉处理等；

(2) 它是通过某些参数而表现的实际业务绩效，如在 24 小时内实现 98%的订单送货率；

(3) 它是企业整体经营理念或经营哲学的一部分，而非简单的活动或绩效评价尺度。

需要注意的是，如果企业把物流服务作为一种经营理念和经营哲学，它应该具有一个正式的物流服务职能部门以及完善的业务绩效评价体系。

国际物流学界对"物流服务"有一个较全面而广为接受的定义：物流服务是发生在买方、卖方及第三者之间的一个过程，这个过程使交易中的产品或服务实现增值。这种发生在交易过程中的增值，对于单次交易来说是短期的，但当各方形成较为稳定的合同关系时，增值则是长期持久的。同时，这种增值意味着通过交易各方都得到了价值的增加。因此，从过程管理的观点看，物流服务是通过节省成本费用为供应链提供重要的附加价值的过程。

企业营销就是要不断争取到顾客并留住顾客，从而实现企业长期盈利和获得投资回报的目标。但是，许多企业只注重赢得新顾客，并片面地通过产品、价格、促销等要素来创造需求，却忽视了市场组合中的地点要素及与之相联系的物流服务。物流服务对市场需求有重要的影响，物流服务的质量直接影响顾客满意的程度。服务到位，顾客满意，才能赢得新顾客，留住老顾客；才能扩大销路，提高市场份额；才能提高企业的竞争能力。

物流服务的本质就是满足顾客的需求。物流服务围绕客户期望的物品、期望的传递时间和期望的质量展开。企业物流服务可以从以下三个方面满足客户对物流的需求。

(1) 备货保证：即物流企业拥有客户所需要的商品。

(2) 输送保证：即物流企业在客户期望的时间内及时输送商品，包括长距离的运输保证和近距离的配送保证。

(3) 品质保证：即物流企业把完好的商品保质保量地送达客户的手中。

### 12.1.2 影响物流服务的因素

从企业的整体角度看，市场营销战略是企业总体战略的重要组成部分，市场营销通常被描述为四个因素(4P)的组合，其中，地点要素最直接地代表了物品的分销运送过程，物流服务也是通过这一过程实现的。从这个角度看，影响物流服务的因素有以下五个方面。

1. 供货水平

供货水平是衡量企业产品可供性的尺度。企业要了解顾客的不同需求，保证产品的及时供应。对一旦发生的缺货情况要认真对待，并注意做好完备记录，以便发现潜在的问题。当缺货发生时，企业应为顾客提供多种选择方案，如从其他地方调运，或提供合适的替代产品，或向顾客承诺产品一旦有货立即安排运送，目的在于尽可能留住顾客，保持顾客的忠诚度。

2. 订货信息

企业应快速准确地向顾客提供其所购商品的各种信息，如库存信息、预计的运送日期等。对顾客的购买需要，若企业难以一次完全满足，则可以通过延期订货、分批运送来完成。延期订货发生的次数及相应的订货周期是评估物流系统运作优劣的重要指标。延期订货处理不当则容易造成失销，对此企业要给予高度重视。

3. 信息的准确性

顾客不仅希望快速获得广泛的数据信息，同时也要求这些信息是准确无误的。企业对不准确的数据应当注明并尽快更正，对经常发生的信息失真要特别关注并努力改进。

4. 订货周期的稳定性

订货周期是从顾客下订单到收货为止所需要的时间，其业务环节包括下订单、订单汇总与处理、货物拣选、包装与配送。订货周期虽然是衡量物流服务水平的重要指标，但在实际中，顾客往往更关心订货周期的稳定性而非绝对的天数。当然，随着对时间竞争的日益关注，企业亦越发重视缩短整个订货周期。

5. 其他的因素

其他的因素，如能否提供订货的便利性，能否满足特殊的货物运输，能否提供替代产品等。

### 12.1.3　物流服务的作用

物流企业可以提供良好的服务，这种服务有利于企业参与市场竞争，有利于树立企业和品牌的形象，有利于获得、保持和发展顾客的忠诚与持久的满意，以及有利于和服务对象结成长期的、稳定的、战略性的合作伙伴。这对企业长远的、战略性的发展起着非常重要的作用。物流的服务价值实际上就是促进企业战略发展的价值。

对于市场组合四要素而言，产品和价格都较容易被竞争对手所模仿，促销的努力也可能被竞争者赶上，而提供令顾客满意的服务则是企业区别于竞争对手、吸引顾客的重要途径。而且在短期内，企业的物流服务不容易被对手模仿。根据美国学者的研究，企业65%的市场来自于老顾客，而发展一个新顾客所需费用是保留一个老顾客所需费用的4～6倍。所以，从投资回报率来说，投资物流服务的回报率要大大高于投资于促销或其他发展新顾客的活动的回报率。

具体来说，物流服务的作用主要体现在以下五个方面。

(1) 物流服务是构筑物流系统的前提条件。物流服务水平不同，物流的形式必将随之发生变化。企业首先要确定适当的物流服务水平，并为实现该服务水平而建立恰当的物流服务系统，因此必须在整个组织内统一思想并取得共识。

(2) 物流服务可以改善经营，满足客户的需求，提高客户的满意度。

(3) 物流服务是企业间的竞争产生差异化的主要手段。

(4) 物流服务在降低企业的成本方面起着重要作用。

(5) 物流服务是连接制造商、批发商和零售商的纽带。

## 12.2　物流服务的内容

物流是商流最终实现的根本保证，但不同的物流形式，在满足客户不同的物流需求中其重要性也不同。因此，企业在设计物流服务内容时应反映这一特点。概括起来，物流服务内容可以分为传统物流服务的内容和增值性物流服务两个方面。

### 12.2.1　传统物流服务的内容

传统物流服务通过物流功能要素的活动实现，具体包括运输、储存、装卸搬运、包装、流通加工以及相关的物流信息处理服务。

1. 运输服务

运输是物流活动的主要功能,运输可以创造商品的空间效用和时间效用,运输服务是物流服务的重要内容之一。无论是自营物流还是由第三方物流企业提供的物流服务,都必须按消费者的要求,将所需商品送到消费者指定的地点。专业物流企业一般自己拥有或掌握有一定规模的运输工具,能形成一个覆盖全国或一定区域的运输网络。因此,物流企业首先要为客户设计最合适的物流系统,选择满足客户需要的运输方式,然后组织具体的运输作业,在规定的时间内将客户的商品运抵目的地;除在交货点交货需要客户配合外,整个运输过程(包括最后的市内配送)都应由物流企业完成,以尽可能方便客户。

2. 储存服务

储存也是物流活动的主要功能,目的是保护、管理和储存商品。需要注意的是,储存服务的目的不是要在企业仓库中储存商品,而是要通过仓储保证物流服务业务的开展,同时尽可能降低库存占压的资金,减少储存成本。因此,对于提供社会化物流服务的专业物流企业来说,需要配备高效率的分拣、传送、储存、拣选设备,以在不降低供货服务水平的前提下尽量减少实物库存。

3. 装卸搬运服务

在企业的整个物流过程中,可以说装卸搬运是发生频率最高的物流作业,无论是传统的商务活动还是电子商务活动,都必须具备一定的装卸搬运能力。装卸搬运的质量高低直接影响物流的效率。物流服务企业应该提供更加专业化的装载、卸载、提升、运送、码垛等装卸搬运机械,以提高装卸搬运作业效率,缩短订货周期,减少作业对商品造成的破损。

4. 包装服务

包装在此处主要是指以满足物流活动要求为目的的包装。因此,包装作业的目的不是要改变商品的销售包装,而在于通过对销售包装进行组合、拼配、加固,形成适于物流和配送的组合包装单元。

5. 流通加工服务

流通加工服务的主要目的是优化物流系统,方便生产、销售或消费。专业化的物流中心常常与固定的制造商或分销商进行长期合作,为制造商或分销商完成一定的加工作业,如组装、贴标签、制作并粘贴条码等。

6. 物流信息处理服务

现代物流系统的运作已经离不开计算机系统,因此将各个物流环节上各种物流作业的信息进行适时采集、分析、传递,并向货主提供各种作业明细信息及咨询信息,这既是加强企业自身管理的需要,又是开展物流服务的主要内容。

### 12.2.2 增值性物流服务

增值性物流服务是在完成物流基本功能的基础上,根据客户需求提供的各种延伸业务活动，是一门新兴的物流服务行业，包括广义的增值物流和狭义的增值物流两种。广义的增值物流是传统意义的第三方物流服务延伸，如运输、仓储、分拣、包装、订单处理、配送方面的增值服务，侧重点在于如何使物流过程更有效率，更及时准确，更节省物流成本。狭义的增值物流则是指一些第三方物流服务行业，如生产、流通加工、重新包装、贴标签、售后服务中心等，将传统的需由工厂部门完成的一部分工作分离出来，委托给指定的在此领域有竞争优势的物流企业来承担，从而降低工厂的运作费用及物流成本，满足甚至超出客户的期望值，帮助提高企业产品的市场占有率及企业的竞争优势，物流企业也因此分享一部分因此创造出来的价值。

增值性物流服务是物流行业发展到一定阶段的产物，也是物流行业成熟的标志，更是我国物流行业发展的趋势。在竞争激烈的今天，掌握先进的物流理念，提高物流服务水平才能在竞争中具有优势，从而更好地参与国际竞争，赶上物流发展的最新潮流。第三方物流供应方可以提供比客户自身进行运作更高的价值，在其整个运营过程中不仅要考虑同类服务提供者的竞争，还要考虑潜在的客户的内部运作，从而确保自身的竞争优势即提供客户自身所不能提供的服务或生产要素，或能提供高水平和更多的增值服务，为客户在不同层面带来良好的经济效益。第三方物流的运转不仅仅是满足客户的一般需求，还应当提供适当的增值服务，才能使企业获得更好的发展，为第三方物流创造发展空间，但同时也为提供第三方物流增值服务的企业提出了更高要求。

物流增值服务企业具有以下特征。

1. 管理技术能力

物流企业的管理技术能力是最体现其专业水平的能力，其所具备的策划能力、个性服务能力、信息系统服务能力及网络覆盖能力是决定物流企业提供第三方物流增值服务广度及深度的重要因素。

2. 运作高效率

物流服务供应商为客户创造价值的最终目的是达到比客户更高的运作效率，从而实现较高的成本比。

3. 多客户运作平台整合

第三方物流增值的另一个因素是充分利用自身的多客户资源，整合相关因素，将现有客户运作平台进行规划管理，与客户之间进行资源的共享与沟通，使物流运作过程平稳，减低相关的成本和风险，取得较高的经济效益，整合运作的规模效益能够取得比其他资源更高的价值，从而获得增值效益。

4. 横向或纵向的整合

横向或纵向的整合，是指用外部整合以创造价值的方法。纵向整合，是指发展与低层次服务的供应商关系，根据第三方物流供应方的特性，对单项物流功能进行外购，如物流设施的维护、运输工具的短期租赁等。横向上,第三方供应方能够结合类似的但不是竞争性的公司,如扩大为客户提供服务的地域覆盖面、委托空运或海运等,充分发挥系统领域内超越客户的潜在能力,将众多的物流资源进行整合,发挥更高的管理水平与运作效率。

## 12.3 物流服务战略的制定

物流服务在企业的市场组合中经常被轻视,使得企业的整个市场营销努力很可能因为低劣的物流服务而徒劳无功。由于缺乏物流服务的标准,管理者对顾客需求的判断往往是基于历史经验,或者只是根据自己的主观判断,难以反映顾客的真实需求。部分管理者常常把所有的顾客等同看待,而事实上不同的顾客对服务水平和服务类型有着不同的要求。因此,企业在制定物流服务策略时应当以顾客的真实需求为基础并支持整个营销战略。在优质的产品、合适的价格、做好充分促销工作的同时,保证为顾客提供及时、满意的物流服务,保证企业的营利能力。

制定物流服务战略的方法有多种,以下四种最具参考价值:

(1) 采用竞争所需要的水平;

(2) 根据顾客对暂时缺货的反应来确定物流服务水平;

(3) 成本与收益的权衡;

(4) ABC 分析与帕累托定律;

(5) 物流服务审计。

### 12.3.1 采用竞争所需要的水平

根据竞争需要确定适宜的物流服务水平,既可以采用竞争对手所确定的服务水平,又可以采用高于竞争对手的服务水平。在采用竞争对手所确定的服务水平制定企业物流服务战略时,需要注意的是仅仅参照竞争对手的水平是不够的。因为,一方面企业与企业的情况不同;另一方面难以断定对方是否很好地把握了顾客的需求并集中力量于正确的物流服务要素。因此,企业应该在参照对方水平的基础上,通过详尽的客户调查来进一步弥补和完善,制定出让客户满意且与企业经营总目标相适应的服务战略,消除顾客需求与企业运营状况之间的差距,促进企业的发展。

### 12.3.2 顾客对缺货的反应

生产商生产的产品往往要经过批发商、零售商最后才转销到消费者的手中,因此,生产商往往难以判断缺货对最终顾客的影响情况。如生产商的成品仓库中某种产品缺货并不一定意味着零售商也同时缺货。零售环节的物流服务水平对销售的影响很大,为此,生产商必须明确最终顾客对缺货的反应模式。当顾客要购买的产品缺货时,顾客可能购买同种品牌不同规格的产品,也可能购买另一品牌的同类产品,或者到其他地方看看再作决定。企业经营者应该认识到，在产品同质化倾向日益明显的今天，那种顾客“非买它不可”的现象已经越来越罕见，除非顾客坚定地认为该产品在质量上或价格上明显优于其他的替代品种。

顾客对不同产品的购买在时间要求上也有所不同。对于最终顾客来说，绝大多数产品顾客往往希望在做出购买决策时就能够拿到；但也有特殊的情况，如选购大型家具时，顾客在展示厅选中样品并订购以后，往往愿意等待一段时间在家中收货。

对于生产商来说，其物流服务战略重要的一点是保证最终顾客能方便、及时地了解和购买到所需要的商品。对零售环节的关注可以使生产商做到实时调整订货周期、供货满足率、运输方式等，尽量避免零售环节缺货现象的发生。

### 12.3.3 成本与收益的权衡

降低物流成本与提高物流服务水平是企业物流管理的两大使命，但是物流成本与物流服务水平之间存在二率背反的问题。一般来说，要提高物流服务水平，物流成本即上升；另外，处于高水平的物流服务时，成本增加并不意味着服务水平能按比例相应提高。物流成本按其功能可以分为物品流通费、信息流通费及物流管理费，如库存维持费用、运输费用、信息/订货处理费用等都是企业在物流服务上的开支。实施集成的物流管理时的成本权衡，其目的是在市场组合四要素之间合理分配资源以获得最大的长期收益，也就是以最低的物流总成本实现给定的物流服务水平。

当然，尽管存在成本与收益的权衡和费用的预算分配问题，但这种权衡只是短时间内发生的问题。在长时期内，仍有可能在多个环节上同时得到改善，企业在降低总成本的同时亦能提高物流服务的水平。

### 12.3.4 ABC 分析与帕累托定律

ABC 分析是物流管理中常用的分类方法，它的理论基础即“关键的少数和一般的多数”。运用 ABC 分析即将各种产品和顾客按其相对重要性进行分类，然后根据不同的等级提供不同的管理和服务。对于企业来说，某些顾客和产品相比其他而言一定更有利可图，因而应受到特别的关注。以利润指标为例，利润率最高的顾客产品组合应配以最高的物流服务水平。

与 ABC 分析相类似的是帕累托定律。19 世纪意大利的社会学家帕累托利用图表显示：国家财富的 80%掌握在 20%的人手中，这种 80%与 20%的关系说明：样本总体中大多数事件的发生源于为数不多的几个关键因素。如 80%的物流系统中的瓶颈现象可能仅仅是由一次运输业务的不良运作造成的。这一定律也被称作 80/20 定律。

下面我们以一个应用实例来说明 ABC 分析和帕累托定律的应用。表 12-1 所示的顾客-产品贡献矩阵，是将不同顾客的重要性与不同产品的重要性联系起来考虑，根据其能给企业带来的不同收益来确定不同的物流服务水平。为了便于理解，我们将营利能力(利润率)作为衡量顾客和产品组合的重要性的指标，需注意的是，这一指标并不是绝对的。

### 12.3.5 物流服务审计

物流服务审计是评估企业物流服务水平的一种方法，也是企业对调整物流服务策略所产生的影响的评估标尺。

物流审计的目标是：(1) 识别关键的物流服务要素；(2) 识别这些要素的控制机制；(3) 评估内部信息系统的质量和能力。

物流服务审计包括四个阶段：(1) 外部物流服务审计；(2) 内部物流服务审计；(3) 识别潜在的改进方法和机会；(4) 确定物流服务水平。

1. 外部物流服务审计

外部物流服务审计是整个物流服务审计的起点，其主要目标是：

(1) 识别顾客在做购买决策时认为重要的物流服务要素；

(2) 确定本企业与主要的竞争对手为顾客提供服务的市场比例。

首先，确定重要的物流服务要素。如某种普通消费品的零售商在衡量其供应商的服务时主要考虑的物流服务要素包括订货周期的稳定性、订货周期的绝对时间、是否使用 EDI 系统、订单满足率、延期订货策略、单据处理程序、回收政策等。

在外部物流服务审计阶段企业应邀请市场部门的人员参与工作，这有以下三个方面的益处：

(1) 物流服务从属于整个市场组合，而市场部门是在市场组合的费用预算决策中最有权威和发言权的部门；

(2) 市场部门的研究人员是调查问卷设计和分析的专家，而问卷工作是外部物流服务审计的重要一环；

(3) 可以提高调查结果的可信度，从而有利于物流服务战略的成功实施。

其次，确定了重要的物流服务要素之后，下一步就是对企业的有代表性的和统计有效的顾客群体进行问卷调查。调查结果可以确定物流服务要素及其他市场组合要素的相对重要性，评估顾客对本企业及主要竞争对手各方面服务绩效的满意程度及顾客的购买倾向，并反映出顾客对关键服务要素的服务水平的期望值。

最后，企业依据调查的结果，在正确把握各服务要素重要性的同时，也要关注顾客对本企业及竞争对手提供的各项服务的横向比较。分析本企业与竞争对手的强势和不足，确定企业与主要的竞争对手为顾客提供服务的市场比例，并制定适合本企业发展的服务战略。

对于大多数行业来说，按承诺日期送货的能力、按订单完备送货率、对送货延迟的提前通知、稳定的提前期(订货周期的稳定性)、送货信息、提前期的长短、产品的质量价格比、有竞争力的价格、销售队伍的促销活动等服务要素都是最为重要的。

2. 内部物流服务审计

内部物流服务审计是审查企业当前的服务业务的运作状况，为评估物流服务水平发生变化时所产生的影响确立一个衡量标尺。为此，内部物流服务审计应当回答下列问题：

(1) 企业内部当前是如何评估物流服务的；

(2) 各服务项目(部门)的工作业绩如何考核；

(3) 服务的标准或目标是什么；

(4) 当前达到什么样的服务水平(与目标值相比较)；

(5) 如何从企业的信息系统或订货处理系统中来导出这些测量；

(6) 企业的内部物流服务报告体系是什么；

(7) 各个业务职能部门(如物流部门、市场部门)如何理解物流服务；

(8) 各个业务职能部门之间的沟通与控制关系是什么。

内部物流服务审计的主要目的是检查企业目前的服务状况，落实服务与顾客需求之间的差距，检查顾客实际接受的企业物流服务水平，正确分析顾客对服务水平的评价信息。如果企业确实已经做得很出色，则应当注意通过引导和促销来改变顾客的看法，而不是进一步调整企业的服务水平。

内部物流服务审计的另一个重要内容是考察顾客与企业或企业内部的沟通渠道，包括服务业绩的评估和报告体系。沟通是理解与物流服务有关的问题的重要基础，缺乏良好的沟通，物流服务就会流于事后的控制，使企业始终处于不断地解决和处理问题的事务中，造成企业资源的浪费。

顾客与企业之间的沟通在订货—送货—收货活动循环中实现。订货—送货—收货过程中的问题主要发生在接收订单、订单检查与修改、送货、对送货时发生的各种问题的报告、开单、因单据错误而发生的纠纷、与付款有关的问题等方面。

内部物流服务审计应确定提供给顾客的信息类型、负责提供信息的部门与人员、与顾客的沟通方法、对顾客询问的反应时间及答复内容等。

3. 识别潜在的改进方法和机会

通过外部物流服务审计可以发现企业在物流服务和市场营销战略方面的问题，识别潜在的改进方法和机会；通过内部物流服务审计可以帮助管理层针对各个服务要素和细分市场进一步调整上述战略。管理层在借助内外部物流服务审计提供的信息制定新的物流服务和市场营销战略时，必须针对竞争对手做详细的对比分析。

当顾客对本企业和各主要竞争者的服务业绩评价相比较并相互交流时，这时竞争性的标尺显得更为重要了。

4. 确定物流服务水平

物流服务审计的最后一步是制定企业新的服务水平和考核方法。企业的管理层必须为各个细分领域(如不同的顾客类型、不同的地理区域、不同的分销渠道及产品)详细制定目标服务水平，并将它切实传达到所有的相关部门及人员，同时辅之以必要的激励政策和考核办法，以促进并保证员工努力实现企业的服务目标。

为了确保企业的物流服务政策与运作能够满足当前顾客的需求，企业的管理层必须按上述步骤广泛收集顾客及市场有关信息，定期进行物流服务审计，及时确定适应市场需求并具有竞争力的物流服务水平，确保企业持续健康地发展。

企业在确定物流服务水平时应注意以下问题。

(1) 把握顾客的要求，转变服务观念，切忌只站在供应商一方考虑物流服务水平。

(2) 确定核心服务。不同的顾客对物流服务内容的需求有所不同，在满足一般需求的情况下，应注意做好个性化的服务，针对不同的客户，确定不同的核心服务内容。

(3) 物流服务应与顾客、商品的特点和层次相符。

(4) 在确定物流服务水平时，应考虑如何创造自己的特色，以便超过竞争对手。

(5) 经过一段时间后，对企业的物流服务水平要进行评估，对于存在的问题应及时改进，并制定新的物流服务策略。

## 12.4 物流服务管理

物流服务作为企业竞争的方式，必须具有超出竞争对手的优势。以最小的物流成本给用户提供最满意的服务水平，这既是物流企业追求的最终目标，又是企业在激烈的竞争中独步市场、赢得优势的制胜法宝。因此，物流服务策略的制定不能只限于防御型的物流服务，即不能只是与别的企业处在同一水平线上，而应是进攻型的物流服务，即提供超过其他企业水平的物流服务，以保证企业的竞争能力。

### 12.4.1 保证具有竞争优势的物流服务水平

物流企业要保证具有竞争优势的物流服务水平，应进行以下工作。

(1) 确定服务项目内容。

(2) 收集有关物流服务的信息。通过各种渠道了解顾客的特点，了解顾客的需求和期望，了解顾客的满意度等。

(3) 对物流服务信息进行分析。如根据顾客的不同需求进行分类，根据顾客的类型确定不同的物流服务形式，分析物流服务的满意程度，分析与竞争对手相比的情况如何等。

(4) 建立物流机制，即为了实现上述整套物流服务项目的机制。

(5) 对物流机制进行追踪调查，定期检查已实施的物流服务的效果。

总之，物流企业要周而复始地进行了解物流服务现状、对物流服务进行评估、确定物流服务形式、重新构筑物流系统、定期征求客户意见等项工作。

有效的物流服务战略立足于充分理解顾客对服务的需求。物流服务审计和调查研究必不可少，一旦明确了顾客对服务的需求，企业管理层必须制定合适的物流服务战略，以实现企业长期盈利和回收投资的目标。最优的物流服务水平即是以最低的服务成本为企业留住最有价值的顾客群。

### 12.4.2 制定物流服务标准

物流服务的目标是客户满意。然而客户的服务要求是千差万别的。一个物流企业不可能同时满足所有客户的所有需求。因此,在明确了哪些物流服务要素最为重要以后,物流企业管理层必须制定适宜的物流服务标准。

制定物流服务标准应满足以下要求:

(1) 反映顾客的观点;

(2) 能为服务业绩提供可操作和有针对性的评估方法;

(3) 为管理层提供调整业务活动的线索。

需要注意的是,物流服务标准并不是越高越好。就企业的层面看,存在企业服务资源的能力限制问题;就市场的层面看,存在企业竞争战略定位的问题;就客户的层面看,存在服务质量的可信度的问题。服务的不足和过剩都会影响物流企业的健康发展,在确定物流服务标准时,同样存在战略选择的问题。一旦确定了物流服务的战略重点,服务资源的配置就应当向这些重点集中。

### 12.4.3 提高物流服务质量

物流服务质量,是指用精度、时间、顾客满意度等来表示的物流服务的品质。好的服务质量不一定是最高水平,当一项服务满足顾客的期望时,服务质量就被认为是达到了优良水平。随着经济的发展和市场的日益成熟,企业竞争日趋激烈,面对不同的服务需求,要求企业在任何时候、任何地方都应达到并保持优良的服务水平已是不争的事实。

物流企业提高物流服务质量,可以从以下四种方法做起。

(1) 充分了解客户的服务需求。

(2) 制定有效的服务质量标准并建立与之相适应的物流服务系统。

(3) 提高员工的服务意识,使他们充分认识到服务质量对企业利润的影响性,对企业发展的重要性。

(4) 建立有效的考核和评价体系,使服务质量在不断完善和发展中得到改进和提高。

## 本章小结

物流服务水平是衡量物流系统为顾客创造时间效用和空间效用能力的尺度,物流服务水平直接影响企业的市场份额,并最终影响其竞争能力。物流的服务价值实际上就是促进企业战略发展的价值。本章主要介绍了物流服务的含义、影响物流服务的因素及物流服务的作用;阐述了物流服务的内容,包括传统物流服务的内容,电子商务下增值性的物流服务;介绍和分析了物流服务战略制定的方法以及物流服务管理的内容。

## 案例赏析

### 德国增值服务造就物流冠军①

德国的物流业十分发达，曾被世界银行称为世界物流冠军。德国强大的物流能力不仅体现在货物运输力上，还体现在其增值服务方面，包括采购代理、融资、代收货款、报检通关清关一体化服务等。

德国制造业企业专注于产品研发，而把一些标准材料和零部件采购通过合约物流形式外包给物流公司。这样的合约期限有一两年的，也有长达10年的。

德国汽车工业的产业链分散遍布于全球，这导致了产品种类繁多、供应链和加工过程的复杂化。因此，提供物流增值服务，提高价值链，就成了物流企业提高竞争力的必然选择。德国施奈莱克快递公司专注于服务汽车工业。集团总裁尼古劳斯·库帕斯介绍，公司在全球15个国家设立了47个分支机构，汽车厂商通过施奈莱克的增值服务，简化物流渠道，提高了效率和灵活性，降低了固定成本。

安装车架、车轴、后视镜以及部分车内饰等本来是汽车厂商的工序，现在都成了施奈莱克的快递增值服务内容。

DHL是以投递紧急文件和商品准时可靠为特色，并实现了国际化运营的大型综合物流公司。

DHL集团媒体部总监克劳斯·科夫马赫尔介绍说，DHL可以为企业提供供应链物流服务。从原材料采购、生产、储存、出货直至返修和回收，DHL都以其高端服务"Time Definite"（意为明确时间）来确保物品及时送达，并提供退款保障。目前，该业务已扩展到全球75个国家。

对于仓储服务，DHL还提供配件简单组装和包装等增值服务，以满足客户的不同需求。这些服务通常用于一些对市场反应比较灵敏的产品，在分销给零售商之前，DHL根据市场变化对产品进行不同的包装和组合，或贴上不同的标签。

中国大熊猫"星徽"和"好好"到比利时，负责此次熊猫运输的就是DHL。两只熊猫的国际旅程经历了多个DHL中转站，负责运送的是一架专门为其设置的波音767货运飞机。

DHL全球网络部执行副主席查利·多比表示，公司曾多次参与动物运送项目，包括将银背大猩猩从英国运送到加蓬，把苏门答腊虎从澳大利亚运送到美国。运送大熊猫等动物对物流企业是一项重大挑战，必须考虑到最小的细节。

**案例思考题**

结合案例分析物流增值服务的战略意义。

---

① 资料来源：http://info.jctrans.com/xueyuan/czal/20143272019186.shtml，有改动。

## 复习思考题

1. 如何理解物流服务的含义？
2. 影响物流服务的因素主要有哪些？
3. 简述物流服务的内容。
4. 如何确定物流服务战略？

# 第十三章　物联网与智能物流

## 13.1　物联网概述

### 13.1.1　物联网的定义

物联网产生的源头可以追溯到20世纪70年代，那时商品条码的出现引发了商业的一次革命，一种全新的商业运作形式大大减轻了员工的劳动强度，顾客可以在一个全新的环境当中选购商品，企业也获得了巨大的经济效益，紧随其后，一种基于射频识别(RFID)技术的电子产品标签——EPC(Electronic Product Code，产品电子代码)标签产生了，它再次引发商业模式的变革——实现商品的自助式智能结账，人们称之为EPC系统。EPC系统是在互联网的基础上，利用RFID无线数据通信等技术，构造的一个物与物互联的实物互联网(Internet of Things，IOT)，也称物联网。

所谓物联网，是指通过装置在各类物体上的电子产品标签、传感器、二维码等，经过接口与无线网络相连，从而给物体赋予智能，可以实现人与物体的沟通和对话，也可以实现物体与物体互相间的沟通和对话，将物体连接起来的网络称为物联网。

物联网概念的问世，打破了之前的传统思维。过去的思路一直是将物理基础设施和IT基础设施分开，一方面是机场、公路、建筑物；另一方面是数据中心，个人电脑、宽带等。而在物联网时代，钢筋混凝土、电缆将与芯片、宽带整合为统一的基础设施。

### 13.1.2　物联网与物流的关系

物联网是在计算机互联网的基础上，利用传感器、RFID、条形码等技术，构造一个覆盖世界上万事万物的实物互联网。在这个网络中，物体/商品能够彼此进行"自由交流"，而无须人的干预。其实质是利用感知层、网络层和应用层关键技术，通过互联网实现物体/商品的自动识别和信息的互联与共享。

毫无疑问，如果物联网时代全面来临，人们的日常生活将发生翻天覆地的变化。它把新一代IT技术充分运用在各行各业之中，具体来说，就是把感应器嵌入和装备到电网、铁路、桥梁、隧道、公路、建筑、供水系统、大坝、油气管道等各种物体中，然后将物联网与现有的互联网整合起来，实现人类社会与物理系统的整合；在这个整合的网络当中，存在能力超级强大的中心计算机群，能够对整合网络内的人员、机器、设备和基础设施进行实时的管理和控制；在此基础上，人类可以以更加精细和动态的方式管理生产和生活，达到"智慧"状态，提高资源利用率和生产力水平，改善人与自然的关系。物联网与物流行业的关系是非常紧密的，具体有以下两个方面。

1. 物流是物联网的发展的基础

作为一种古老的经济活动，物流随商品生产的出现而出现，也随商品生产的发展而发展。物联网的发展离不开物流行业支持。早期的物联网叫作传感网，而物流业最早就开始有效应用了传感网技术，如 RFID 在汽车上的应用，都是最基础的物联网应用。有专家表示，物联网目前以交流物流和公共事业为主要发展方向，从应用来讲，在公共事业监控以及交流物流信息采集、定位方面取得了一定的进展。可以说，物流是物联网发展的一块重要的土壤。

2. 物流企业是物联网的重要应用领域

在我们一般人的印象中，物联网运用主要集中在物流和生产领域。而物流领域是物联网相关技术最有现实意义的应用领域之一。特别是在国际贸易中，由于物流效率一直是整体国际贸易效率提升的瓶颈，是提高效率的关键因素。因此，物联网技术（特别是 RFID 技术）的应用将极大地提升国际贸易流通效率，而且可以减少人力成本以及货物装卸、仓储等物流成本。

由 RFID 等软件技术和移动手持设备等硬件设备组成物联网后，基于感知的货物数据便可建立全球范围内货物的状态监控系统，提供全面的跨境贸易信息、货物信息和物流信息跟踪，帮助国内的制造商、进出口商、货代等贸易参与方随时随地的掌握货物及航运信息，提高国际贸易风险的控制能力。

实践证明，物流企业与物联网的关系十分密切，通过物联网建设，物流企业不但可以实现物流的顺利运行，而且城市交通和市民生活也将获得很大的改观。

通过上述介绍，我们可以看到，贯穿全覆盖的物联网，整个供应链呈现了透明、高效、精准的特点，实现了传统物流所可望而不可即的目标。另外，通过物联网，仓库的管理变得高效、准确，人力需求大大节约。

## 13.2　智能物流概述

### 13.2.1　智能物流

智能物流是利用集成智能化技术，使物流系统能模仿人的智能，具有思维、感知、学习、推理判断和自行解决物流中某些问题的能力。智能物流的未来发展将会体现出智能化、一体化和层次化、柔性化、社会化，即：在物流作业过程中的大量运筹与决策的智能化；以物流管理为核心，实现物流过程中运输、储存、包装、装卸等环节的一体化和智能物流系统的层次化；智能物流的发展会更加突出“以顾客为中心”的理念，根据消费者需求变化来灵活调节生产工艺；智能物流的发展将会促进区域经济的发展和世界资源优化配置，实现社会化。

我们通过智能物流系统的四个智能机理，即信息的智能获取技术、智能传递技术、智能处理技术、智能利用技术来分析智能物流的应用前景。

(1) 智能获取技术使物流从被动走向主动，实现物流过程中的主动获取信息，主动监控车辆与货物、主动分析信息，使商品从源头开始被实施跟踪与管理，从而实现信息流快于实物流。

(2) 智能传递技术应用于企业内部、外部的数据传递功能。智能物流的发展趋势是实现整个供应链管理的智能化，因此需要实现数据间的交换与传递。

(3) 智能处理技术应用于企业内部决策，通过对大量数据的分析，对客户的需求、商品库存、智能仿真等做出决策。

(4) 智能利用技术在物流管理的优化、预测、决策支持、建模和仿真、全球化管理等方面应用，使企业的决策更加准确和科学。

### 13.2.2 智能物流的应用领域

在实际应用中，智能物流主要依靠数据仓库、在线分析处理和数据挖掘这三大技术，为企业及时了解货物信息、实时跟踪订单、制定经济决策提供信息保障和信息支持。目前，商务智能在物流企业局部的典型应用有以下三个方面。

1. 智能物流仓储管理系统

智能物流仓储管理系统集成了入库、出库、货位和保管的实时数据和历史数据，构成数据仓库，为在线分析处理和数据挖掘创造环境，从而有助于从业务数据中发现深层次的信息和知识，将非直观的、隐含的信息和知识以直观的形式描述，以便辅助领导层决策。使得物流企业对客户需求能够做出更快速的反应，实现对商品进库量和出库量的动态管理，加快存货周转率，减少库存，提高效益。

(1) 智能物流仓储管理系统的构成。

智能物流仓储管理系统由硬件和软件两部分构成。硬件部分，是指支撑整个系统运行的各种工具、设备。软件部分主要是仓储管理系统，它按照物流仓储的业务要求，对信息、行为、资源、物品和人员等进行管理和调配，使它们高效合理地运转，并使整个系统与互联网相对接。

(2) 智能仓储管理系统的货物处理步骤。

智能仓储管理系统中的货物处理步骤包括入库流程、库存管理、出库流程。

入库流程是利用 RFID 技术对入库货物的电子标签身份进行验证，并将货物的信息传输到数据中心进行货物登记，计算出上架仓位和分配路线，然后向叉车发送上架指令，对货物进行跟踪和定位，以确保货物存放到正确的仓位。

库存管理是对库存货物进行内部操作处理，主要包括货物指引和到位检查、货位的自动识别和数量自动校验、分配库区是否正确、退货处理、调换处理、包装处理和报废处理等功能。

出库流程指的是领货人员向仓库信息系统提交出库申请，智能仓储管理系统根据优先级查询货物的信息和仓位，然后向叉车发出调度指令，叉车到达仓位核对货物信息无误后，开始转运货物。在此期间的每个操作单元阅读的货物信息都将被及时地发送会数据管理中心，以便及时判断每个环节的操作是否准确无误。

2. 智能交通系统

智能交通系统是应用信息技术、通信技术及定位技术来改善交通运输效率，增加安全，保证及时到货的一场物流技术革命。智能交通系统依靠地理信息系统和 RFID 技术，对运输整个过程进行跟踪管理，为管理中心采集车辆、货物在途基础数据，提供沿途交通、道路状况信息，以及最佳路线和实时导航信息；为供应商和收货方提供有关货物预计到达信息、货物状态信息等。从而保证了货物全面、准确、及时地运送到客户的手中。

3. 个性化分析

商务智能系统根据企业需要解决的问题，帮助企业建立相应的分析主题和分析指标，从业务系统的基础数据库中抽取需要的数据，按预先建立的业务模型进行分析决策，分析结果显示直观、形象。决策者只需简单的操作，便可以从商业职能强大的分析工具中获得所需的决策信息。物流企业可以通过商务智能系统对库存、采购、供应链绩效、配送最优路线、客户关系、财务等进行个性化分析。

### 13.2.3　智能物流未来的发展方向

在经济全球化的影响下，企业竞争日益激烈。如何有效地配置和利用资源，有效地降低制造成本和运输成本是企业所要重点关注的问题。要实现这种战略，没有一个高度发达的、可靠快捷的物流系统是无法实现的。随着经济全球化的发展和网络经济的兴起，物流的功能也不再是单纯地为了降低成本，而是发展成为提高客户服务质量以提高企业的综合竞争力。当前，物流产业正逐步形成七个发展趋势，它们分别为信息化、智能化、环保化、企业全球化与国际化、服务优质化、产业协同化以及第三方物流。

1. 信息化趋势

信息网络技术的发展和不断普及，推动着传统的物流方式向物流信息化转变。物流信息化是现代物流的核心，是指信息技术在物流系统规划、物流经营管理、物流流程设计与控制和物流作业等物流活动中全面而深入的应用，并且成为物流企业和社会物流系统核心竞争能力的重要组成部分。物流信息化一般表现为以下三个方面。

(1) 公共物流信息平台的建立将成为国际物流发展的突破点。

公共物流信息平台(Public Logistic Information Platform，PLIP)，是指为国际物流企业、国际物流需求企业和其他相关部门提供国际物流信息服务的公共的商业性平台。其本质是为国际物流生产提供信息化手段的支持和保障。公共物流信息平台的建立，能实现对客户的快速反应。现代社会经济是一个服务经济的社会。建立客户快速反应系统是国际物流企业更好地服务客户的基础。公共物流信息平台的建立，能加强同合作单位的协作。

（2）物流信息安全技术将日益被重视。

网络技术发展起来的物流信息技术，在享受网络飞速发展带来的巨大好处的同时也时刻饱受着可能遭受的安全危机，如无孔不入的网络黑客恶意攻击、病毒的肆虐、信息的泄密等。应用安全防范技术，保障国际物流企业的物流信息系统平台安全、稳定地运行是国际物流企业长期面临的一项重大挑战。

（3）信息网络将成为国际物流发展的最佳平台。

连接全球的互联网从科技领域进入商业领域后得到了飞速的发展。互联网以其简便、快捷、灵活、互动的方式，全天候地传送全球各地间的信息。网上信息流通的时间成本和交换成本空前降低。商务、政务及个人事务都可以把信息搭载在互联网上传送。互联网已经成为并将继续担负起全球信息交换的新平台。互联网的发展给国际物流业的发展带来了很大的机遇，在互联网高速发展的时代，通过互联网可以有效地使物流企业在世界范围内得到宣传。这样不仅可以促进更大范围的物流协作，而且还可以促使企业的规模发展。而且互联网消费群体正在不断扩大，可以为物流企业带来很大的潜在客户群体。有了充足的货源，就可以促进企业发展规模，提高企业实力。

2. 智能化趋势

国际物流的智能化已经成为电子商务下物流发展的一个方向。智能化是物流自动化、信息化的一种高层次应用，物流作业过程中大量的运筹和决策，如库存水平的确定、运输（搬运）路线的选择，自动导向车的运行轨迹和作业控制，自动分拣机的运行、物流配送中心经营管理的决策支持等问题，都可以借助专家系统、人工智能和机器人等相关技术加以解决。

目前，除智能化交通运输外，无人搬运车、机器人堆码、无人叉车、自动分类分拣系统、无纸化办公系统等现代物流技术，都大大提高了物流的机械化、自动化和智能化水平。同时，还出现了虚拟仓库、虚拟银行的供应链管理，这都必将把国际物流推向一个崭新的发展阶段。

3. 环保化趋势

物流与社会经济的发展是相辅相成的，现代物流一方面促进了国民经济从粗放型向集约型转变，又在另一方面成为消费生活高度化发展的支柱。然而，无论在“大量生产—大量流通—大量消费”的时代，还是在“多样化消费—有限生产—高效率流通”的时代，都需要从环境的角度对物流体系进行改进，即需要形成一个环境共生型的物流管理系统。环境共生型的物流管理系统就是要改变原来经济发展与物流、消费生活与物流的单向作用关系，在抑制物流对环境造成危害的同时，形成一种促进经济和消费生活同时健康发展的物流系统，即向环保型、循环型物流转变。

绿色物流正是在这一背景下成为全球经济可持续发展的一个重要组成部分。绿色物流，是指在物流过程中抑制物流对环境造成危害的同时，实现对物流体系的净化和优化，从而使物流资源得到充分的利用。在我国，由于经营者和消费者对绿色经营、绿色消费意识的提高，绿色物流正日益受到广泛和高度的重视。不少企业初步搭建起企业绿色物流的平台，使用“绿色”运输工具，采用小型货车等低排放运输工具，降低运输车辆尾气排放量；采用绿色包装，使用可降解的包装材料，提高包装废弃物的回收再生利用率；开展绿色流通加工，以规模作业方式提高资源利用率，减少环境污染。

4. 企业全球化与国际化趋势

近些年，经济全球化以及我国对外开放不断扩大，更多的外国企业和国际资本“走进来”和国内的物流企业“走出去”，推动国内物流产业融入全球经济。在我国承诺国内涉及物流的大部分领域全面开放之后，USP、联邦快递、联合包裹、日本中央仓库等跨国企业不断通过独资形式或控股方式进入中国市场。目前，外资物流企业已经形成以长三角、珠三角和环渤海地区等经济发达区域为基地，分别向东北和中西部扩展的态势。同时，伴随新一轮全球制造业向我国转移，我国正在成为名副其实的世界工厂，在与世界各国之间的物资、原材料、零部件和制成品的进出口运输上，无论是数量还是质量正在发生较大变化。这必然要求物流国际化，即物流设施国际化、物流技术国际化、物流服务国际化、货物运输国际化和流通加工国际化等，促进世界资源的优化配置和区域经济的协调发展。

5. 服务优质化趋势

消费多样化、生产柔性化、流通高效化时代使得社会和客户对现代物流服务提出更高的要求，这对传统的物流形式带来了新的挑战，进而使得物流发展出现服务优质化的发展趋势。物流服务优质化努力实现“5 Rights”的服务，即把好的产品在规定的时间、规定的地点，以适当的数量、合适的价格提供给客户将成为物流企业优质服务的共同标准。物流服务优质化趋势代表了现代物流向服务经济发展的进一步延伸，表明物流服务的质量正在取代物流成本，成为客户选择物流服务的重要标准之一。

6. 产业协同化趋势

21 世纪是一个物流全球化的时代，制造业和服务业逐步一体化，大规模生产、大量消费使得经济中的物流规模日趋庞大和复杂，传统的、分散的物流活动正逐步拓展，整个供应链向集约化、协同化的方向发展，成为物流领域的重要发展趋势之一。从物流资源整合和一体化角度来看，物流产业重组、并购不再仅仅局限于企业层面上，而是转移到相互联系、分工协作的整个产业链条上，经过服务功能、行业资源及市场的一系列重新整合，形成以利益供应链管理为核心的、社会化的物流系统；从物流市场竞争角度看，随着全球贸易的发展，发达国家一些大型物流企业跨越国境展开连横合纵式的并购，大力拓展物流市场，争取更大的市场份额。物流行业已经从企业内部的竞争拓展为全球供应链之间的竞争；从物流技术角度看，信息技术把单个物流企业连成一个网络，形成一个环环相扣的供应链，使多个企业能在一个整体的管理下实现协作经营和协调运作。

7. 第三方物流趋势

随着物流技术的不断发展，第三方物流作为一个提高物资流通速度、节省仓储费用和资金在途费用的有效手段，已越来越引起人们的高度重视。

第三方物流是在物流渠道中由中间商提供的服务，中间商以合同的形式在一定期限内，提供企业所需的全部或部分物流服务。它的潜力性集中表现在节约费用，减少资本积压、集中主业、减少库存、提升企业形象，给企业和顾客带来了众多益处。此外，大多数企业开始时并不是第三方物流服务企业，而是逐渐发展进入该行业的。由此可见，它的发展空间很大。

综合可知，在竞争日益激烈的21世纪，进一步降低物流成本，选择最佳的物流服务，提高自身产品的竞争力，必将成为企业在激烈的商战中取胜的主要方式。物流必将以多方向的趋势更快更好地发展。

## 13.3 物流领域的物联网关键技术

应用于物流领域的物联网有四大关键技术，它们分别是负责物体标识的RFID技术、感知物体动态信息的传感器技术、实现信息传递的通信技术和网络融合技术，以及智能信息处理技术。

### 13.3.1 RFID技术

RFID技术是一种非接触式的自动识别技术，利用射频信号通过空间耦合，实现无接触信息传递，并通过所传递的信息达到识别的目的。其系统组件包括传送器、接收器和微处理器、天线和标签，传送器、接收器和微处理器封装在一起统称为阅读器。

1. RFID技术的原理

RFID技术的基本原理是电磁理论，它是利用发射设备接收无线电射频信号，对物体进行近距离无接触方式探测和跟踪的一种技术。RFID技术是自动设备识别技术中应用领域最广泛的技术之一，具有环境适应性强、免接触、抗干扰能力强、可以穿透非金属物体进行识别等特点，在物流管理中有着广阔的应用前景。RFID技术与其他识别技术相比具有很强的优越性：条形码技术对环境及其读出条件要求严格；红外线技术受环境介质的影响很大，穿透能力弱。

RFID系统通常由阅读器和电子标签组成。阅读器用以产生无线电射频信号并接收由电子标签反射回的无线电射频信号，经处理后获得标签的数据信息。电子标签用以存储数字字母编码，当受到无线电射频信号的照射时，能反射回携带有数字字母编码的无线电射频信号，供阅读器处理识别。在低频系统中电子标签通常是无源的，即标签内不安装电池，当阅读器向电子标签发射信号时，能量转换成供电子标签集成电路工作的直流电源，使它产生另一个带有标签储存信息的射频信号发射回来。

2. RFID 系统的构成

典型的 RFID 系统主要由电子标签、阅读器和主机三个部分构成。

电子标签又称射频卡，由耦合元件及带有天线的芯片组成。电子标签能够存储有关物体的数据信息。在自动识别管理系统中，每一个电子标签中保存着一个物体的属性、状态、编号等信息。电子标签具有智能读写和加密通信功能，它是通过无线电波与读写设备进行数据交换的。工作能量是由阅读器发出的射频脉冲提供。

阅读器也被称为查询器、读写器或读出装置，主要由无线收发模块、天线、控制模块及接口电路等组成。阅读器与控制计算机或可编程逻辑控制器连接，从而实现它的沟通功能，将主机的读写命令传送到电子标签，把从主机发往电子标签的数据加密后写入标签中，将电子标签返回的数据解密后送到主机。

主机主要完成数据信息的存储及管理、对标签进行读写控制等。

3. RFID 系统的工作方式

RFID 系统的基本工作方式分为全双工和半双工系统以及时序系统。全双工表示射频标签与阅读器之间可以在同一时刻互相传送信息。半双工表示射频标签与阅读器之间可以双向传送信息，但在同一时刻只能向一个方向传送信息。在全双工和半双工系统中，射频标签的响应是在阅读器发出的电磁场或电磁波的情况下发送出去的。因为与阅读器本身的信号相比，射频标签的信号在接收天线上是很弱的，所以必须使用合适的传输方法，以便把射频标签的信号与阅读器的信号区别开来。在实践中，人们对从射频标签到阅读器的数据传输一般采用负载反射调制技术将射频标签数据加载到反射回波上。

时序方法则与之相反，阅读器辐射出去的电磁场短时间周期性地断开，这些间隔被射频标签识别出来，并被用于从射频标签到阅读器的数据传输。时序方法的缺点是在阅读器发送间歇时，射频标签的能量供应中断，就必须通过装入足够大的辅助电容器或辅助电池进行补偿。

4. RFID 系统的分类

根据 RFID 系统完成的功能不同，可以粗略地把 RFID 系统分成三种类型，即 EAS (Electronic Article Surveillance)系统、便携式数据采集系统和定位系统。

(1) EAS 系统。

EAS 系统是一种设置在需要控制物品出入的门口的 RFID 技术。这种技术的典型应用场合是商店、图书馆、数据中心等地方，当未授权的人从这些地方非法取出物品时。

当应用 EAS 系统时，首先在物品上黏附 EAS 标签，当物品被正常购买或者合法移出时，在结算处通过一定的装置使 EAS 标签失活，物品就可以取走。物品经过装有 EAS 系统的门口时，EAS 装置能自动检测标签的活动性，发现活动性标签，EAS 系统会发出警告。EAS 技术的应用可以有效地防止物品被盗，不管是大件商品，还是很小的商品。

(2) 便携式数据采集系统。

便携式数据采集系统是使用带有 RFID 阅读器的手持式采集器采集 RFID 标签上的数

据。这种系统具有比较大的灵活性,适用于不易安装固定式 RFID 系统的应用环境。手持式阅读器(数据输入终端)可以在读取数据的同时,通过无线电波数据传输方式(Radio Frequecy Data Communication,RFDC)实时地向计算机系统传输数据,也可以暂时将数据存储在阅读器中,成批地向主计算机系统传输数据。

(3) 定位系统。

定位系统用于自动化加工系统中的定位以及对车辆、轮船等进行运行定位支持。阅读器放置在移动的车辆、轮船上或者自动化流水线中移动的物料、半成品、成品上,信号发射机嵌入到操作环境的地表下面。信号发射机上存储有位置识别信息,阅读器一般通过无线的方式或者有线的方式连接到主信息管理系统。

5. RFID 技术在物流管理中的适用性

RFID 技术适用于物料跟踪、运载工具和货架识别等要求非接触数据采集和交换的场合,由于 RFID 标签具有可读写能力,对于需要频繁改变数据内容的场合尤为适用。

RFID 系统应用于零售业,RFID 条形码技术的运用使得数以万计的商品种类、价格、产地、批次、货架、库存、销售等各环节被管理得井然有序。

RFID 系统应用于车辆自动识别技术,使得路桥、停车场等收费场所避免了车辆排队通关现象,减少了时间浪费,从而极大地提高了交通运输效率及交通运输设施的通行能力。

RFID 系统应用在自动化的生产流水线上,整个产品的生产流程的各个环节均被置于严密的监控和管理之下。

我国 RFID 技术的应用也已经开始,一些高速公路的收费站口使用 ETC(Electronic Toll Collection,电子不停车收费系统)可以不停车收费,我国铁路系统使用 RFID 纪录货车车厢编号的试点已开始运行。

### 13.3.2 无线传感器网络技术

无线传感器网络(Wireless Sensor Network,WSN)是一种由大量小型传感器所组成的网络。这些小型传感器一般称作传感器节点(Sensor Node) 或灰尘(Mote)。无线传感器网络就是由部署在监测区域内大量的廉价微型传感器节点组成,通过无线通信方式形成的一个多跳的自组织网络系统,其目的是协作地感知、采集和处理网络覆盖区域中被感知对象的信息,并发送给观察者。传感器、感知对象和观察者构成了无线传感器网络的三个要素。

传感器探测包括热、力、光、电、声等外部环境信号,为物联网中数据的传递、加工、应用提供原始数据。它实现对象目标动态信息的获取,使“物”具有了感知外部世界的能力。

目前,无线感知网络(WSN)的最主要的研究方向主要有以下三个方面的研究内容。

1. WSN 网络协议的研究

物联网中数据的采集过程主要是通过控制各种传感设备收集周围环境的信息。通过相应的 WSN 网络协议将数据传递到附近的汇聚节点,最终通过互联网交付给应用层的用户,因此，WSN 网络协议的研究是物联网的核心技术之一，WSN 网络协议的设计目标是在满足应用需求的同时，尽量减少网络额外开销，提高系统吞吐率，提高资源的整体利用率。目前，绝大多数 WSN 网络协议的研究主要集中在路由层和 MAC 层。

2. WSN 支撑技术研究

WSN 是一个多学科交叉的领域，除基础的网络协议外，还应有广泛的支撑技术来更好地实现物联网中各种应用。WSN 支撑技术有时间同步、节点定位、数据融合、服务质量保证、网络管理等。针对不同的物联网应用场景，使用企业会对这些支撑技术提出不同的要求，如多传感器的协作感知、数据压缩与融合主要是建立在时间同步的基础上，节点定位主要应用在测距定位、物品跟踪等领域。

3. WSN 安全性研究

由于 WSN 中无线信道的广播特性以及自组织网络的特性，节点容易受到各种主动攻击或被动攻击，被窃取存储在节点中的隐私信息。在未来的物联网中，不同的应用有不同的安全需求，如在远程医疗环境中，用户通常并不希望自己的病例信息被第三者看到；在野外战场监测中，要保证节点不会受到欺骗攻击，采集到虚假的信息。现阶段安全目标的实现主要依赖于密钥管理、身份认证和数据加密。

### 13.3.3　网络通信技术

物联网中感知数据的传递主要依托网络通信技术。在物联网的机器到机器、人到机器和机器到人的信息传输中，有多种通信技术可供选择，它们主要分为有线（如 DSL、光纤等）和无线（如 CDMA、GPRS、LTE、WLAN 等）两大类技术，这些通信技术都已较为成熟。

在物联网的实现中，M2M 既机器对机器（Machine to Machine）通信尤为重要。M2M 存在三种方式，即机器对机器、机器对移动电话（如用户远程监视）、移动电话对机器（如用户远程控制）。在 M2M 中，GSM/GPRS/UMTS 是主要的远距离无线通信技术，其短距离无线通信包括 WLAN 技术、UWB 技术、ZigBee 技术、RFID 以及蓝牙技术。WLAN、UWB 等技术主要应用在便携式家电以及通信设备。它们的最高传输速率大于 100Mbps，支持视频、音频等多媒体信息的传输。低速短距离通信技术 ZigBee、RFID 等主要应用在家庭、企业、工厂等实现自动化控制、监测、跟踪等应用。短距离无线通信技术是一种结构简单、低功耗、低成本的无线通信网络，可以广泛应用在物联网底层数据的感知，但是由于绝大多数的短距离无线通信技术都工作在公共的 ISM 频段，频段间的干扰问题日益严重。如何避免冲突，实现频率间的复用都需要进一步地解决。

### 13.3.4　数据融合与智能技术

物联网是由大量传感网节点构成的，在信息感知的过程中，采用各个节点单独传输数据到汇聚节点的方法是不可行的。因为网络存在大量的冗余信息，会浪费大量的通信带宽和宝贵的能量资源。此外，还会降低信息的收集效率，影响信息采集的及时性，所以需要采用数据融合与智能技术进行处理。

数据融合，是指将多种数据或信息进行处理，组合出高效且符合用户需求的数据过程。海量信息智能分析与控制，是指依托先进的软件工程技术，对物联网的各种信息进行海量存储与快速处理，并将处理结果实时反馈给物联网的各种“控制”部件。

智能技术是为了有效地达到某种预期的目的，利用知识分析后所采用的各种方法和手段。通过在物体中植入智能系统，可以使得物体具备一定的智能性，能够主动或被动地实现与用户的沟通。

智能技术融合了智能计算、数据挖掘、优化算法、机器学习等，通过智能技术使物流企业可以将物品“讲话”的内容进行智能处理和分析，最终将结果交付给用户。如设备生产商在仓库里拿起一件装备时，通过智能信息处理技术可以将该装备的产地、结构成分等用户关心的信息返回给用户，帮助用户更好地了解该装备。

物联网所带来的变革是将思想注入物体中，使其能和人进行直接交流，形成一个智能化的网络，如何使“物”具有思想，其关键就是对 RFID 技术、无线传感器网络、网络通信技术和数据融合与智能技术的研究与应用，只有综合研究解决了这些关键技术问题，物联网才能得到快速推广，造福于人类社会，实现智慧物流、智慧地球的美好愿望。

## 13.4 智能物流建设存在的问题及解决措施

### 13.4.1 智能物流建设存在的问题

智能物流的建设离不开网络信息的链接，但信息技术不断发展的同时也面临网络安全问题，而且在竞争日益激烈的今天，面对大量的各种消费需求与客户订单，怎样能使物流业更加智能化和人性化，更加满足人们的需求，并能在最优化的条件下实现效益最大化这些都是要考虑的问题。

1. 实施智能物流的开发成本高

实现智能物流 RFID 技术开发的成本对于建设智能物流道路来说是一道难以逾越的一道墙，尽管 RFID 技术有很多的优势，但提到 RFID 应用很多人会有疑问，那就是谁来为 RFID 技术买单？以 RFID 标签开发为例，当前可以实现远距离扫描的标签每个成本要 1 美元或更多，一个解读器的成本大约为 1000 美元甚至更多，而物联网技术的应用成本还包括接收设备、系统集成、计算机通信、数据处理平台等综合系统的建设等。这对低利润率的物流产业可谓是难堪重负。物流业界预计，只有当标签成本将降低到 5 美分左右才可能得到大范围的应用。所以，在我国 RFID 技术的推广与发达国家相比依然有很大的差距，要实现智能物流的道路还任重道远。

2. 难以形成统一的业界标准

物联网是一个多设备、多网络、多应用、互联互通、互相融合的一个大网，相关的接口、通信协议都需要有统一标准来指引。从整体上来看，由于各行业应用特点及用户需求不同，国内难以制定统一的物联网技术标准规范，这成为物联网发展的最大障碍。标准的研究一是要有权威性，二是要有应用性，要被行业接受，应用才能成为事实标准。

3. 智能物流的安全隐患

非接触智能卡存在安全漏洞，业界对 RFID 技术安全性进行了议论激烈的讨论，但是目前尚未有完全有效的方法来杜绝“破解”“克隆”等非法手段。信息一旦泄漏，不仅会涉个人隐私问题，甚至波及越来越多的国家安全、企业机密。

所以，在未来的发展中，系统的开放性和安全性会存在矛盾性，而这个矛盾在传统的情况下是如何平衡的呢？而在当今乃至未来的情况下又应该怎样去平衡？这些变化与发展制约着整个系统开放性的发展。而现阶段要解决安全的问题，首先是要靠技术，安全防卫技术是决定性因素，其次是要依赖于软件开发的严谨管理和设计流程，再者是要依靠法律的约束力，最后还得借助于内部管理的牵引力。

### 13.4.2 智能物流建设的解决措施

1. 智能物流成本控制

在物流行业重点推广物联网 RFID 技术，利用 RFID 技术的优势来提高效率从而提高利润。针对使用物联网技术的企业，政府及主管部门应出台政策对其接收设备、系统集成、计算机通信、数据处理平台等系统进行资助。在 RFID 标签成本上寻求更高技术（如石墨烯），从而进一步降低标签的成本。

2. 积极促进标准的统一

就目前而言，美国、欧洲基本实现了物流工具和设施的统一标准，如托盘采用 1000mm×1200mm 标准、集装箱的几种统一规格及条码技术等，大大降低了系统运转难度。在物流信息交换技术方面，欧洲各国不仅实现企业内部的标准化，而且也实现了企业之间及欧洲统一市场的标准化，这就使各国之间的系统交流更简单、更具效率。所以，我国可以效仿一些国家的有用经验来发展我国的物流业。

3. 加强安全管理措施

在现阶段要解决安全的问题，首先是要靠技术，安全防卫技术是决定性因素，其次是要依赖于软件开发的严谨管理和设计流程，再者是要依靠法律的约束力，最后还得借助于内部管理的牵引力。安全的问题也在时刻变化着，包括对安全问题的认识、安全的防卫技术的更新等。由于信息系统具有开放性和安全性这两个矛盾体，因此如何在开放性的系统和安全性之间进行平衡的调整，成为当今网络信息安全管理的首要因素。如何平衡这个矛盾体系将是物流智能管理者面临的一大挑战。所以，物流智能管理者需要一方面急切出台配套保障信息安全、保护个人隐私的法令、法规，加强信息应用的监管体系的约束力度；从另一方面也有赖于加强信息安全技术的进步。

4. 政府政策要有所侧重并付诸实践

我国很多的物流企业都是自主经营的，这就是我国物流业得不到提升的一大障碍之一，如果相关部门能在资金技术上对一些小型物流企业进行支持并且不断融合一些小型物流企业与大型物流的整合，在一定程度上也有利于我国物流业的发展，从而更有利于物流业与物联网的整合，加快我国实现智能物流的步伐。

## 本章小结

物流领域是现实生活中物联网技术最具有应用价值的领域之一，很多的物流系统已经具备了信息化、网络化、集成化、智能化、柔性化、可视化等先进技术特征。物联网技术的发展直接推动了物流业走向网络化、智能化。

本章重点介绍了物联网的概念、发展状况、智能物流、物联网技术的应用。智能物流是利用集成智能化技术，使物流系统能模仿人的智能，具有思维、感知、学习、推理判断和自行解决物流中某些问题的能力。

## 案例赏析

**中国台湾高雄港口集装箱进出口案例**[①]

我国台湾地区的经济以贸易为主轴，进出口货物99%依靠货柜运送，部分货柜在转口程序中须经市区道路运送或暂存于内陆货柜场，易产生控管风险，海关为了防止转口柜在运送途中遭调包走私，多年来均采用人工方式押运，不仅增加了人力及航商成本，也使相关业者感到诸多不便。

其中，高雄港作为台湾地区最大的港口，颇具代表性。整个港区有5个货柜中心，转口柜卸船进口或装船出口须从港警查验登记站经过检查，然后从课税区分别运往这5个货柜中心。在导入EPC/RFID应用前，是由其货柜动态查核系统自动执行抽押。每年在高雄港停留的转口柜达120万只以上，其中必须抽4万～5万只货柜进行检查，由运输企业向海关申请派员押运，押运费用由航商自行负担。同时，押运一只货柜所耗费的时间和人力也相当可观，转运时间甚长，达4～10小时，高雄港务局严格控制货柜进出的时间，目的是降低非法走私的情形发生，这无疑加大了海关人员的工作量，具体问题如下：

① 资料来源：http://success.rfidworld.com.cn/2011_08/80c9734e4e65faff.html，有改动。

(1) 十大航商每天约2万车次货柜车通行,跨5个货柜中心与市区,安全监控十分关键;

(2) 高雄港每年1000万只货柜进出港区,约50%为转口柜;

(3) 每年海关在转口柜中抽中5%进行人工押运,影响了航商作业效率及增加营运成本。

鉴于RFID技术导入货运作业流程的国际成功应用案例,以及改善转口货柜处理效能,台湾地区各部门积极推动"高雄港转口柜免押运计划",以EPC / RFID的科技设施取代人工押运,建设"电子封条监控系统"。

应国际发展趋势,货柜封条的设计从传统机械式封条演进至电子封条(电子印章)。电子封条的构想起源于在机械式封条的设计里增加的RFID标签,两者合二为一即为所谓的电子封条标签。目前,国际上不管是主动式或被动式的电子标签,所采用的机械式封条部分皆是遵循17712封条机械锁的标准。电子封条与传统机械式封条的不同处在于封条内晶片存有记忆体,可以记录相关货柜的资料,且被动式的电子封条一旦解开便遭破坏,无法再加封与读取。因此,透过电子封条加封在货柜上,可以完整地记录起点至目的地间、点与点间货柜运送信息,且电子封条安全无损表示货柜安全抵达,中途没有遭到破坏。货柜能够被监控、定位、确认状况,甚至可以分析全球供应链中的运输状况,这些资料透过RFID技术的网络进行收集、存储并分享。另外,这也有助于供应链中验证程序自动化发展的趋势,其中在绿色通道清关时,电子印章即发挥其效用,简化检查程序。

为了与国际接轨和解决转口柜押运海关人力不足的问题,海关决议以EPC/RFID应用取代人工押运,使用ISO17712机械封条锁和EPC二代标签结合而成的被动式电子封条,在货柜运送前加装,属于一次性使用的封条锁,不管供应链中不同的角色经手以及多个地点的停留,货柜卸货时都可以立即判别货柜的完整性,承运方即可办理交运手续完成业务。

采取以上措施的初步效益如下:

(1) 平均读取率为97.42%(读取距离超过7米),全自动化高安全性作业,货柜走私率明显下降,提高了货柜运输安全;

(2) 每年可节省约3300小时的通关时间及1000万元以上新台币的押运费,从而降低了航商成本;

(3) 每年可节省约1万人次的押运人力,提高了海关行政效率和服务质量;

(4) 减少了押运柜的通关流程,平均每车缩短约0.8天,提高了高雄港的竞争力。

**案例思考题**

中国台湾高雄港集装箱进出口采用了什么技术达到高效?反映出的实质是什么?

## 复习思考题

1. 简述物联网的概念。
2. 什么是智能物流？简述智能物流未来的发展方向。
3. 物流领域的物联网关键技术有哪些？
4. 简述物联网技术在我国物流业应用的现状。
5. 简述智能物流建设中存在的问题及解决措施。

# 参考文献

[1] 马丁·克里斯托弗. 物流与供应链管理[M]. 何明珂,等译. 北京:电子工业出版社,2012.

[2] 姜劲,刘联辉,樊宏. 物流管理教程[M]. 北京:中国物资出版社,2010.

[3] 宋华,等. 供应链与物流管理研究前沿报告 2012[M]. 北京:中国人民大学出版社,2013.

[4] 赵旭,等. 物流战略管理[M]. 北京:中国人民大学出版社,2015.

[5] 中国机械工程学会物流工程分会. 首届物流工程国际会议论文集[M]. 北京:中国铁道出版社,2012.

[6] 张余华. 现代物流管理[M]. 2 版. 北京:清华大学出版社,2010.

[7] 李玉萍,张晓林. 物流管理[M]. 北京:中国农业大学出版社,2014.

[8] 吴健. 电子商务物流管理[M]. 2 版. 北京:清华大学出版社,2013.

[9] 常杰,马丽. 仓储管理实务[M]. 北京:人民邮电出版社,2013.

[10] 黄中鼎. 现代物流管理[M]. 上海:复旦大学出版社,2014.

[11] 李联卫. 物流管理案例及解析[M]. 北京:化学工业出版社,2015.

[12] 崔介何. 物流学概论[M]. 北京:北京大学出版社,2015.

[13] 肯尼斯·莱桑斯,布莱恩·法林顿. 采购与供应链管理[M]. 8 版. 莫佳忆,曹煜辉,马宁,译. 北京:电子工业出版社,2014.

[14] 张书源,张文杰,谢家平. 物流学概论[M]. 上海:复旦大学出版社,2011.

[15] 张建东,李月南. 第三方物流[M]. 北京:北京理工大学出版社,2014.

[16] 骆温平. 第三方物流[M]. 北京:高等教育出版社,2012.

[17] 何庆斌. 仓储与配送管理[M]. 上海:复旦大学出版社,2015.

[18] 《物流技术与应用》编辑部. 吴清一的物流之路[M]. 北京:中国财富出版社,2014.

[19] 王喜富,沈喜生. 现代物流信息化技术[M]. 北京:北京交通大学出版社,2015.

[20] 毛宁莉. 运输作业实务[M]. 北京:机械工业出版社,2013.

[21] 刘文歌,刘丽艳. 国际物流与货运代理[M]. 北京:清华大学出版社,2012.

[22] 袁长明. 物流管理概论[M]. 北京:化学工业出版社,2010.

[23] 唐玉兰,苏胜强. 物流学概论[M]. 北京:高等教育出版社,2011.

[24] 安小风. 物流设施与设备[M]. 重庆:重庆大学出版社,2012.

[25] 沈珺，丁军．物流管理概论[M]．北京：清华大学出版社，2015.
[26] 李蔚田，神会存．智能物流[M]．北京：北京大学出版社，2013.
[27] 王喜富．物联网与智能物流[M]．北京：北京交通大学出版社，2014.
[28] 张赫，孙家庆．智能物流[M]．北京：中国物资出版社，2011.
[29] 逯宇铎．国际物流[M]．北京：科学出版社，2013.
[30] 杨长春，顾永才．国际物流[M]．北京：首都经济贸易大学出版社，2012.
[31] 陈国庆，林晶．运输管理[M]．成都：西南交通大学出版社，2014.
[32] 苗长川，运输管理[M]．北京：清华大学出版社，2012.
[33] 高雄港转口柜 RFID 电子封条押运系统简介报告
[34] 中国物流网 http://www. china-logisticsnet. com.